本书是兰州大学中央高校基本科研业务专项
"中国古代生态哲学视域下的黄河文化研究"重要成果，
获得兰州大学人文社会科学类高水平著作出版资助

田宝祥 —— 著

黄河

与
中国文化

社会科学文献出版社
SOCIAL SCIENCES ACADEMIC PRESS (CHINA)

绪　言

在中国文化的意义系统中，黄河文化可谓不可替代、独具一格。黄河是农业文明的见证者，是农业伦理的参与者，是古今中国的贯穿者。黄河既是比个体生命更深、更广的自然之物，又是穿行于天地之间、显现天道的自在之物。从文明演进的角度讲，黄种人、黄河水、黄土地既是人与河流、人与土地共生、共存的必然结果，又是人类社会与自然世界交相辉映的历史印记。河流之"黄"、土地之"黄"与人种之"黄"在环境的变迁、农业的发展中涌现出淳厚的气象、和谐的美感。

在与河湟文化、河套文化、关中文化、河洛文化、齐鲁文化的地域性交互中，黄河文化显现出了"多元"的特质。在与华夏先民的历史性共生中，黄河文化折射出了"一体"的意识以及普遍性的集体记忆。黄河文化关乎黄河精神、黄河气象，兼容乡土文化、城市文化，既指向人类社会与自然世界的共通性，又依循"和而不同"的原则性。从"多元"特质到"一体"意识，可知黄河文化在坚守农

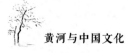

业伦理之价值阵地的同时，亦展现出激扬、变革的精神气质。

　　黄河既是实存的、依循自然规律而演变的生态系统，又是连接华夏大地与中华儿女的、具有情感性与精神性的文化生命。黄河文化作为黄河之水、黄河流域的精神载体，勾画了国人的生活图景，显示了国人的存在方式。黄河文化对于国人而言，既具有向后的历史承载性，又具有向前的命运导向性。

　　从古典到现代、从哲学到美学，"黄河"既表现为一种文化符号、价值归宿，又呈现为一种艺术对象、生命意象。精神性的"真"、伦理性的"善"与艺术性的"美"在黄河之水、黄河流域以及黄河文化中获得了动态的融合。借助哲学、美学的视野与机制研究黄河文化，可使我们更好地把握黄河文化乃至中华文化的本质性与普遍性。

| 目 录 |

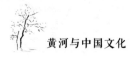

导　论

　　谈论黄河，可从黄河本身谈起，如水源、水质、水文环境、水利工程等，谈论这些内容，我们更多采取科学的态度，因为我们将黄河作为研究对象，而作为研究对象的黄河既是自然的、实在的，也是经验的、客观的。除此以外，我们还可基于人与自然的关系讨论黄河，在这个意义上，黄河不仅是实体性的、对象性的存在，而且是精神性的、主体性的存在，关于"黄河文化"的研究与考察即立足于此。

　　我们眼中的自然世界，主要由陆地和水域两部分组成。就水域而言，又可分为江、河、湖、海。在古人看来，海洋是神秘的、未知的，河流与人类的关系则是亲近的、持久的。古人用肉眼观察世界、用心灵感知世界，今人则不同，随着科学的发展，人们认识世界的工具越来越先进，不仅可以从微观的角度探知水分子，而且可以从宏观的角度把握整个水域的轮廓。当我们从高空俯视地表时，河流和陆地的界线可谓十分明显。综观世界上的各大河流，可知它们大多呈碧绿、青蓝之色，而唯有黄河多数时候呈浑

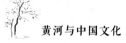

浊之象、浑黄之色，可一眼识别之。从地理上讲，识别了黄河，便是识别了中国。

黄河文化总体上可说是一种内驱的、稳定的文化形态，之所以如此，乃与其周边的地理环境、自然条件有关。历史上，黄河流域以北皆为戈壁沙滩，以东则是汪洋大海，西南则是丘陵盆地，如此一来，黄河流域连同整个北方大地便长久地处于隔绝与封闭的境遇之下，这既是黄河之水的命运，也是北方大地的命运。总体而言，隔绝与封闭的境遇一定是弊大于利的，但幸运的是，我们较早地把握到了自身的命运，即隔绝与封闭的自然环境之于中国古人、华夏民族的生存契机，具体来说，就是生存层面的自我保全、生产层面的稳定发展、生活层面的和谐共生。后来，黄河在历史上经历了几次改道，这使得黄河流域在空间上被极大地延伸了，黄河文化的影响范围与总体气象也被极大地拓展了。尤其是在与巴蜀、吴越、楚湘等地域文化形态的交互过程中，黄河文化的内涵获得了极大的丰富与提升，可以说在稳定性、内驱性的基础上又增添了一些流变的、激情的文化因素。

一　黄河文化的研究现状

而今，我们讲黄河文化，不仅关注其学术、理论、精神层面，而且关涉其现实、实践、物质层面。既然黄河文化的概念具有广延性，可以超出某个特定的历史时空而获得某种普遍性，那么也就意味着围绕黄河与黄河文化本身即可生成系统的学问与精深的学说。

国内学界建构"黄河学"理论之努力，始于 20 世纪 80 年代，彼时"黄河学"亦被称为"黄学"。《人民黄河》杂志于 1985 年第 6 期开设专栏集中讨论"黄学"是什么、"黄学"为什么重要、"黄学"如何研究等学术问题。王化云的《大家来研究"黄学"》从黄河的政治意义、经济作用、文化功能等方面出发，阐述了"黄学"的基本内涵以及探索黄河治理之道、深入研究黄河文化的必要性。[①] 钱宁在《"黄学"研究前景广阔》中指出"黄河流域是中华民族的摇篮，孕育形成了世界上最光辉灿烂的文化"，"世界上任何一条河流也没有像黄河那样保存有如此浩瀚的历史背景材料，这是列祖列宗传给我们的一份珍贵的遗产"，[②] 关于"黄学"与黄河文化的研究，文中认为既要充分利用科学，又要具备哲学视野，作者甚至希望"黄学"有朝一日能够媲美"红学"，获得时代的深度关注。

1994 年，侯仁之主编的百万字大书《黄河文化》得以出版，该书材料丰富、考证翔实，既论述黄河文化与夏、商、周三代的内在关系，又谈及黄河文化之于城市发展、历史演进的重要意义，可谓国内首部系统研究黄河文化的

---

① 王化云:《大家来研究"黄学"》,《人民黄河》1985 年第 6 期, 第 3 ~ 5 页。
② 钱宁:《"黄学"研究前景广阔》,《人民黄河》1985 年第 6 期, 第 6 ~ 8 页。

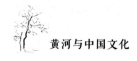

著作。2001 年，张海迪、张红武在全国政协九届四次会议上递交《关于创立黄河学的建议》，呼吁社会各界了解黄河、研究黄河学、发扬黄河文化，认为黄河不仅关乎水利、防洪等民生问题与生态问题，而且具有深厚的文化内涵，深度关联政治、社会以及文明的发展，因此黄河与黄河学的研究需要经济学、地理学、农学、气象学以及社会学、历史学、哲学等众多学科的参与。研究黄河学，关键在于把握黄河文化，而文化层面的分析与论证往往需要大量的史料、文献作为支撑。2003 年，李学勤、徐吉军主编的《黄河文化史》从思想史、学术史的角度出发将黄河文化与中华文化的各个发展时期相连接，探究了黄河文化在史前、夏商周、秦汉、魏晋、隋唐、五代、两宋、辽夏金元、明清、近代等不同历史阶段的总体特征与基本轮廓。2010 年，李玉洁主编的《黄河文明的历史变迁》系列丛书正式发行，其中《黄河流域的青铜文明》《黄河流域史前聚落与城址研究》《唐宋时期黄河流域的外来文明》《黄河文化与西风东渐》《黄河流域的农耕文明》等作品可谓颇具学术眼光与问题意识，推进了学界关于黄河文化及其形成、发展的研究工作。

过去的 20 年里，学界在黄河学与黄河文化的研究上有了进一步的交互，社会各界对于黄河的生态功能与人文属性也有了更多的关注与体认。管华、张大丽在《"黄河学"论纲》中指出，"建立和发展以黄河及其流域为研究对象的'黄河学'具有固植黄河根源、发扬黄河精神、发展黄河文化、弘扬黄河文明、促进黄河综合研究、推动黄河开发整治等多方面的重大意义，并且有着研究对象、研究视角和研究基础方面的可能性。'黄河学'应是一门建立在自然科学、社会人文科学、文学艺术科学及技术科学之上的综合学科，具有综合性、区域性和具象性特征，包括自身基本理论、黄河及其流域自然规律、社会发展规律、文化艺术、自然—社会系统和研究方法六个方面的研究内容"①。能够被称为某种"学"的，如儒学、佛学、藏学、红学、易学、敦煌学等，一方面是因为其作为研究对象具有极高的研究价值，尤其是其思想、文化之载体（如文本、器物、声音、图像等）在流传与诠释过程中形成一定的传统并且产生较大的影响，另一方面则是因为其作为研究对象在现代学科范式下具有较强的交叉性、多元性与融贯性而难以被划归于某一学术领域之下，并且这样的交叉性、多元性、融贯性研究能够充分显现横向之跨学科研究的优势与意义。葛剑雄的《黄河与中华文明》详细叙说了黄河的地理全貌与历史兴衰，其从河流形成人类文明的基本要素出发分析了黄河能够成为中华文明发祥地的主要原因。② 这便是"黄河学"数十年的发展历程，关于黄河流域、黄河文化的研究逐渐从较为狭义的自然、地理层面转向更为广义的社会、历史层面，在视角与方法上也逐渐从实地的考察、实证的

---

① 管华、张大丽：《"黄河学"论纲》，《人民黄河》2005年第11期，第5页。

② 葛剑雄：《黄河与中华文明》，中华书局，2020，第3~4页。

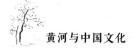

研究转向理论的综合与观念的思辨。

黄河既是一个实存的、依循自然规律而演变的生态系统，又是一个联结华夏大地与中华儿女的、具有情感性与精神性的文化生命，故而关于黄河、黄河学、黄河文化的研究就必然关联水文、地理、技术等科学领域以及文学、艺术、历史等人文领域，而在最后的统合、凝练与提升阶段，我们又需借助哲学的视野与原理以使作为穿越历史并且见证历史之伟大"存在者"的黄河能够显现自然世界、人文世界长久以来所蕴含的某种本质性与普遍性，唯有如此，我们所获得的研究结论、所取得的研究成果才可能是有效的、可信服的，才可能是鲜活的、可感知的。那么，关于黄河、黄河学、黄河文化的综合性研究与跨学科研究到底如何开展呢？较为重要的两点在于，做好概念的梳理与分析以及生成研究的方案与方法。

二　黄河文化的概念形成

研究黄河文化，除了切近黄河之本体，还要立足文化之本位。倘若我们将"文化"一词拆开来看，便可知晓其中之奥义。从词源上讲，"文"更多指向本义、历史义、思想义，"化"更多指向引申义、现代义、创造义。《论语·雍也》有云："质胜文则野，文胜质则史，文质彬彬，然后君子。"[1]

---

① （宋）朱熹：《四书章句集注》，中华书局，1983，第89页。

孔子将"文"与"质"相对，这使得"文"成为君子、德性的代名词。墨家从"实用""实利"的角度出发强调"实"的必要性，于是在儒墨对峙的思想局面下，"文"又与"实"相对而成为一组概念范畴。汉代以后，人们对于"文"的理解更为遵循《礼记》的说法，即"礼减而进，以进为文"，郑玄注曰"文犹美也，善也"①，"文"的内涵从此也就固定了下来。显然，"文"的本义是在历史的长河中被确认、被印证的，其中儒家的贡献最大，其在思想上明晰了"文"的内涵，使得"文"与君子、德性、真善相连，彰显出"人文化成"的价值意义。

与"文"相比，"化"的含义要宽泛一些。《庄子·逍遥游》曰："北冥有鱼，其名为鲲。鲲之大，不知其几千里也；化而为鸟，其名为鹏。鹏之背，不知其几千里也；怒而飞，其翼若垂天之云。"②《逍遥游》所论"北冥有鱼""化而为鸟"，大概是我们目前所知最为精妙的一种关于"化"的解读。这里的"化"包含创生义、创造义。后来儒家又将"化"的含义延伸到"教化"之层面，如《中庸》所言"小德川流，大德敦化"③，以及"赞天地之化育"④。"文"与"化"的连用，最早见于汉代。刘向《说苑》有云："圣人之治天下也，先文德而后武力。凡武之

---

① （清）孙希旦：《礼记集解》，中华书局，1989，第1031页。
② （清）郭庆藩：《庄子集释》，中华书局，1961，第2页。
③ （宋）朱熹：《四书章句集注》，中华书局，1983，第37页。
④ （宋）朱熹：《四书章句集注》，中华书局，1983，第32页。

兴,为不服也。文化不改,然后加诛。"① 《文选》亦曰:
"文化内辑,武功外悠。"② 自此以后,"文"便与"武"对
举,所谓"文治武功","文"更注重人、文、教、化,而
"武"更注重质、朴、野、力。在中国文化史上,"文"的
观念地位始终高于"武"。直至近代,"文化"的概念范畴
才被进一步转化和扩充。

在现代社会,"文化"一词的使用可谓十分广泛,当
然,这也意味着"文化"这个词的意义正在不断泛化。近
代以来,东西方学者对于"文化"的定义数不胜数。康德
认为,"文化乃是人作为有理想的实体为了一定的目的而进
行的有效的创造"③。泰勒认为,"所谓文化或文明,就其
广泛的民族志意义来说,是知识、信仰、艺术、道德、法
律、风俗及任何人作为社会成员所获得的所有能力和习惯
的复合的总体"④。倘若归纳前人关于"文化"的诸多定
义,或可知晓"文化"的基本内涵。较之政治、经济、军
事、外交,文化更多关涉人类生活之精神层面。文化的主
体是精神性的,并不意味着它一定是理论化、抽象化的。
文化之所以存在,一定与人有关、与人的历史有关,也一

① 程翔:《说苑译注》,北京大学出版社,2009,第398页。
② (南朝·梁)萧统:《文选》,中华书局,2019,第10页。
③ 〔德〕康德:《判断力批判》上卷,宗白华译,商务印书馆,1964,第95页。
④ 〔英〕爱德华·泰勒:《原始文化:神话、哲学、宗教、语言、艺术和习俗发展之研究》,连树声译,谢继胜、尹虎彬、姜德顺校,广西师范大学出版社,2005,第1页。

定有它的现实载体。文化基本上可分为物质文化、非物质文化两种。以黄河为例，其自身直接呈现之文化现象、文化内容，即属于物质文化，如黄河水、黄河石、黄河石林等；围绕黄河间接延伸出来的文化产物、文化效应，即属于非物质文化，如羊皮筏子、黄河号子等。

从中国哲学的角度讲，"文化"一词的内涵其实来自《周易》，即所谓"刚柔交错，天文也；文明以止，人文也。观乎天文，以察时变；观乎人文，以化成天下"①。这里提到的"天文""人文"，与我们今日所说的"天文""人文"有所关联，但内涵其实不同。《周易》关于"天文""人文"的界定对于现代学术体系的形成是有意义的，它给我们的启示是，所谓"文化"一定是凝结在物质中但又区别于物质本身。即便有些物质能够以其独有之方式来显现自身，但它终究不能"说话"、不能"思想"，这也就意味着只要论及"文化"，就一定有"人"的介入、有"人"的思维或智慧的参与。换言之，人类基于自身已有的知识来理解物质对象和自然世界，并在理解与认识的过程中与物质对象、自然世界建立起一种较为稳定的、持久的关系，"文化"就在这样的关系中被建构出来了。在这个意义上，我们必须明确两点：首先，文化一定是经过提炼、升华的存在，因此简单的知识与常规的经验只是文化的前提，而非文化的核心；其次，文化是需要被揭示、被显现

---

① （宋）朱熹：《周易本义》，中华书局，2009，第104页。

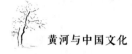

的，所以语言、文字乃至声像、器物往往成为我们了解文化、传承文化的重要载体。

"文化"在很多时候影响着我们的思维方式和生活习惯，对于每一个中国人而言，黄河文化即是如此。《山海经》所谓"昆仑之丘……河水出焉"①可谓关于中华"水"文化的较早记载。昆仑山的位置在地理上较为清楚，即现今新疆、西藏两地之交界。《山海经》以昆仑山为"神山"，将其判作西王母之住地，后来《穆天子传》在此基础上杜撰了周穆王与西王母相会的神话故事。然而，这里的"河"是否指代黄河，在学界颇有争议，因为对于此"河"的判定，直接关系到"昆仑之丘……河水出焉"这一说法的可靠性。然而《山海经》毕竟不是纪实文学，因此"黄河水出于昆仑山"的说法似乎难以被确证。而今，越来越多的地质考察表明黄河之水的源头当在青藏高原，这也就意味着如果我们认为"昆仑之丘……河水出焉"一语指向黄河水与昆仑山的渊源关系，则此说显然是不客观的，但如果此"河"不指黄河，则可将其看作上古时代的山水隐喻，认为其意义更多在于引导华夏先民探问自然之道，而非水文考察与实地求证。

若对先秦传世文献加以检索，便知"黄河"一词并不存在，但彼时黄河的地理形态已然生成，黄河与中国古人的生存关系也已结成。由此可见，诸多文献、典籍中所称

---

① （清）郝懿行：《山海经笺疏》，中华书局，2021，第 4725、4727 页。

之"河"大多指向千百年来流经华夏大地之黄河，亦即我们今日印象中、观念中、视野中的黄河。秦汉以来，或因黄河之浑浊程度逐渐加重、黄河之形态特征愈加明显，"黄河"之称谓开始得到推广并为后世所接受。《汉书·高惠高后文功臣表》载曰："使黄河如带，泰山若砺，国以永存，爰及苗裔。"[①] 高祖即位 8 载，天下乃平，论功封侯者 100 多人，这条文字即封爵之誓词，大意是即便有朝一日"黄河如带，泰山若砺"，封地与爵位亦不改变，换句话说，这封地与爵位比黄河、泰山还要稳固，将与大汉天下一同永存。《汉书》作为汉代的官方史料，其内容之权威性、有效性是可以确保的，此处又以"黄河""泰山"并举且用来说明帝国封爵一事，可见"黄河"之称谓至少在汉代是获得官方认可的，已然具有一定的接受度。"使黄河如带，泰山若砺，国以永存，爰及苗裔"这一记载亦可看作"黄河"一词在中国古代传世文献中的最早出处之一。

李白《将进酒》叹曰："君不见黄河之水天上来，奔流到海不复回。"从源头上讲，黄河之水起自巴颜喀拉山，然后一路奔流而下，途经青海、四川、甘肃、宁夏、内蒙古、陕西、山西、河南、山东 9 个省区，最终汇入渤海。《汉书·地理志》载曰："泜水首受中丘西山穷泉谷，东至堂阳入黄河。"[②] 可见黄河支流众多，水系发达。黄河之所

---

① （汉）班固：《汉书》，中华书局，1962，第 527 页。
② （汉）班固：《汉书》，中华书局，1962，第 1575 页。

以会"黄",乃与中上游的黄土高原有直接关系。黄土高原土质疏松、植被稀少,每年夏季降水量增多时,就会导致水土流失,巨量的泥沙进入黄河。从文明演进的角度讲,黄河、黄土、黄皮肤既是人与河流、人与土地交互的结果,又是人类社会与自然世界会通的结果。河流之"黄"、土地之"黄"与人种之"黄"在历史的变迁、文明的演进中展现出了统一的气象与和谐的美感。

黄河对于中国人无论是古人还是今人,其深远之影响可以说是潜移默化、润物无声的,这既体现为我们的民族性格、思维方式,又体现为我们的生活习惯、审美观念。简言之,黄河文化既反映了中国人的心灵世界,也表现了中国人的生活世界。尤其是中国古人,当他们面对黄河时,往往更能反求诸己,发现内在之自我;当他们与黄河之水共存、与黄河之水"对话"时,对生命世界的感知会更深刻,对自然世界的感受会更丰盈。存在主义哲学认为,所谓"文化"一定是对某一群体所特有之存在方式的真实描述。在这个意义上,我们也可以说黄河文化勾画了中国人的生活图景,显示了中国人的存在方式。从功能与价值上讲,黄河文化一方面协调、统合了我们的角色、身份,另一方面也联结、融会了我们的思想、情感。通过黄河文化,我们对自己作为中国人、作为华夏民族一员之角色、身份有了更深、更强的体认;通过黄河文化,我们得以在同一场域下追忆往昔,得以在同一场景下自在沟通,在思想和情感上连成一片,携手共进。向后看,我们的祖先在历史上具有相关的生活记忆、相似的生存经验、相通的发展命运；向前看，我们以及我们的后代在未来有着相同的现实场域、相符的价值理念、相近的行动方向。而无论是向后看还是向前看，黄河总是联结、融会着我们的文化生命，亦见证、支撑着我们的生活轨迹。在这个意义上，可以说黄河文化对每一个中国人而言，既具有向后的历史承载性，又具有向前的命运导向性。

文化研究有两个基本方向，一是横向，二是纵向。横向研究强调空间意义上的共时性，纵向研究强调时间意义上的历时性。关于黄河文化的研究即可从共时性与历时性这两个维度来展开。从共时性的空间角度讲，黄河所流经的地域往往都有不同的文明形态与文化样式应运而生，如旧石器时代的"蓝田文化"、新石器时代的"仰韶文化""龙山文化"。中国古代的先民们正是顺着黄河的流向不断探索，从而开辟了华夏民族的文化发展与文明演进之路，换言之，黄河之水提供给人类的无疑是一份巨大的能量、一种充沛的生机，其中既包含着存活下来的智慧与勇气，也包含着活得更好的动力与希望。有了黄河流域的稳定水源，农业就有了发展的机会，农业的发展进一步激发了人们的劳动力与创造力，农具与铁器随即得以产生。有了稳定的水源，不仅人类的生存有了保障，动物、植物等其他生命体的存活概率也都大大提高。如果遇到强大一些的动物，那便是人类的不幸，为了生存，人类只能选择被动躲避或主动抗击；反之，如果遇到弱小一些的动物，那

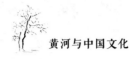

便是这些动物的不幸，同样是为了生存，人们或以它们为食，或驯化它们使之为自己的生产、生活而服务。由此可知，诸如黄河流域之类的稳定水源、悠长水域，也会使长期生活在这片水域旁的人与他者、人与动物、人与植物、人与自然世界之间结成一种稳定的、绵长的生态链、生态圈。在这样的生态链、生态圈中，除了有形的物质与物象外，还有无形的精神与情感，这些外在或内在于人的事物长久地发展、演变下去，就产生了属于它们自己的文化。黄河文化的形成与演变即属于其中的一种，因为在更高的维度上，我们会意识到黄河水、黄土地、黄皮肤已然成为中国人的文化基因、中国文化的主要特质。因此，我们的价值主体不仅仅是"黄河"，也不仅仅是某一个具体的个人，而是中华民族命运共同体之"人"、普遍意义上的大写之"人"。

三　黄河文化的基本内涵

黄河文化的内涵是多元的、多维的，正如《略论黄河史研究——关于黄河文化生态的思考》所论，"黄河既是一条自然的河，又是一条文化的河。一部黄河史，不只应当记述黄河的自然变迁，还应当阐明黄河的文化内涵。黄河在漫长的岁月中哺育了一代又一代黄河人，而黄河人同样在漫长的岁月中为黄河贯注了精气与灵魂。黄河与黄河流域的人类，将决定着黄河与黄河人的命运"①。黄河文化本身就是一种拓展的、动态的、整体的存在，而非一种固定的、静态的、孤立的存在，正如格尔兹所说，文化是与人相关的、流动的意义之网。②

　　那么如何理解黄河文化的意义之网呢？首先，我们需要明确黄河文化的主体。这"主体"不是一个人，而是一个群体，一个对自身的文化传统有着强烈认同感与归属感的共同体。其次，挖掘文化内涵与特质的关键在于归纳与整合，要将不同时期、不同地域的文化因素、文化片段以合乎历史、合乎逻辑的方式归纳、整合在一个脉络、一个系统之下，这也就意味着我们需要以包容的眼光看待这一文化系统内部所发生的裂变、分化、冲突以及战争，正所谓"合久必分，分久必合"，有令人不安的冲突与战争，就有令人欣慰的民族融合与社会稳定，并且和谐与稳定的日子总要更为长久，毕竟和平与发展才是人类生活的主题。就黄河文化而言，"自强不息""和而不同""天人合一"这三大主题即充分反映了中国古人在面对自我、面对他者、面对自然时的基本姿态。在"自我"的意义上，中国古人向来强调自我价值的实现，从"小我"之德、才两面出发，从而导向"大我"之社会价值的生成，无论是先秦时期的

① 鲁枢元：《略论黄河史研究——关于黄河文化生态的思考》，《黄河科技大学学报》2000 年第 1 期。
② 〔美〕克利福德·格尔兹：《文化的解释》，纳日碧力戈等译，王铭铭校，上海人民出版社，1999，第 5 页。

儒家还是墨家，都有这样的社会理想与政治理想，此中所折射出的自强不息的精神追求、和而不同的价值导向即是黄河文化、黄河精神的重要象征。

在"自我"与"他者"的关系问题上，"和而不同"应是黄河文化、黄河精神之于我们的最大启示。《论语·子路》曰："君子和而不同，小人同而不和。"[①] 人与人之间、民族与民族之间、国家与国家之间，这三种关系在逻辑上其实是可以类比、类推的。也就是说，农耕民族与游牧民族在交往的过程中也可以订立人与人之间"和而不同"的君子契约。"和而不同"的前提是以平等的眼光与尊重的态度接受生活方式、思维方式的多元性与差异性，但也追求一种更为高远、更为恒久的协同与融合。黄河文化之所以博大精深，恰恰是因为它既兼容了不同的地域形态，也融合了不同的社会群体。

在"自我"与"自然"的关系问题上，黄河文化同样深刻地体现了中华文化的"和合"之意、"和生"之旨。"天人合一"这一观念原本出自《庄子》，但却是儒、道两家在宇宙观、自然观、生命观层面的一种共识。"天人合一"的思想到了汉代为董仲舒所继承，成为汉武帝"大一统"思想的哲学基础，也成为此后中国传统文化演变、发展的价值原点。在"黄河"的视角下，人在变，蚂蚁、青蛙在变，一株草、一棵树也在变，万事万物都在变，但生

---

① （宋）朱熹：《四书章句集注》，中华书局，1983，第147页。

生不息、美美与共的生命之道是不变的。唯有依循天人合一的观念，人与自然才能和谐共生，反过来讲，人与自然本就不该是一种征服与被征服、利用与被利用的关系，而应是相互接纳、相互依存的共在关系。

第一章　黄河文化的历史孕育

　　人们总说"大江大河孕育人类文明"，其实这句话的朴素表达乃是人类一直以来都在大江大河的哺育下获得生存之可能。无论是盘古天开辟地、女娲抟黄土造人、燧人氏钻木取火等创世神话，还是《山海经》"人首蛇身"的神人形象以及"应龙""凤鸟"的图腾形象，皆可说是人类对于自我生存的感知与描绘，对于自我生命的展开与联想。古人将动物、植物的若干意象并入自己的生活世界，又将"黄河"的意象与天地、自然的"生生"观念连在一起，后世诸多哲学层面、美学层面、文学层面的创作与表达的渊源即在于此。歌、舞、剧、画、神话故事、谶言咒语在狂热的巫术活动与肃穆的祭祀礼仪中融为一体，人们内在的情感、思想与外在的信仰、崇拜也借由"黄河""黄土"以及"天""地"之意象、"阴阳""五行"之观念浓缩为一个质朴的文化整体，从而沉淀为一个多元的文化共同体。

第一节　神话传说与河神信仰

　　理解一种文化，一定要寻觅其源头、探求其根底。就黄河文化而言，要想寻觅其价值之源头，往往需要借助神话传说；要想探求其观念之根底，就不得不诉诸古典哲学。"神话是传统智慧，从祖先传下来，提供了我们的世界图景和人生规范"，而哲学更多是"反省的认知，批判的认知，源远流长的东西可能是错的，真理需要通过批判才能获得"。[①] 简单来说，神话和哲学是理解黄河文化的两个重要依托。哲学提供给我们理性，教我们独立地分析、思辨，而神话提供给我们非理性，使我们勇敢地行动、实践。神话给予我们最为本初的解释，它告诉我们这个世界从何而来、我们自身从何而来，而哲学引导我们不断探究这个世界何以如此、我们何以成为我们自身这类终极问题。鲁迅在《中国小说史略》中曾说，中华民族的祖先最早居于黄河流域，由于大自然的恩惠不丰，故而主动发展农耕，因为生存压力繁重，所以"重实际而黜玄想，不能集古传以成大文"[②]。客观而论，较之古希腊神话、古希腊戏剧与古希腊哲学，中国早期思想文化与文学艺术的发展线条固然是不明朗的、单一的，但这并不意味着我们在神话叙事与

---

① 陈嘉映：《哲学　科学　常识》，东方出版社，2007，第9页。
② 鲁迅：《中国小说史略》，商务印书馆，2011，第20页。

玄想哲思方面无所建树，可以确信的是，中国上古时代有
其神话之渊源，亦如中国先秦时期有其哲学之根基。此二
事之理如出一辙。

从文化上讲，上古神话的出现乃与人类早期的图腾崇
拜、祖先崇拜、自然崇拜、生殖崇拜有关，而这一切又需
借由巫术活动与巫觋传统来呈现。据神话学家袁珂考察，
《山海经》所记叙的与山林水泽有关的鬼神怪兽，即原始社
会自然崇拜的证明。"原始人在和大自然作斗争中，感到自
己的软弱无力，感到对大自然的恐惧，才产生了萌芽状态
的宗教观念。比如，当原始人看见狂风暴雨、闪电雷鸣、
森林中大火燃烧这类可怕的自然现象时，惊愕而得不到解
释，因而便在惊愕的意识中带上了宗教的色彩。"① 人们面
对滚滚黄河、面对皇天后土，感叹天地万物之神奇与博大，
内心即会产生巨大的崇敬感，人对天地自然的崇敬借由巫
术活动呈现出来，也就有了原始宗教的形态。原始宗教的
观念基础是"万物有灵"。从文化上讲，"万物有灵是原始
人对自然界各种物事初步的拟人化，以为环绕在他们周遭
的自然界物事，能够为祸为福于人，由此而产生了对自然
的崇拜，成为原始的拜物教。火、水、太阳、月亮、石头、
大树、牛、蛇等，都可能成为他们崇拜的对象"②。在远古

---

① 袁珂：《中国神话传说：从盘古到秦始皇》，北京联合出版公司，2016，
第6页。
② 袁珂：《中国神话传说：从盘古到秦始皇》，北京联合出版公司，2016，
第6页。

先民那里，对抗自然与认识自然往往是同步进行的，他们一开始模拟动物与野兽的形貌特点，在自己的皮肤上画一些斑点、黑圈抑或獠牙、利爪，是因为这样的图案或纹饰可以让他们在黑夜中、火光中、密林中更有安全感，既能达到一定的威慑作用，也能激发一些勇敢的力量。这意味着先民们对于美的追求一开始是非自觉的，常将审美之内在追求与现实之功用混在一起。久而久之，当人们掌握一定的生存之道、懂得如何抵御野兽的攻击、如何捕捉甚至驯服动物之后，原来那些象征图腾崇拜、自然崇拜、祖先崇拜的符号、图纹，便成了某种装饰、风格，逐渐显现审美的意味。在远古先民的祭祀仪式与巫觋活动中，一些语言的表达、肢体的表现以及一些模拟、模仿的动作，也就成了中国早期诗歌、文学以及音乐、舞蹈、绘画等艺术类型的雏形。再后来，人们的理性思维得以形成，感性与理性在人们的头脑中开始交战，人们有了更多的闲暇与自由，开始考虑时间性、空间性的问题，对于自我的生命意义、存在价值也有了更多的反思与领会。历史书写与哲学思辨即在这样的氛围下产生，对上古神话的整合工作也在这样的漫长追溯中展开。

在上古神话中，女娲乃是化育万物之神。《太平御览》引《风俗通义》曰："俗说天地开辟，未有人民，女娲抟黄土作人，剧务力不暇供，乃引绳于絙泥中，举以为人。"[1]

---

[1]　（宋）李昉等：《太平御览》，中华书局，1995，第365页。

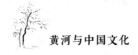

"盘古开天"之后，除了女娲，这世上再无其他生灵，因此少了勃勃生机与鲜活气息。史料记载，是女娲"抟黄土作人"，但问题在于：若无水，女娲如何用"黄土""作人"？这表明"水"之于生命的塑成而言的确具有基源性，这也是黄河文化在更为深层的意义上能够成为中华文化之核心表达的原因之一。有了水和黄土之后，要想有效地"作人"，还需要一个参照物，而最好的参照物便是镜子。在没有他者的情况下，女娲的形象无法被描述、被复制、被对象化。有了镜子，女娲的形象就能被照见，而"盘古开天"之后天然形成的水池即是最好的镜子，从开"源"到造"像"，水的重要性又一次得到了体现。在水池前，女娲掺水揉泥，仿照自己的形象捏出了一个又一个活蹦乱跳的娃娃。他们先是围着女娲跳舞，而后转身离开，走向世界的各个角落，人类世界就此形成。从"水"到"水池"，从"黄土"到"泥"，从"盘古开天"到"女娲造人"，我们仿佛看到了水文化与黄河文化的接续以及自然生命与人类生命的接续，它们共同指向一个古老的母题，那便是"生"。无论是"和实生物""道生一，一生二，二生三，三生万物"，还是"生生不息""为生民立命"，都是古人关于"生生"哲学的深刻表达。

女娲以"水"为镜，孕育了生命之源，构造了生命之像，在此之后，生命何以可能、如何突破成为文明史上的重要问题。换言之，要在充满挑战与机遇的世界中生存下来，人类究竟需要拥有怎样的精神气质？于是在上古神话的谱系建构中就涌现出夸父的非凡形象，他是人类自我观照、自我美化、自我突破的结果。在上古神话中，"夸父追日"乃是最有英雄气质与史诗气象的传说故事之一。夸父的形象究竟如何？《山海经·大荒北经》曰："大荒之中，有山名曰成都载天，有人珥两黄蛇，把两黄蛇，名曰夸父。夸父不量力，欲追日景，逮之于禺谷。"[①] 相传夸父双手持蛇、形体巨大、英勇无畏，地位介于人、神之间，正因为他的身上有一种超越现世的英雄气质，所以"追日"这样的惊天之事才能从他的生命意志中迸发而出。那么，夸父为什么要追逐太阳呢？《大荒北经》的解释是"不量力，欲追日景"。海德格尔在讨论"存在"时，谈到了"常人"的概念，意思是"常人"如一个水杯一样，作为"存在者"的属性是被规定了的、不自由的，因而他的视域是有限的、思想与智慧也是有限的。但我们知道，夸父不是"常人"，他当然知道太阳的光辉足以普照整个大地，但他不像一般的民众那样盲目崇拜太阳之神，他希望绕到太阳的背面，找到太阳光辉的边界所在，他希望拥有巨大能量的自己能有机会与这神性的权威力量一较高下。由此可见，"不量力，欲追日景"只是作为"常人"的普通民众对于"夸父追日"一事的浅显看法。在文化史与思想史上，"夸父追日"的神话故事可谓具有典范意义与超越意味。那么，"夸父追日"的结果如何呢？《山海经·海外北经》曰：

---

① 方韬译注《山海经》，中华书局，2022，第277页。

"（夸父）渴欲得饮，饮于河渭，河渭不足，北饮大泽。未至，道渴而死。弃其杖，化为邓林。"[①] "夸父追日"表面上看是英雄巨人独自对抗太阳之神的故事，但实际上在整个"追日"的过程中，许多人类社会、自然世界的"他者"也都被迫卷入其中，参与了这场惊天动地的追逐游戏。从文化上讲，这追逐的背后其实是人的自由意志对"天"的命运主宰的抗争。夸父代表了"人"的意志极限与力量极限，虽然沉沦于生存困境的普通民众并不理解这一举动，但时间和历史是有记忆的，"夸父追日"的惊世之举终究成为上古先民心中最有力的精神象征之一。在自然世界的"他者"中，"河、渭"既是最大的牺牲者，也是最大的贡献者。黄河、渭水作为中原大地的核心流域，孕育了早期的华夏文明，滋养了一代又一代的上古先民。尤其是作为"母亲河"的黄河，它既关注人类命运之整体，又关心生活世界之个体。当夸父在追日的过程中面临巨大的体能危机与意志危机时，黄河作为动态世界之无声见证者，无私地献出了自己的水源，在关键时刻助夸父一臂之力。"夸父追日"的悲剧性在于，夸父终究不是神，当体力与意志力完全枯竭时，他不得不接受自己"半人半神"的身份限定与命运使然。在世俗的意义上，"夸父追日"无疑是失败的，但在文化的意义上，夸父试图超越自己的极限，力求打破命运的束缚，这种精神气质是非凡的、不同常人的，足以

---

① 方韬译注《山海经》，中华书局，2022，第191页。

成为万世典范。

就上古神话之谱系而言，女娲构造了人，夸父突破了人的极限，使得人类在直面自身的同时，也逐渐将眼光投向天地自然以及天人关系。在上古神话中，共工的形象十分特殊，他既是天上的神，又掌管着地上的水，这一方面意味着水虽然在地上，却不属于人间，而由天上的诸神掌管，另一方面又说明在中华文明史上，共工或是上古时代天人关系建构的重要中介。在上古神话中，共工是水文世界的主宰者。作为水神，共工掌管着天下的江河湖海。《管子·揆度》云："共工之王，水处什之七，陆居什之三，乘天势以隘制天下。"[1] 众所周知，天下分为水域、陆域，而水域占据天下的十分之七，可见水神共工在整个天下版图中的权威之大。《淮南子·天文训》有云："昔者，共工与颛顼争为帝，怒而触不周之山，天柱折，地维绝。天倾西北，故日月星辰移焉；地不满东南，故水潦尘埃归焉。"[2] 上古神话中很多鲜为人知的人物关系，其实在这段文字中有比较微妙的交代。试问：共工为何要与颛顼争夺帝位呢？按照一般的理解，共工作为水神，其对立的一方乃是火神祝融，与颛顼之间并无直接联系。但我们知道作为"五帝"之一的颛顼，其实是继承了黄帝轩辕氏的帝位，而黄帝在一统天下之前最为重要的战绩在于击败炎帝。由此可见，

---

[1]　黎翔凤：《管子校注》，中华书局，2004，第 1371 页。
[2]　（汉）刘安：《淮南子》，北方文艺出版社，2013，第 43 页。

与颛顼争夺帝位或是共工权力意志的突出体现，或是共工作为炎帝后裔以及北方势力代表的一次复仇。争帝落败，共工怒不可遏，一头撞向"天柱"之山，于是乎山体崩裂、江河蔓延。共工乃是水神，本以管控江河为天职，怎料人间的第一场滔天水患也是因他而起，这仿佛是在告诉我们：面对偌大的自然世界，人类的"征服"行为与"控制"活动不仅无助于实用主义、功利主义的目标实现，还会给自身带来难以估量的灾祸。《山海经·大荒西经》又曰："西北海之外，大荒之隅，有山而不合，名曰不周，有两黄兽守之。有水曰寒暑之水。水西有湿山，水东有幕山。"① 共工怒撞不周山的结果在此得以揭示。这段文字告诉我们一个事实，此山本无称谓，因为共工的撞击而形体不整，这才得名"不周"。山下有两头神兽看守，山间之水一半寒冷一半酷热，源源不断地流向人间。从"名曰不周"到"寒暑之水"，《大荒西经》向我们交代了上天对共工命运的裁定，然而共工作为水神，尚有人间的使命需要完成，那便是将生命之水带到人间。水体本无寒暑之分，但自然世界尚有冬夏之别，因而此处的"寒暑之水"又有"阴阳""冬夏""夜昼""冷热"之多重隐喻，既关乎自然世界的生成、发展与演变，亦关乎人类社会的生产、生存与生活。水之于生命世界的基源性意义，透过《山海经》以及水神共工之命途又一次得到了印证与开显。

---

① 方韬译注《山海经》，中华书局，2022，第286页。

从上古神话谱系的角度来看，水神共工将生命之水带到人间从而建立天人关系的使命已然开启却并未完成，这便引出巨人朴父在天地初开之际治理洪水、维护天人关系的神话叙事。《神异经·东南荒经》有云："东南隅太荒之中，有朴父焉。夫妇并高千里，腹围自辅。天初立时，使其夫妻导开百川，懒不用意，谪之并立东南。男露其势，女露其牝，不饮不食，不畏寒暑，唯饮天露。须黄河清，当复使其夫妇导护百川。古者初立，此人开导河，河或深或浅，或隘或塞，故禹更治，使其水不壅。天责其夫妻，倚而立之。若黄河清者，则河海绝流，水自清矣。"① 与"盘古开天""女娲造人"等上古神话不同，"朴父治水"的故事颇有西方神话的意味，充满强烈的悲剧基调，情节上也极具戏剧色彩。"朴父治水"总体上是失败的，一方面是因为其懒惰懈怠，另一方面则是因为治理黄河难度的确较大，不仅需要人力、物力的支持，而且需要智力、心力的投入。由于治水不力，最后只能接受上天的惩罚："男露其势""女露其牝""不饮不食""不畏寒暑"，并以巨大的身躯抵御洪水的侵袭。从文化上讲，"朴父治水"可以看作"神"与黄河流域的交互，大禹治水则是"人"与黄河流域的交互。如果说治水是一项历史性的使命，那么从朴父到大禹，便是这历史性使命的真正交接，从"神"到"人"，也意味着从神秘、权威到理性、人文的一次悄然

---

① （汉）东方朔：《神异经》，上海古籍出版社，1999，第51页。

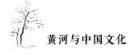

演变。

　　从"女娲造人"的生命孕育与文化延续，到"夸父追日"的自我超越与命运突破，可谓文明意义上的"人"的建立与发展；从共工将水源带到人间的"中介"意义，到朴父"神遇"河伯对天人关系的揭示，可谓文明意义上的"人""神"互通与天人感应。"天""人"相接、"神""人"互动之后，上古神话谱系又展示了新的面向、呈现了新的动态，那就是如何在"事""物"中安置天人关系、实现天人合一。于是，作为古老自然象征与生命隐喻的黄河再次成为文明意义上的关注焦点。如果说黄河是"人间"的"见证者"，则可以说"河神"是黄河的"代言人"。共工之后，为黄河"代言"的"河神"成为上古神话谱系中又一"天""人"关系的连接者。在上古神话的解释系统下，人与黄河、人与黄河文化的关系更多体现为河神信仰与河神崇拜。信仰与崇拜是上古先民"向上"寻求生命答案的一种方式。"人不是世界和生活的主宰，有一种更高的力量，会给人带来福和祸，让人敬重、让人惧怕。而且人虽然可以通过各种办法来取悦这些力量，防备这些力量，但归根到底无法控制这些力量。"① 在古代中国，河神信仰即是人类"水"崇拜的集中体现。河神并非物质世界之真实存在，但却成为先民心灵世界之普遍存在。我们有理由相信，商代以前，河神信仰乃是华夏大地的共同信仰，既有

---

　　① 陈嘉映：《哲学　科学　常识》，东方出版社，2007，第 27 页。

官方的信赖，又有民间的信奉。人类自我生存与自我发展的需求不断提高，赋予河神的神性功能与神秘想象也就不断扩大，这即是黄河文化的最初轮廓，它更多依托神话传说的形式得以呈现，借由人们的感应思维获得理解。先民们对河神的信仰与崇拜，随着时间的推移，逐渐衍生为某种具象化的仪式与行为方式，例如，自上而下举行专门的河神祭祀活动，尤其是面对洪涝、水灾时，人们迫切希望河神能施以自然之力助其脱离生存困境。大禹治水的事迹即在人们的感应思维与生命想象中被不断神化，成为处理人与黄河关系的精神典范。

　　中国古代的河神信仰由来已久。汉代《遁甲开山图》有曰："有巨灵胡者，遍得坤元之道，能造山川，出江河。"[1]这是关于"巨灵""造山川，出江河"的较早记载。在此之后，干宝《搜神记》又云："二华之山，本一山也，当河，河水过之，而曲行；河神巨灵，以手擘开其上，以足蹈离其下，中分为两。以利河流。今观手迹于华岳上，指掌之形具在；脚迹在首阳山下，犹存。"[2]《水经注·河水》亦曰："华岳本一山当河，河水过而曲行，河神巨灵，手荡脚蹋，开而为两，今掌足之迹仍存。"[3] 大意是说巨灵以"手荡脚蹋"的方式将华山一开为二，使黄河之水浩浩荡荡地从中间流过，免去了绕道曲行的困扰。《搜神记》是东晋

---

[1]　（北魏）郦道元：《水经注》，浙江古籍出版社，2001，第55页。
[2]　（东晋）干宝：《搜神记》，上海古籍出版社，1995，第376页。
[3]　（北魏）郦道元：《水经注》，浙江古籍出版社，2001，第56页。

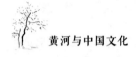

时期史学家干宝的志怪小说集,《水经注》是南北朝时期北魏郦道元的地理学著作,加之谶纬之书《遁甲开山图》的记载,可知"河神巨灵"的传说故事在汉魏两晋南北朝时期十分流行,又因这三个文本的类型并不相同,便知"河神巨灵"其实不是文学领域的奇思妙想,更为准确的说法应是基于一定历史依据与地理研究的关于黄河流域的某种文化联想与神秘信仰。"河神巨灵"的天神形象之所以指向一个力大无穷的巨人,是因为在古人看来,凡人根本无法完成开辟河道这样的经天纬地之事,而天生神力的巨灵之于人类社会的最大贡献即在于此,换言之,开辟河道或是"河神巨灵"的天职与神谕。唐宋时期,随着黄河流域的多个系统工程建设完成,先民们对黄河流域有了更多的理性认识,"河神巨灵"的信仰文化与神秘色彩也逐渐从人们的生活世界中褪去。明清时期,"巨灵"的"河神"身份消失不见,摇身一变成为《西游记》中托塔天王帐下的战将,在"孙悟空大闹天宫"等多个回目出场,舞动一对宣花板斧,如同凤凰穿花,灵巧无比。吴承恩在《西游记》中之所以将"巨灵"纳入天神阵营,使其成为托塔天王的麾下、接受玉皇大帝的支配,乃是受到道教神仙谱系的影响,这也就意味着在文化上,作为天神的"巨灵"在明清之后与"河神"以及黄河文化的观念传统已然分道扬镳。在文明的意义上,可说"巨灵"神话一方面说明开辟河道对于先民生存发展之必要,另一方面表明黄河之于中华水系以及黄河文化之于中华水文化、河流文化的轴心地位开始凸显。

　　与北方哲人不同，屈原对黄河与黄河文化的态度相对复杂，既有理性的追问，又有神秘的想象。如果说理性的追问主要指向天地自然之实然，则可说神秘的想象主要指向"河神""河伯"之信仰。文学史上一般将《楚辞》作为荆楚文化及至南方文化的代表，将《诗经》作为中原文化及至北方文化的代表，然而在《楚辞》的《天问》《九歌》诸篇中，我们竟然看到了屈原对于中原文化、北方文化及至黄河文化的吸收与探究。《楚辞·九歌·河伯》有云："与女游兮九河，冲风起兮横波。乘水车兮荷盖，驾两龙兮骖螭。登昆仑兮四望，心飞扬兮浩荡。日将暮兮怅忘归，惟极浦兮寤怀。鱼鳞屋兮龙堂，紫贝阙兮朱宫，灵何为兮水中？乘白鼋兮逐文鱼，与女游兮河之渚，流澌纷兮将来下。子交手兮东行，送美人兮南浦。波滔滔兮来迎，鱼邻邻兮媵予。"① 在屈原的笔下，河伯即河神，他是天下的河流之神、水域之神。通过此段文字可知，风流潇洒、气度非凡的河伯总是与波涛滚滚、桀骜不驯的黄河之水一同登场。民众出于生存、生产与生活的朴素渴望，时常举行祭祀河神的盛大仪式，这便使得作为神灵的河伯常常造访人间，与人间的关系越发紧密。学界对《河伯》的解读主要有两种。一种指向河伯与洛水女神的爱恋交往，此说虽从地理上考察了黄河与洛水的地缘关系，但后世关于"与女游兮九河，冲风起兮横波"一句的解释可谓莫衷一

---

　　① （宋）洪兴祖：《楚辞补注》，中华书局，1983，第76~78页。

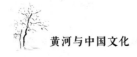

是、众说纷纭，故而河洛之恋只可看作基于《楚辞》浪漫主义文学精神之上的一种追叙与推测。另一种指向河神祭祀与黄河信仰，较之前者，此说更加接近《河伯》的主旨，通过文本之细节可知屈原作为河伯巡礼的"见证者""参与者"，亲历了河神祭祀的盛大场景和"人神交互"的信仰仪式。事实上，在商周时期，无论是官方还是民间，河流崇拜与河神祭祀的风气可谓较为普遍。《史记·封禅书》等史书记载，彼时多个地方建有河神庙宇，此外河伯与大禹的奇妙关联也为此说的合理性提供了一定的佐证。相传大禹在治理黄河时曾遇神人指点，其中贡献最大者当数河伯，他将河图授予大禹，这无异于将黄河的内部结构置入大禹的思维观念中，对大禹治水的助益可谓直接而充分。因此，我们更愿意相信屈原在《楚辞》中所交代的河伯是黄河之神、水域之神，他以"神遇"的非理性方式参与了人类社会与自然世界的双向交互，此中既有崇拜与信赖，亦有省察与质疑。《神异经·西荒经》对"河伯"的形象做了进一步揭示："西海水上有人乘白马，朱鬣白衣玄冠；从十二童子，驰马西海水上，如飞如风，名曰河伯使者。"[1]这段文字描述一方面加深了我们对河伯潇洒缥缈的印象，另一方面则证实了河伯的"河神"身份与非凡神通。除了《楚辞》《山海经》有关于"河伯"的记载外，《庄子·秋水》亦描绘了一个望洋兴叹的河伯形象，这倒不至于使我

---

① （汉）东方朔：《神异经》，上海古籍出版社，1999，第55页。

们产生多个河伯、多条河流无法对应、无法辨别的困扰，虽然山川河流在现代中国的语境下各有其确定之称谓，但在古代中国的典籍文献中，未做限定之"河"主要指向黄河已然成为学人之共识。无论河伯的管辖范围多大，掌管黄河流域仍是他作为"河神"的主要职能，尤其是在先秦时期，将"河伯"之神与"黄河"之水做文化之联想，可谓诸子后学在人文地理以及人河关系方面的独特贡献。

关于河伯与大禹的奇妙联系，历代文献中多有记载。在《楚辞》中，屈原通过向"天地""宇宙"发问的方式重思人与自然的关系，其中就涉及人与黄河、人类社会的发展与大江大河的孕育之间的关系。《楚辞·天问》曰："洪泉极深，何以填之？地方九则，何以坟之？"又曰："应龙何画？河海何历？"[1] 这两条文字不仅引导我们重新审视大禹治水的发生机制与成功经验，而且将治水的客观性、实践性与"龙""画"的神秘性、奇异性一同抛给了我们，使得我们对先秦时期的社会生活与思想文化有了更加多维的省察。《天问》抛出问题以后，历代文人纷纷予以回应，加以解读。《尸子》载曰："禹理洪水，观于河，见白面长人鱼身出，曰：'吾河精也。'授禹《河图》，而还于渊中。"[2]《博物志·异闻》则曰："昔夏禹观河，见长人

---

① （宋）洪兴祖：《楚辞补注》，中华书局，1983，第90、91页。

② （晋）郭璞：《山海经·穆天子传》，岳麓书社，2006，第204页。

鱼身出，曰'吾河精'，盖河伯也。"①《拾遗记》有云："禹尽力沟洫，导川夷岳，黄龙曳尾于前，玄龟负青泥于后。"②《太平广记》亦云："禹治水。应龙以尾画地。导决水之所出。"③统合此四条文字内容，或可得出如下两点信息：第一，无论是"大禹"其人、"河图"其物，还是"大禹治水""授禹《河图》"其事，皆有神话传说的色彩，但在文明演进的过程中，可知神性正在逐渐褪去，而人性正在逐渐涌现，所以在上古神话谱系中，"授禹《河图》"的神话色彩仍旧十分浓郁，"大禹治水"的神话色彩则已被弱化，历史叙事的印记已然可见；第二，不同的文本在面对河伯的文化形象时，会做不同立场之处理，若要彰显神性之崇高，会使河伯完全地归复"河神"之位分，成为普通民众信赖与膜拜之对象，若要体现人性之智慧，则将河伯降至"河精"之位分，沦为人类社会自在发展之旁证与辅助。在历代文人"追古""述古"的视域下，大禹治水乃是功在千秋之事，治水得以成功的关键有二，一是大禹的卓越才能与超凡智慧，二是"河伯""应龙""玄龟"的神奇助力，其中河伯奉上了《河图》、应龙开辟了河道、玄龟进行了善后。此处的《河图》是指黄河的流向、结构与内部形态，与后世所说的蕴含宇宙星象密码的"星河之图"并非一物。不过从古人"在天为象，在地成形"以及阴阳

---

① （晋）张华：《博物志》，中华书局，1985，第314页。

② （晋）王嘉：《拾遗记》，中华书局，1981，第35页。

③ （宋）李昉等：《太平广记》，中华书局，1961，第1735页。

五行的理论来看，天上的"星河"与地上的"黄河"抑或存在某种微妙的联系。

历经汉唐与宋明，"河神"信仰与黄河文化在清代逐渐呈现出官方化、民间化两种气象并存、交会的特征。在官方层面，1657 年，黄河在河南地界发生决口，顺治令朱之锡为河督负责治理黄河。谁也没想到，这项任务一做就是10 年之久，朱之锡也摇身一变成为令人敬仰的治河专家。当时，民间流行"河神"的说法，德才兼备、广受好评的朱之锡便被老百姓奉为河神"朱大王"。朱之锡受帝王之命担当河督，从事治理黄河之要务，这是黄河流域在官方层面获得重视、黄河文化在官方层面获得认同的一种体现。朱之锡在治理黄河的过程中亲近民众、尊重民众、体恤民众，切实地为黄河两岸的民众做了贡献，故被民众奉为河神"朱大王"，这是黄河流域、黄河文化在民间层面拥有广泛影响力与普遍接受度的一种体现。令人惊叹的是，朱之锡凭借非凡的勇气与智慧带领当地官兵、民众耗时 10 年治理黄河，同时赢得了官方和民间两方面的认可，这是非常了不起的成就。通过朱之锡的 10 年治黄，我们发现黄河文化在清代社会还存在官方化、民间化两种立场。相较之下，官方的态度更为理性，治理黄河以及控制黄河流域的决心更大，民众的态度则更为感性，以黄河为生的同时又无比敬畏黄河甚至出现神化黄河的倾向。官方化、民间化代表两种不同的立场，但它们并非截然对立，二者之间亦有交互的环节与通道。作为彼时儒家士大夫的代表，朱之锡在

治理黄河的过程中兢兢业业、任劳任怨，真正做到了为国为民，因而不仅受到民众的认可与信赖、赢得了"河神"的美誉，而且得到了同期诸多官员、儒者的肯定与称赞。曾国荃后来整理黄河治理相关方面之文献时，即给予朱之锡"始终为国为民之精诚，复能昭揭于身后"的高度评价。能够出现如此和谐的社会景象，既说明人们对于人与黄河以及人与自然的关系的理解又深化了一层，亦说明人与黄河以及人与自然的连接又近了一步。借由朱之锡治理黄河的典型事件，可知这一历史时期的黄河文化展现出理性与感性融合、理性与非理性交互、理智与情感共通的人文特征。由此可见，清代以来的"河神"信仰并没有十分浓厚的封建迷信色彩，由于朱之锡等治河名臣的出现，反而使"河神"这一称谓具有了儒家心性论、德性论意义上的君子人格、贤者典范的意味。这一系列具体的历史现象亦隐约折射出儒家文化与黄河文化的统合以及官方立场与民间视角的合流。

"河神"信仰之所以在后世得到民众认可，在民间得以广泛推行，乃是因为它遵循了中国古代"天人合一"的哲学观念，虽然在形式上表现出一定的神秘主义色彩，但是在内容上指向人道对于天道的接纳与转化。对于认知水平较为有限的普通民众而言，借由"河神"之中介而展开"天人感应""人河相通"之可能，这样的方式足以在某种程度上安顿他们的身心、化解他们对于黄河泛滥以及诸多自然物象的忧惧。

第二节 大禹治水与黄河精神

在中国古代的传世文献中，《尚书》的思想意义最早受到重视。《尚书》的贡献除了记载上古时代的中国历史与政治变迁外，还在于确立了黄河文化在中华文化体系中的基源地位。《汉书·艺文志》曰："左史记言，右史记事，事为《春秋》，言为《尚书》，帝王靡不同之。"[1]《尚书》可谓中国第一部上古历史事迹汇编，也可以说是中国最早的史书。《尚书》又称《书》或《书经》，内容主要有《虞书》《夏书》《商书》《周书》四部分，从文体上可分为典、谟、誓、命、诰、训六种。《尚书》字数不多，时间却跨越千年，从尧、舜、禹讲到夏、商、周，尤其对三代的重大历史事件及其相关誓词、诰语的记载颇为详尽，对君臣之间讨论国家治理的对话也多有记述，从中我们便可了解到三代政治更迭、先秦社会变迁的具体史实，这对把握三代的文明演进极有意义。

黄帝时期，天下已有分州而治之迹象。到了尧帝时期，由于受到洪水侵袭的影响，天下被隔绝为十二个区域，于是有了所谓的十二州。《尚书·尧典》对此即有记载："肇十有二州，封十有二山，浚川。"[2]《尧典》中还论及彼时

---

① （汉）班固：《汉书》，中华书局，1962，第1715页。

② 顾颉刚、刘起釪：《尚书校释译论》，中华书局，2005，第130页。

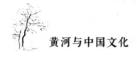

的社会形态，我们可以大致推断：尧帝时期，一切政治、社会层面的设计大多围绕基本的生存需求而展开，基于自然环境的变化而变化，并无独立自主、充满人文主义精神的思想内容与学术话语。按照《尧典》的记载，尧让位于舜，舜继位后继续划定疆界，并且封土为坛，举行祭祀。疆界的划定，使人们具备了基本的地理知识，形成了朴素的地理观，亦对人与自然的关系有了初步的追问。即便这样的追问中包含着浓厚的神秘主义色彩与自然崇拜、天神崇拜、祖先崇拜的意味，但仍然构成了一种原初的天人观，代表了上古先民对于自然世界的整体性理解。

从尧到舜，神话的色彩逐渐褪去；从舜到禹，人文的力量逐渐涌现。《尚书·大禹谟》所载舜、禹之间的一番对话，即向我们揭示了这一点。舜曰："来，禹！降水儆予，成允成功，惟汝贤。克勤于邦，克俭于家，不自满假，惟汝贤。汝惟不矜，天下莫与汝争能。汝惟不伐，天下莫与汝争功。予懋乃德，嘉乃丕绩，天之历数在汝躬，汝终陟元后。人心惟危，道心惟微，惟精惟一，允执厥中。无稽之言勿听，弗询之谋勿庸。可爱非君？可畏非民？众非元后，何戴？后非众，罔与守邦？钦哉！慎乃有位，敬修其可愿，四海困穷，天禄永终。惟口出好兴戎，朕言不再。"禹曰："枚卜功臣，惟吉之从。"[1] 舜的告诫在于，洪水之灾乃"天"之惩罚警示，这意味着作为君王，理应达到

---

[1] 顾颉刚、刘起釪：《尚书校释译论》，中华书局，2005，第332页。

"贤"的标准，在言行合一、建功立业的同时，也要勤劳节俭、谦卑自省。在舜帝看来，普天之下，论"贤"无人超过大禹，让位于他乃是天命所归。这便是中国上古时代的"禅让制"，一种出现于"世袭制"之前的更为民主的权力更迭制度。禅让的标准在于"贤"，作为继承者，不仅要有"贤"之德，而且要有"贤"之功，如果说前者主要体现于平常的社会生活，则可说后者主要体现在重要的历史时刻。概如舜帝所言，在平常的社会生活中，大禹必定是个道德高尚、谦和仁义的君子、贤者，但要想成为一个时代的变革者、一个国家的统治者，仅有"贤"德恐怕远远不够。对于大禹而言，真正属于他的重要的历史时刻便是"治水"。在与大禹的对话中，作为权力授出者的舜帝亦展露出他非凡的德行与智慧，"人心惟危，道心惟微，惟精惟一，允执厥中"，可以说是舜帝之于大禹最为由衷的教化与启示。人之心体恰如黄河之水，看似波澜不惊，实则暗流涌动，因此对人、对物、对事的洞察，不能停留于表面，而要深入其内里，把握那微妙难明的人之"道"、物之"性"、事之"理"。那么，如何做到这一点呢？舜帝认为，不仅要用眼观，而且要用心观，既需要经验和知识，也需要思想和智慧，既要钻研至精深处，也要秉持专一的态度，保证自己的身心始终处于"中"道之恰当位置。

舜帝的眼光和判断是十分准确的，尧、舜之后，大禹开始登上创造中华文明的历史舞台。作为权力接受者的大禹不仅做到了"贤"德，而且立下了"贤"功。《尚书·

禹贡》作为中国最早的地理学篇章，阐述了人与土地、河流、自然的关系，记录了大禹治理洪水、划分九州的伟大事迹。古往今来，不少学者认为《禹贡》的成书或在战国之际，乃先秦儒家的托古之作，或在秦汉时期，乃后世儒者的杜撰之作。对此，笔者不敢苟同。在大禹的时代，文学书写、历史记录或许并不多见，但真实的历史事件总在发生，我们不能无视古人对于经典事件的"口耳相传，或逮后世"①，所以《尚书》的历史记载是完全可信的。治理洪水、划分九州的事迹或有夸大的成分，或有神话的迹象，但绝非空穴来风、子虚乌有。原因如下。第一，《禹贡》对各地的疆域、山脉、河流、土壤、田地、物产、道路、植被、贡赋、交通等自然景象、地理风貌、人文活动进行了较为准确的记载，这绝非一人一时可以完成的，此中或有国家层面天文、地理领域之专业机构参与运作，或有专门从事天文、地理研究之学者群体集结书写，我们甚至可以判定《尚书》文本的形成就是官方书写的结果。第二，《禹贡》对治理洪水、划分九州二事的记载是连贯的、统一的，几乎没有逻辑缺失与知识漏洞。大禹治水之后，原本隔绝的区域连接在一起，"九州"的地理划分得以实现。《禹贡》对陕西、山西、河南、山东一带的地理记载较为明晰，而对青海、新疆、西藏的地理记述相对简略，这也符合彼时民众的认知状况。《禹贡》根据山势与河流的具体走

---

① 鲁迅：《汉文学史纲要》，人民文学出版社，2006，第353页。

向确定各个州域，例如，由壶口、梁、岐而定冀州，由济水、黄河而定兖州，由西河、黑水而定雍州。这些结论的获得往往需要基于一定的实地考察，要想完全站在"今"之时空背景杜撰"古"之水文地理，可以说没有任何可能。此外，《禹贡》还解释了早期中原农耕文明发达的原因："伊、洛、瀍、涧既入于河，荥波既猪，导菏泽，被孟猪。厥土惟壤，下土坟垆。"① 如前所论，彼时中原地区尤其是河洛地区的地理条件十分优越，不仅河流较多、水源充足，而且土质良好、适于灌溉，有利于农业发展。《禹贡》较为客观地记载了黄河流域各个地区的地理现象，突破了以往的很多神秘观念，如果它是汉代的作品，则这样的神秘观念不仅不会被摒弃，反而很可能在谶纬风潮与经学神学化的情势下被利用、被放大。正是因为《禹贡》作为最早的地理学作品，其材料的真实性、内容的客观性、知识的可信性经受住了时间与历史的检验，所以它才能够成为《水经注》《元和郡县图志》等后世若干地理著作的主要参照。

《史记·河渠书》可谓中国最早专门记述水利事件、归纳水文特征的历史文献。关于大禹治水之过程，《河渠书》有云："河菑衍溢，害中国也尤甚。唯是为务。故道河自积石历龙门，南到华阴，东下砥柱，及孟津、雒汭，至于大邳。于是禹以为河所从来者高，水湍悍，难以行平地，数为败，乃厮二渠以引其河。北载之高地，过降水，至于大

---

① 顾颉刚、刘起釪：《尚书校释译论》，中华书局，2005，第 374 页。

陆，播为九河，同为逆河，入于勃海。"① 在《河渠书》中，司马迁用短短 1651 个字记述了从上古时代大禹治水到汉武帝时期治理黄河的数千年重大史实，论及大禹、李冰、西门豹等多个历史人物，涉及防洪、漕运、灌溉等多项水利工程。尤其值得注意的是，这些历史人物在各自所主导的水利工程中所采用的部分引水方案，即便在今天看来也极具科学性与前瞻性，极具理论价值与研究价值。《河渠书》亦曰："用事者争言水利。"② 司马迁不仅提出了"水利"的名词概念，而且界定了"水利"的应用范围，即包含治水、导河、修渠、漕运、灌溉等实质内容。这对于我们了解中国古代的水事活动、治水历史以及借鉴中国古代的治水经验、水利技术无疑大有裨益。

大禹治水的事迹体现了人类社会与自然世界之间从起初的角力、对抗到后来的妥协、共存的交互过程。大禹作为上古时代之圣王，代表了彼时人们认识自然的最高程度，大禹治水的事迹本身也反映了彼时中国先民的生存智慧与实践能力。大禹为了治水，走遍九州大地，统合人力物力，既深入认识黄河流域等水文环境，又充分发挥人的主观能动性，变水灾为水利，可谓人类社会改造自然的典范。《史记·夏本纪》载曰："当帝尧之时，鸿水滔天，浩浩怀山襄陵，下民其忧。""尧听四岳，用鲧治水。九年而水不息，功用不成。"

---

① （汉）司马迁：《史记》（点校修订本），中华书局，2013，第 1405 页。
② （汉）司马迁：《史记》（点校修订本），中华书局，2013，第 1407 页。

"禹为人敏给克勤；其德不违，其仁可亲，其言可信；声为律，身为度，称以出；亹亹穆穆，为纲为纪。""禹乃遂与益、后稷奉帝命，命诸侯百姓兴人徒以傅土，行山表木，定高山大川。禹伤先人父鲧功之不成受诛，乃劳身焦思，居外十三年，过家门不敢入。""左准绳，右规矩，载四时，以开九州，通九道，陂九泽，度九山。令益予众庶稻，可种卑湿。命后稷予众庶难得之食。食少，调有余相给，以均诸侯。禹乃行相地宜所有以贡，及山川之便利。""济、河维沇州：九河既道，雷夏既泽，雍、沮会同，桑土既蚕，于是民得下丘居土。""道九川：弱水至于合黎，余波入于流沙。道黑水，至于三危，入于南海。道河积石，至于龙门，南至华阴，东至砥柱，又东至于盟津，东过雒汭，至于大邳，北过降水，至于大陆，北播为九河，同为逆河，入于海。嶓冢道漾，东流为汉，又东为苍浪之水，过三澨，入于大别，南入于江，东汇泽为彭蠡，东为北江，入于海。汶山道江，东别为沱，又东至于醴，过九江，至于东陵，东迤北会于汇，东为中江，入于海。道沇水，东为济，入于河，泆为荥，东出陶丘北，又东至于荷，又东北会于汶，又东北入于海。道淮自桐柏，东会于泗、沂，东入于海。道渭自鸟鼠同穴，东会于沣，又东北至于泾，东过漆、沮，入于河。道雒自熊耳，东北会于涧、瀍，又东会于伊，东北入于河。"[①]尧帝时期，

---

① （汉）司马迁：《史记》（点校修订本），中华书局，2013，第49、51、55、69、70页。

洪水滔滔，漫山川、没丘陵，万民愁苦。尧帝派鲧治水，九年而无功，洪水并未退却。舜帝继位，诛杀了治水不力的鲧，却任用了鲧的儿子大禹。大禹生性正直且有仁爱之心，为人勤恳、努力且办事迅捷、高效。在治水方面，大禹花了很多心思，下了很多功夫，他依山势做标识，标记各个山川原野。大禹痛惜父亲治水不力而遭诛杀一事，故三过家门而不入，整整十三年未曾归家。大禹出行，总是随身携带各种测绘工具，用以开划九州、辟通道路、修筑河堤、计量山川。九州之中，兖州的自然环境较为复杂，因为它处于济水和黄河之间。上古时代黄河并未改道，整体自西向东，流经北方大地，兖州也在其中。大禹的做法是疏通黄河下游的九条河道，使得一些洼地亦可汇集河水而成湖泽，如此一来，人们便可从高地移至低平之地，依水而居，进行农业耕作甚至种桑养蚕。大禹治水最为有力的措施之一便是疏导各个河域，使它们自上游流向下游，从而汇为一处最后流入大海。在"治水"的方法上，大禹总体采用"疏导"而非"拦堵"的思路，这主要是吸取了父亲"堙""障"之法的教训。《孟子·滕文公上》载曰："禹疏九河，瀹济、漯而注诸海，决汝、汉，排淮、泗而注之江，然后中国可得而食也。"[1] 这表明大禹治水成功的关键在于思路的转变，即从以往的征服自然、控制自然转为依循天地自然生生化育之基本规律，寻求人与自然和谐共

---

[1] （宋）朱熹：《四书章句集注》，中华书局，1983，第259页。

生之道。

中国古人向来对大禹治水的历史事迹信奉不已甚至顶礼膜拜，然而百年以来，随着"疑古"思潮的兴起，很多学者认为它具有极强的神话传说色彩，否认其历史真实性。进入新时代，随着人文学界对传世古籍、出土文献整理与研究的逐渐深入，关于大禹治水一事的考证工作也逐渐精细化、有效化，人们更倾向于相信大禹治水作为中国上古时代之史诗性事件在历史上真实发生过并对华夏文明产生过深远影响。《墨子·七患》载曰："故夏书曰'禹七年水'，殷书曰'汤五年旱'。"[①]《滕文公上》亦曰："当尧之时，天下犹未平，洪水横流，泛滥于天下。"[②]可见在大禹治水之前，水灾之害已达七年之久，民众之生存、生产、生活状况早已苦不堪言。正因有此困境在前，所以大禹治水一事才具有非凡之历史意义。近年来，随着地理考察的不断深化、科学证据的不断出现，中外学者开始接受上古时代黄河流域曾经出现过超级洪水这一历史事实，相关的研究报告也在美国《科学》杂志得以发表。如果这一结论能够获得多方面的验证，那便能够在很大程度上肯定大禹治水的真实性。从常识的角度讲，超级洪水不会自己悄无声息地退去，其之所以未能造成巨大危害，必定是古人通过某种手段使其趋势有所减缓，使其情形有

[①]　（清）孙诒让：《墨子间诂》，中华书局，2001，第 28 页。
[②]　（宋）朱熹：《四书章句集注》，中华书局，1983，第 259 页。

所化解。今天，每逢人们看到神州大地波澜壮阔之自然景象，看到黄河之水奔腾不息、川流而下，总会联想起大禹治水的历史事迹。它对于我们而言是神话意义上的还是科学意义上的，似乎已是次一级的问题，相较之下，它之于我们的精神激励与文化引导无疑更为重要。

大禹治水的事迹之所以具有典范意义与"史诗"效应，不仅在于大禹本人的智慧，还在于这一事迹背后的文化意蕴。《庄子·天下》载曰："昔禹之湮洪水，决江河而通四夷九州也，名山三百，支川三千，小者无数。禹亲自操橐耜而九杂天下之川。腓无胈，胫无毛，沐甚雨，栉疾风，置万国。禹大圣也，而形劳天下也如此。"① 可见早在先秦时期，大禹治水的事迹已被传为佳话，大禹其人也同天地、山河一起成为后世民众顶礼膜拜之对象，也成为上古时代伟大精神、非凡智慧之重要组成部分。大禹身上所体现出的"民本""民为先"之圣王观念以及勤劳、坚韧、谦和、自省的卓越品格，亦与华夏民族、山川河流的文化属性高度一致。人类在巨大灾难面前所展现出的人性光辉，亦使大禹治水具有极强的象征性与隐喻性，它揭示出人类对于生存的渴望、对于家园的守望，"人定胜天"的精神信念与"天人合一"的价值诉求同时根植于人类的精神世界中并将指引人类走向更具希望的未来。

---

① （清）郭庆藩：《庄子集释》，中华书局，1961，第 1077 页。

第三节 黄河文化与三代文明

黄河流域孕育中华文明的一大表现在于对中国历代王朝建构的深远影响。夏、商、周时期，王朝的政治中心主要位于黄河中游。学界一般认为夏是中原大地上第一个具有奴隶制形态的朝代，是在部落联盟的基础上建立起来的国家。按照郭沫若的说法，"自禹开始到启，夏朝建立后，中国历史开始了家天下的局面，原始社会转变为了阶级社会"[①]。《战国策·魏策》提到夏的疆域"左天门之阴，而右天溪之阳，庐、睪在其北，伊、洛出其南，有此险也"[②]。这表明夏朝的核心区域乃在今天的河南、山西一带。夏自建国以后，虽多次搬迁都城，但范围基本不出河南，可以说仍然处于黄河文化的中心区域。河南洛阳偃师市区二里头遗址的发掘，可以看作夏都存在的有力证据，当然仅就龙山文化与二里头文化的转向来看，夏朝的国家形态与社会结构还不完善。

《史记·五帝本纪》记载，商族也是黄河中游兴起的一大部落，大约与禹处于同时期。《尚书·序》云："自契至于成汤八迁。"[③] 商代历时六百年，虽然几经迁移，但活动区域仍在今天的河南、河北两地。《吕氏春秋·用民篇》曰

---

① 郭沫若主编《中国史稿》，人民出版社，1976，第57页。
② 缪文远、罗永莲、缪伟译注《战国策》，中华书局，2006，第163页。
③ 顾颉刚、刘起釪：《尚书校释译论》，中华书局，2005，第176页。

"当禹之时，天下万国，至于汤而三千余国"①，可知商汤在位时期，为了扩大领土与势力范围不断征伐，统一了周边的诸国与部落，而核心区域仍为黄河中游。《诗经·商颂·殷武》曰："昔有成汤，自彼氐羌，其敢不来享，其敢不来王，曰商是常。"② 可见彼时之商朝对周边部落的政治威慑与文化影响极大，其统治范围较之于夏朝更为广大。《史记·孙子吴起列传》载曰："左孟门，右太行，常山在其北，大河经其南。"③ 由此可知，华夏民族作为政治共同体、社会共同体与文化共同体而存在，大致是从商代开始的，是从商族在黄河中下游的大规模聚居开始的。

与商不同，周的部落最早居于今陕甘黄土高原、渭水流域。渭水是黄河的重要水系。《史记·周本纪》曰："周后稷，名弃。其母有邰氏女，曰姜嫄。姜嫄为帝喾元妃。"④周的始祖名弃，为有邰氏之女姜嫄所生，相传因"姬水"而得姓姬。同为古老部族，周起初在经济、军事、版图上远逊于商。周族一直在黄河中游发展，夏末商初时立国于邠，商代中期时迁都于岐。《诗经·大雅·文王》言"周虽旧邦，其命维新"⑤，商代政治衰落、君王无道之时，亦是周族新兴之际。公元前 1046 年，武王灭商，定都于黄河中上游的镐京（今陕西省西安市长安区西北），开启了周朝

① （秦）吕不韦：《吕氏春秋》，中华书局，2011，第 164 页。
② 李娟译注《诗经》，光明日报出版社，2014，第 432 页。
③ （汉）司马迁：《史记》（点校修订本），中华书局，2013，第 2623 页。
④ （汉）司马迁：《史记》（点校修订本），中华书局，2013，第 145 页。
⑤ 李娟译注《诗经》，光明日报出版社，2014，第 310 页。

的统治。周朝建立以后，领土呈成倍增长趋势，最盛时其疆域北至辽宁，西达甘肃渭河上游，东至山东半岛，南抵汉水中游。周朝在政治、社会层面的贡献主要有两个，一是宗法之制的推行，二是礼乐之制的实施。《礼记·大传》曰："别子为祖，继别为宗，继祢者为小宗。有百世不迁之宗，有五世则迁之宗。百世不迁者，别子之后也，宗其继别子之所自出者，百世不迁者也。宗其继高祖者，五世则迁者也。尊祖故敬宗。敬宗，尊祖之义也。"[1] 宗法制是中国古代社会得以有序发展的伦理基础、制度基础。宗法制真正从国家层面被确定下来，即是在周代。周代利用血缘关系管理族人，坚持嫡长子继承制，然后在分封制的政治背景下，通过复制管理族人的方式管理地方，这就形成了家国同构的治理模式，即所谓"天子建国，诸侯立家，卿置侧室，大夫有贰宗，士有隶子弟，庶人工商，各有分亲，皆有等衰。是以民服事其上，而下无觊觎"[2]。一种相对稳定、坚固的等差秩序由此形成。礼乐之制是等差秩序、等级制度的规定动作，这种形制上的规定性其实是即内在即外在的。个体在施行礼仪的过程中接受了一种家国的教化，这意味着就国家治理的层面而言，礼乐之制其实兼具社会功能与教育功能。周礼名目繁多，既有嘉礼、吉礼、宾礼、军礼、凶礼的分类，又有冠、昏、丧、祭、射、朝、聘、

---

① （明）王夫之：《礼记章句》，岳麓书社，2011，第73页。
② （晋）杜预、（唐）孔颖达：《春秋左传正义》，中华书局，1957，第135页。

缩"八礼"之概说。《礼记·坊记》曰:"夫礼者,所以章疑别微,以为民坊者也。故贵贱有等,衣服有别,朝廷有位,则民有所让。"[1] 礼仪的系统化与制度化意味着统治阶层的权力在彼时获得了合法性的保障,但一路发展下来则非如此,礼乐之制对于整个古代中国的社会发展而言可谓有利有弊。其"利"主要落于秩序与文化层面,从一种家庭秩序、社会秩序逐渐转化为一种文化秩序、文化自觉,到了儒家那里,这种文化自觉又与道德自觉结合在一起,成为君子人格与圣贤人格的表征;其"弊"在于限制了人们的思想创造力,由于礼乐之制的中度原则在现实生活中难以把握,加之古代的执政者、管理者为了巩固自身的统治地位,更愿意将礼乐之制作为思想武器与教化工具,这样一来,礼乐之制的实施与推行就不可避免地过度、过头,他律的一面远远超过了自律的一面,礼乐也就成了压在民众身上的精神枷锁。也许是意识到了这一点,也许是出于对商纣暴政、商代灭亡的警醒,周代在土地分配、农业发展方面做了一些改革,如井田制的实行、农具与耕作方法的改进等。《诗经·大雅》云:"笃公刘,既溥既长,既景乃冈,相其阴阳,观其流泉,其军三单,度其隰原,彻田为粮。"[2] 周代的统治者既敬畏自然,也善于利用自然,他们利用黄河的水源之便,发展水利灌溉,注重农业生

---

① (明)王夫之:《礼记章句》,岳麓书社,2011,第 1216 页。

② 李娟译注《诗经》,光明日报出版社,2014,第 344 页。

产，这就将天意与民心联系了起来，阶段性地达到了"敬天保民"的政治效果。人们以无限的智慧、极大的诚意开显黄河的水文价值，而黄河作为无声的见证者目睹中华历史的发生与演进，作为自然世界的一部分参与中华文明的建构与发展，此即人与黄河、人与自然和谐共生的重要体现。

总体而言，夏、商、周在文化上是一系的，属于中国早期文化或曰中华文化创生期的主要构成，但在具体之层面，可知夏、商、周亦各有其文化之特点。夏代的政治中心与文化中心在黄河中段的伊水、洛河一带，商代连接了黄河的中段和东段，周代则将统治中心置于黄河中段的洛邑与西段的镐京。虽然都处于黄河流域，但不同的地域、不同的自然环境仍然使得夏、商、周三代在政治、经济、文化方面呈现出不同的表象。三代之中，周代的社会结构可谓相对稳定，文化形态也相对成熟。从地缘性的角度讲，河洛文化可以说是周代物质文明与精神文明的浓缩，登封王城岗古城、新密新寨古城的发现即证明了这一点。由于周代的政治文化是以河洛地区为中心向外辐射的，且古代先民大多在黄河中下游区域聚居，这便保证了中原文化、华夏文化的稳定性与延续性。在稳固、和谐的文化秩序下，中国作为大一统国家的历史帷幕得以拉开，黄河流域、黄河文化亦以其"无声胜有声"的方式参与到了这波澜壮阔的历史变革之中。

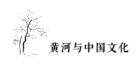

第四节 黄河文化与先秦儒学

杜甫写过一首极有名的古体诗，题为《茅屋为秋风所破歌》，最好的两句在结尾，"何时眼前突兀见此屋，吾庐独破受冻死亦足！"孔孟之道之所以绵延不绝，除了它思想内部的严密性与包容性外，还得益于其积极入世、虑国忧民的士大夫精神。儒家后学常有家国情怀，杜少陵亦不例外。"人"字，一撇一捺，既特立独行，亦大道至简。当下的人，尤其是身处大都市浪潮下的熙熙之人，常嗟叹生活之苦、人生之悲，试问：这种不痛不痒的苦与悲，于漫长的人类历史而言所值几何？没有哪个国家、哪种制度会阻碍个体的自我发展，关键在于，我们所追求的那一份世俗的物质享受，并不是人生意义之最重要构成。过于关注自我、沉溺于自我感受，后果便是身后的传统、周遭的关联被切断、被隔绝，于是导向某种深不见底的虚无主义。殊不知，我们身后的那个德性与心性的传统何其重要！

数千年前，在黄河下游的齐鲁大地上，孔子接续了周公以来的礼乐传统，宣扬仁、义、礼、智的道德化育功能，发展出了儒家的心性论传统。结合《周易》"天行健，君子以自强不息；地势坤，君子以厚德载物"[①] 的语句，可知儒家或从黄河文化与上古文化中汲取了"自强不息"与

---

① （宋）朱熹：《周易本义》，中华书局，2009，第33、44页。

"厚德载物"的精神品格。面对万物的变迁、生命的流逝，孔子不禁发出"逝者如斯夫，不舍昼夜"的由衷感叹，足见其对于黄河流域及其背后的黄河文化、黄河气象、黄河精神有所体认、有所参验。

颜回仰慕孔子的渊博学识和生命智慧，赞曰："仰之弥高，钻之弥坚。瞻之在前，忽焉在后。夫子循循然善诱人，博我以文，约我以礼。"① 宰我亦云："以予观于夫子，贤于尧、舜远矣。"② 司马迁《史记》评曰："余读孔氏书，想见其为人。适鲁，观仲尼庙堂车服礼器，诸生以时习礼其家，余祗回留之不能去云。天下君王至于贤人众矣，当时则荣，没则已焉。孔子布衣，传十余世，学者宗之。自天子王侯，中国言六艺者折中于夫子，可谓至圣矣！"③ 这都体现了孔子卓越的人格与非凡的气象，而这样的人格与气象的养成，既与天地自然有关，也与山川河流有关。

在《论语》中，孔子对自己的生命观做了深度的诠释："吾十有五而志于学，三十而立，四十而不惑，五十而知天命，六十而耳顺，七十而从心所欲不逾矩。"④ 用现在的话讲，那就是十五岁立志，学尧、舜、禹、汤、文、武等先王之道；三十岁时，学说、思想已有一定基础，以求人格独立、气质养成；四十岁时，坚定地奉行仁义之道；五十

① （宋）朱熹：《四书章句集注》，中华书局，1983，第 111 页。
② （宋）朱熹：《四书章句集注》，中华书局，1983，第 234 页。
③ （汉）司马迁：《史记》（点校修订本），中华书局，2013，第 1937 页。
④ （宋）朱熹：《四书章句集注》，中华书局，1983，第 54 页。

岁时，探究天道、反思人生；六十岁时，善于聆听，善于
吸收，能理解他人，能辨别是非；七十岁时，天与"我"
同在，"我"与天合一，能随心所欲地生活而不逾越自然的
法则。孔子用自己的一生践行仁学，《论语》曰："克己复
礼为仁。"① 克己向内，乃个体之"仁"，强调德性；复礼
向外，乃群体之"仁"，强调礼乐。向内、向外两方面即
"克己""复礼"两部分组合在一起，这才构成"仁"的本
义。向内，意味着修身之必要，而修身的关键在于"孝
悌"。《论语》有云："孝弟也者，其为仁之本与！"② 孔子
强调"亲亲"之仁以及宗法制度、血缘关系对于个体生命
的塑造意义，从工夫论的角度讲，即以"孝悌"之"仁"
为个体修身之基础。孔子以"仁"为本，所谓"本立而道
生"，而这"立本"与"生道"的过程，又需有"己所
不欲，勿施于人"的观念作为指引，即强调共情、同理
心与将心比心，这亦是"仁"在公共层面的德性意涵。

《雍也》有云："知者乐水，仁者乐山。知者动，仁者
静。知者乐，仁者寿。"③ 如何理解孔子与先秦儒家的"知
者乐水"呢？陈望衡在《中国美学史》中说道："孔子在
这里提出审美是主体与客体双向选择最后达到精神上统一
的重要美学思想。知者之所以选择水，是因为水的流动不

---

① （宋）朱熹：《四书章句集注》，中华书局，1983，第 131 页。
② （宋）朱熹：《四书章句集注》，中华书局，1983，第 48 页。
③ （宋）朱熹：《四书章句集注》，中华书局，1983，第 90 页。

息、因物随形、据势而变与知的基本品格是相似的。"① 此处所论两点内容皆有研究意义。第一，如果我们将中国古代的知识分子作为"知者"的主体，将黄河作为"水"的主体，即可发现这二者之间的精神同构性。中国古代的知识分子、儒家士大夫向来强调"人之德"，而"人之德"又可分为德性、德行两部分，相较之下，前者更为内在，而后者更为外在，德性与德行配合起来即可构成完整之人格。儒家讲性善，如果说"恻隐、羞恶、辞让、是非"乃是性善之发端、人格之内蕴，则可说"仁、义、礼、智"即性善之展开、人格之显现。人有人之格，水亦有水之性。就黄河之水而言，其总体之气象可用"雄浑""奔涌"二词形容，然其实质之性情却是谦卑而温厚、包容而敞开的，在这个意义上，可以说其与中国古代知识分子尤其是儒家士大夫的精神属性是相符合的、统一的。第二，为什么说"知者乐水"而不说"仁者乐水"呢？如果说坚定、坚守是山的基本特质，那么流动、流变便是水的基本特性。就黄河之水来看，它既有主动的选择性，又有被动的适应性，也就是说，它既能够被动地适应周遭的自然环境，也能够主动地调节局部的自然关系，而儒家自孔子以来所强调的儒者、君子乃至圣贤之精神宗旨、价值理念即是如此。儒家既讲"经"也讲"权"，后者的核心语词其实就是适应和选择，而在适应和选择的背后则是接纳和判断，这既需

---

① 陈望衡：《中国美学史》，人民出版社，2005，第28页。

要德性的养成、德行的修炼，也需要理性的参验、智慧的运思。由此可见，"仁""知"之于人文社会，恰如"山""水"之于自然世界，二者相互补充、缺一不可。从儒家的角度讲，"仁""知"作为人的道德基础与认识基础，建构了人的感性生命与理性生活。"山""水"作为自然世界的"坚""柔"代表，同样确立了自然世界的严肃性与涌动性，如泰山与黄河。如同人类一样，泰山、黄河在整个中华文明永续发展的历史进程中也在不断地塑造自身、显现自身，所谓"泰山文化""黄河文化"即在这样的塑造与显现中得以形成。

从文明交流互鉴的视域以及历史性、现代性的维度来看，"仁"既是孔子哲学的核心概念，也是儒家思想的内在根基，更是儒学之于现代中国的意义枢纽。就整个《论语》的文本而言，孔子并非直接给出"仁"的定义，而是基于不同场域、不同对象、不同问题反复地讨论"仁"，这无疑就构成了"仁"之内涵的多重性。据统计，"仁"在《论语》中总共出现了 109 次，仅孔门弟子问"仁"与孔子答"仁"就有 8 处之多。如下所示：

（1）（樊迟）问仁。曰："仁者先难而后获，可谓仁矣。"[1]（《雍也》）

（2）颜渊问仁。子曰："克己复礼为仁。一日克己复

---

[1] （宋）朱熹：《四书章句集注》，中华书局，1983，第 89 页。

礼，天下归仁焉。为仁由己，而由人乎哉?"①(《颜渊》)

（3）仲弓问仁。子曰："出门如见大宾，使民如承大祭。己所不欲，勿施于人。在邦无怨，在家无怨。"②(《颜渊》)

（4）司马牛问仁。子曰："仁者，其言也讱。"③(《颜渊》)

（5）樊迟问仁。子曰："爱人。"④(《颜渊》)

（6）樊迟问仁。子曰："居处恭，执事敬，与人忠。虽之夷狄，不可弃也。"⑤(《子路》)

（7）子贡问为仁。子曰："工欲善其事，必先利其器。居是邦也，事其大夫之贤者，友其士之仁者。"⑥(《卫灵公》)

（8）子张问仁于孔子。孔子曰："能行五者于天下，为仁矣。"请问之。曰："恭、宽、信、敏、惠。恭则不侮，宽则得众，信则人任焉，敏则有功，惠则足以使人。"⑦(《阳货》)

以上8条文字，充分证明《论语》中孔子论"仁"的意涵是具有多重性的，且各个层面的意涵也相对确定、彼此关联、互相印证。然而，孔门弟子数次问"仁"，孔子每次的回答都不一样，那么，该如何从若干具体的阐述中推导出关于"仁"的普遍性定义呢?孔子所论之"仁"作为

① （宋）朱熹:《四书章句集注》，中华书局，1983，第131页。
② （宋）朱熹:《四书章句集注》，中华书局，1983，第132~133页。
③ （宋）朱熹:《四书章句集注》，中华书局，1983，第133页。
④ （宋）朱熹:《四书章句集注》，中华书局，1983，第139页。
⑤ （宋）朱熹:《四书章句集注》，中华书局，1983，第146页。
⑥ （宋）朱熹:《四书章句集注》，中华书局，1983，第163页。
⑦ （宋）朱熹:《四书章句集注》，中华书局，1983，第177页。

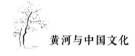

一种价值诉求具有普遍性，作为一种价值观念具有内在规定性，这一点毋庸置疑，但孔子仁学之核心意旨不在于此。学界论"仁"，或基于"亲亲"，或立于"己"，或诉诸"爱人"，但就《论语》的文本而言，"仁"这一价值观念在内涵上显然具有多重性，孔子关于"仁"的论述也是多维度的，且各个维度的意涵是相对确定、彼此关联、互相印证的。孔子在《论语》中虽未对"仁"下直截之定义，但《论语》的文本仍以言不尽意的诠释方式向我们呈现出孔子"仁"学的整体轮廓。因此，要想充分地把握其轮廓背后的精神实质，就必须透过《论语》对"仁"这一价值观念做多维之透析。

从现代性的角度看，基督教的"博爱"更具有现代性伦理所倡导的人道主义精神，墨家的"兼爱"、儒家的"仁爱"亦有此方面的价值倾向，但三者差别较大。"兼爱"之说有鲜明的民间立场，"仁爱"之说则有强烈的血缘宗亲意识。换言之，"仁爱"虽在价值观念上具有一定的超越性，但其终究不是宗教信仰意义上的外在超越与绝对超越，而是道德伦理意义上的内在超越与相对超越，进一步讲，西方的基督教神学更关注形而上的终极存在，而儒家更关注真切的现实社会与鲜活的个体生命，也就是说，"仁爱"的落脚点不在幽远的彼岸，而在真切的当下。就《论语》的文本而言，"仁"与"仁爱"在孔子以及早期儒家那里已然蕴含"爱有等差"的思想内容。儒家思想得以在中华文化史上长期占据中流砥柱之地位，可以说在很大程度上归功于"仁爱"伦理结构的建立，尤其是以血缘宗亲为本位的"亲亲之仁"，可谓十分切近华夏民族的情感生命。《论语·学而》曰："孝弟也者，其为仁之本与!"[1] 那么，"孝悌"或曰"亲亲"到底在何种意义上构成"仁"的逻辑原点呢?《阳货》曰："予之不仁也! 子生三年，然后免于父母之怀。夫三年之丧，天下之通丧也。予也，有三年之爱于其父母乎?"[2]《学而》又曰："其为人也孝弟，而好犯上者，鲜矣;不好犯上，而好作乱者，未之有也。君子务本，本立而道生。"[3] 由于"亲亲""孝悌"之爱是"仁"之起点，"人"乃"仁"之价值主体，"仁"又是"人"的安身立命之本，以此类推，若说"孝悌"为"仁"之本，即可说"孝悌"是"人"之本，也就是说，在"孝悌为仁之本"层面将"仁"作"人"解是有效的。基于以上分析，可知"孝悌为仁之本"与"仁为人之本"的内在互动，使得孔子的"仁"学在逻辑上更为自洽，亦可知"亲亲"乃孔子论"仁"的逻辑原点。当然，无论是讲"亲亲"还是讲"仁"，都无法回避人之为人的主体性问题，这既包括思维的主体、道德的主体，也包括存在的主体、实践的主体。讲到主体性，就必然会涉及"自我"与他者的关系。在儒家的语境下，他者是有层次的、有等差的，也就是说，作为自我，最先要处理的是"己"与"亲

---

① （宋）朱熹:《四书章句集注》，中华书局，1983，第 48 页。
② （宋）朱熹:《四书章句集注》，中华书局，1983，第 181 页。
③ （宋）朱熹:《四书章句集注》，中华书局，1983，第 47~48 页。

亲"这一层面的伦理关系。"己"这一主体性领域要如何被妥当地安置于"亲亲而仁民,仁民而爱物"的伦理关系中?"己"在孔子的仁学思想中又该居于何种地位?

从现代性的视域看,由"知己"到"知人"固然没错,但问题在于,如果立足于"己"而"知人"、行"仁",岂不是无形中消解了"亲亲"一环的伦理意义?没有"亲亲"作为依托的"己",要如何在古代的传统社会真实地呈现其情感生命?因此,"己"在儒家的伦理结构中并非独立的个体,而是群体中的一员。儒家并不将"己"看作单一的原子,而是将之安置于"亲亲"的伦理序列中,使之以血缘宗族成员的身份存在,这一点也可以在《论语》的文本中得到印证,子曰:"夫仁者,己欲立而立人,己欲达而达人。"①(《雍也》)又曰:"己所不欲,勿施于人。"②(《颜渊》)此二条乃孔子对"仁"的实质性规定,亦可谓孔子仁学的两大价值准则。孔子意欲谋求一种新的解决冲突的方法。"仁"如何实现?在孔子看来,无非"忠恕"二字,具体来说,就是"推己及人""由父及君",如果每个人都能做到"己欲立而立人,己欲达而达人""己所不欲,勿施于人",则仁义之世必然可至。由上可知,如果说《论语》所谓"为仁由己"更有利于凸显主体的道德自觉,那么"亲亲而仁民,仁民而爱物"的伦理结构则更有利于将

---

① (宋)朱熹:《四书章句集注》,中华书局,1983,第92页。

② (宋)朱熹:《四书章句集注》,中华书局,1983,第132页。

主体的道德理性转化为实践理性，因此可以说"亲亲之仁"比"为己之仁"在儒家的价值体系中更为根本。

从历史性、现代性的双重视角来看，在"仁"与诸德之关系中，可以说"仁"与"礼"的关系最为直接，当前的学术界在这方面的研究上也达成了一些理论共识，认为"仁"是原生的内在情感，而"礼"是教化的外在呈现。要想从"仁礼合一"的互动关系维度切入"仁"以及孔子思想，唯有回溯至《论语》的文本。《论语》中论及"仁""礼"关系的文字仅有4条，如下所示：

（1）颜渊问仁。子曰："克己复礼为仁。一日克己复礼，天下归仁焉。为仁由己，而由人乎哉？"颜渊曰："请问其目。"子曰："非礼勿视，非礼勿听，非礼勿言，非礼勿动。"颜渊曰："回虽不敏，请事斯语矣。"[1]（《颜渊》）

（2）子曰："人而不仁，如礼何？人而不仁，如乐何？"[2]（《八佾》）

（3）子曰："恭而无礼则劳，慎而无礼则葸，勇而无礼则乱，直而无礼则绞。君子笃于亲，则民兴于仁；故旧不遗，则民不偷。"[3]（《泰伯》）

（4）子夏问曰："'巧笑倩兮，美目盼兮，素以为绚兮。'何谓也？"子曰："绘事后素。"曰："礼后乎？"子

---

[1]　（宋）朱熹：《四书章句集注》，中华书局，1983，第131～132页。

[2]　（宋）朱熹：《四书章句集注》，中华书局，1983，第61页。

[3]　（宋）朱熹：《四书章句集注》，中华书局，1983，第103页。

曰："起予者商也！始可与言《诗》已矣。"①（《八佾》）

第（1）条内容之重点在于"克己复礼"四字。毕竟，在整部《论语》中，"克己复礼为仁"既是最具有内在规定性的一番解释，也是最合乎现代语言学规范的一种定义。"克己复礼"从意涵上可分解为"克己"与"复礼"两个环节，"克己"是自我约束，求于内，"复礼"乃使自我的言行合乎"礼"，施于外。内外合一，即"克己复礼为仁"。进一步讲，"仁"是"礼"的内在本质，"礼"则是"仁"的外在呈现，也就是说，"仁"更多指向人内在的道德情感，而外在的规范、调节则诉诸"礼"，但这并不意味着"仁"与"礼"之间存在道德理性与实践理性的割裂，《论语》论"仁"恰恰强调二者的统一性，若内、外截为两段，则"仁"的意义始终无法生成。第（2）条的内容十分简洁，逻辑关系也更为清晰，就该条文字看，"仁"与"礼""乐"之间的关系可以形象地描述为"根"与"果""叶"的关系，也就是说在逻辑上，"仁"乃"礼""乐"得以落实的必然条件，换言之，无"仁"则"礼""乐"无从谈起。第（3）条所论之"恭""慎""勇""直"，既是"仁"的外在指向，也是"仁"之意涵的扩充，那么，如何才能使它们不违于"仁"呢？这就需要"礼"作为中介来加以疏导、制衡，以"礼"为挈，也就免去了"劳""葸""乱""绞"之祸端与麻烦。第（4）条中的"巧笑倩

---

① （宋）朱熹：《四书章句集注》，中华书局，1983，第63页。

兮，美目盼兮，素以为绚兮"，乃出自《诗经·卫风·硕人》，形容女子妆容之精致。所谓"绘事后素"，意为先有白底，然后作画。该章讲的是子夏通过与老师的对谈，由"绘事后素"一例悟到"礼后于仁"的道理。所谓"礼后于仁"，即是说仁在心中，礼的好处自然能够显现，倘若心中无仁，礼数再周全，也只是徒有其表，而唯有外在的礼乐教化与内在的道德情感相一致，才可称得上"君子之道"，在这一意义上，亦可说"仁"乃首德之名，而非全德之名。

从文明论与文化学的角度来看，可以说以上 4 条皆从不同的价值侧面印证了"仁内礼外"这一伦理范式的正当性与有效性。可见，较之"礼""义""智""圣"，"仁"在意涵上更贴近儒家精神之根本，由此，便可以说"仁"在价值上高于诸德目，若从"仁礼合一"的角度来看，则"仁内礼外"无疑，"仁"在逻辑上也要先于"礼"而存在。综上所述，《论语》论"仁"，往往与"礼""义""智"诸德目相连，然并不意味着"仁"乃"全德之名"，也不是说"仁"之内涵就足以覆盖诸德目，而是说"仁"既在逻辑上先于诸德目，亦在价值上高于诸德目，因此"首德之仁"比"全德之仁"更为准确。

《论语》中，孔子论"仁"总是基于某一问题域，要么由人伦关系、群己关系深入下去，要么就政治生活、道德生活延展开来。这就是说，内在之"仁"、抽象之"仁"必然要通过"学""教"以及一系列修身工夫开显于现实人生中，否则"仁"的价值普遍性便得不到验证。《雍也》

说道："回也，其心三月不违仁，其余则日月至焉而已矣。"① 孔子为何会给予颜回如此高的评价？原因就在于颜回作为孔子的得意门生，不仅对"仁"的思想有深入之理解，还将"仁"之准则附着于日常生活中，可见，所谓"三月不违仁"绝不只是将"仁"奉于心底，还要将"仁"行于生活之绵长细微处。这便说明：孔子论"仁"，并不止于价值观念之层面，除了教化人们的思想，其更希望改善人们的生活方式与生命状态，将思想的触角伸向人伦关系、群己关系以及政治生活、道德生活。从诠释学的角度讲，这既是孔子"仁"学之于人伦关系的一次意义拓展，也是儒家思想之于现实人生的一次意义转向。此处再举 4 例加以论述：

（1）宰我问曰："仁者，虽告之曰：'井有仁焉。'其从之也？"子曰："何为其然也？君子可逝也，不可陷也；可欺也，不可罔也。"②（《雍也》）

（2）阳货欲见孔子，孔子不见，归孔子豚。孔子时其亡也，而往拜之，遇诸涂。谓孔子曰："来！予与尔言。"曰："怀其宝而迷其邦，可谓仁乎？"曰："不可。""好从事而亟失时，可谓知乎？"曰："不可。""日月逝矣，岁不我与。"孔子曰："诺。吾将仕矣。"③（《阳货》）

（3）子曰："富与贵是人之所欲也，不以其道得之，不处也；贫与贱是人之所恶也，不以其道得之，不去也。

---

① （宋）朱熹：《四书章句集注》，中华书局，1983，第 86 页。
② （宋）朱熹：《四书章句集注》，中华书局，1983，第 90 ~ 91 页。
③ （宋）朱熹：《四书章句集注》，中华书局，1983，第 175 页。

君子去仁，恶乎成名？君子无终食之间违仁，造次必于是，颠沛必于是。"① （《里仁》）

（4）樊迟问知。子曰："务民之义，敬鬼神而远之，可谓知矣。"问仁。曰："仁者先难而后获，可谓仁矣。"② （《雍也》）

第（1）条的内容，表面上看与儒家一贯主张的"见义不为非君子"之说相悖，但其实并非如此，由于"见义勇为"的说法在逻辑上并不周全，反而使得"君子可逝也，不可陷也；可欺也，不可罔也"一语之理性气质更为突出。在孔子看来，缺少理性制约的感性冲动、一味地贸然介入，最多触及问题之小节而无法顾全大局，还容易造成无谓的麻烦。因此，"仁"一旦滑落到现实的层面，就必然要依赖主观能动性的发挥，充分地分析"时"与"势"、动机与效果。第（2）条亦是如此，在"为政"的事情上，孔子显然无须别人提醒，对于每一次的政治选择，他都无比慎重，只要为"仁"的时机较为恰当，必会决然地投身其中。第（3）条论及"义""利"之关系，虽然儒家始终存在重"义"轻"利"的趋向，但这并不意味着其在价值维度上就完全地否定"利"。至少在孔子看来，以不损人、合道德之手段所获取的"利"在伦理上具有充分的正当性，为摆脱贫穷之生活状况而逐利的动机也合乎情理，总之，目的

---

① （宋）朱熹：《四书章句集注》，中华书局，1983，第70页。
② （宋）朱熹：《四书章句集注》，中华书局，1983，第89页。

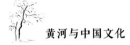

与手段是否合乎"仁",乃评判一个人是"君子"还是"小人"的有效标准。第（4）条的特别之处在于孔子对"智"与"仁"的一番定义。樊迟问何为"智",孔子答曰：所谓智者,一是专心致力于日用伦常之道德修持,二是"敬鬼神而远之"。樊迟又问何为"仁",孔子明确指出,付出一定的努力从而收获善的结果,可谓之"仁"。显然,孔子对"天"与"命"始终保持敬畏态度,既不迷信鬼神,也不主张以演卦占卜的方式推测人生之吉凶,其思想的基本立场在于直面与分析现实、回应政治与人生问题。由此可见,"仁"这一价值观念在孔子那里主要指向人伦关系、群己关系以及政治生活、道德生活。"仁"之真意,乃是要将内在的道德理性扩充至外在的人生实践,《论语》论"仁"固然有价值诉求之普遍性与价值观念之内在规定性,即形而上之抽象层面,然其最终指向并不在此,而在人伦关系、群己关系以及政治生活、道德生活,也就是说,内在之德性唯有扩充至外在之人生境遇,"仁"的意义才算生成,因此现实之"仁"要比抽象之"仁"更贴近孔子原旨。

总体而言,"仁"在整部《论语》中的内涵具有多重性,但这并不意味着要以"我注六经"的方式无穷地扩展其意义之外延,而是说《论语》中关于"仁"的表述是多维度、多层次的,且几个维度的意涵是相对确定、彼此关联、互相印证的。虽然孔子在《论语》中并未给"仁"以直截之定义,但整部《论语》的文本却以言不尽意的诠释方式生动地勾勒出孔子的"仁"学图景。基于此论对《论语》之"仁"做多维之分析，即可得出以下四个结论。第一，与其说儒家论"仁"是立于"己"，还不如说是基于"亲亲"，儒家并非在主观上削弱或压制个体，而是将"己"安置于"亲亲"的伦理序列中，使个体以血缘宗族之一员的身份而存在；第二，如果说"亲亲而仁民，仁民而爱物"乃儒家伦理的基本结构，那么"孝悌为仁之本"与"仁为人之本"的内在互动，便使得孔子的"仁"学在逻辑上更为自洽；第三，"仁"并不足以统摄或包蕴"礼""义""智""圣"，只是较之诸德目，"仁"更贴近儒家精神之根本，由此，便可以说"仁"在价值上高于"礼""义""智""圣"，若从"仁礼合一"的角度来看，则"仁内礼外"无疑，在逻辑上"仁"也要先于"礼"而存在；第四，凡经典文本，皆有教化之功效，《论语》也不例外，"仁"作为《论语》的核心观念，一方面具有价值诉求上的普遍性与观念上的内在规定性，另一方面则指向人伦关系、群己关系以及政治生活、道德生活，在主观的人格世界与客观的现实世界之间做了有效的情感连接，具有非凡的实践意义与充分的现实功效。

同为先秦儒学的宗师，孟子在思路上、使命上与孔子多有不同。作为战国中期儒家学派的代表人物，孟子以"辟杨墨"为己任。在孟子的时代，"杨朱、墨翟之言盈天下。天下之言不归杨，则归墨"[1]。孟子或已洞悉杨朱、墨

---

① （宋）朱熹：《四书章句集注》，中华书局，1983，第272页。

子的思想实质，认为"杨子取为我，拔一毛而利天下不为也；墨子兼爱，摩顶放踵利天下，为之"①，二者都走向人伦的极端，杨朱过于自私、自我，无视公共性，而墨子过于强调大爱、公义，则必然损害个人以及家庭利益，因此孟子判定"杨氏为我，是无君也；墨氏兼爱，是无父也"②。与此同时，在心性论的问题上，孟子延续了孔子的仁学，并将《论语》隐而未发的"性善"学说彰显出来。孟子反对告子"性无善无不善"之论，主张人性本善。《孟子》曰："人性之善也，犹水之就下也。"③又曰："恻隐之心，仁也；羞恶之心，义也；恭敬之心，礼也；是非之心，智也。仁义礼智，非由外铄我也，我固有之也。"④孟子以"乍见孺子将入于井"为例，得出人人皆有先天的"不忍人之心"的结论，以此论证"人性本善"的观点。在政治、社会层面，孟子也发展和改造了孔子的"仁"学思想，提出"仁政"学说。《孟子》曰："民为贵，社稷次之，君为轻。"⑤孟子主张"薄赋""不违农时"，主张"王道""以德服人"，对早期儒学的政治社会学说做了重要补充。

《孟子》向我们交代了"告孟之辩"的主要内容。告子曰："性犹湍水也，决诸东方则东流，决诸西方则西流。"

---

① （宋）朱熹：《四书章句集注》，中华书局，1983，第357页。
② （宋）朱熹：《四书章句集注》，中华书局，1983，第272页。
③ （宋）朱熹：《四书章句集注》，中华书局，1983，第325页。
④ （宋）朱熹：《四书章句集注》，中华书局，1983，第328页。
⑤ （宋）朱熹：《四书章句集注》，中华书局，1983，第367页。

孟子则曰："人无有不善，水无有不下。"[1] 心性论问题是先秦儒学的重要问题之一。《论语》中关于心性的讨论较少，"心性"真正作为一个学术问题、一个争论热点，可谓始自孟子以及"告孟之辩"。在心性论问题上，告子认为，人性本是质朴的，无所谓善恶，就像湍急之河水，受后天环境影响，通向善即是善的，通向恶便是恶的。对于告子的说法，孟子坚决反对。孟子认为，"仁、义、礼、智"作为善之体现，"非由外铄我也，我固有之也"，换言之，善是人所本有的。需要注意的是，孟子所论之"性善"更多指向"善"之始端，而非"善"之达成，所谓恻隐、羞恶、辞让、是非乃"善"的四个始端、萌芽，而"仁、义、礼、智"乃"善"之达成、实现。区分这一点，对于我们理解孟子乃至整个先秦儒家的心性论问题至关重要。那么对于孟子的心性论，我们基于现代性的视角可以思考哪些问题呢？陈嘉映在《何为良好生活——行之于途而应于心》中指出："性善论有两个主要的困难：其一，人性中或许有善，但人性中似乎也有恶；其二，性善论怎么解释恶的起源？"[2] 就第一点而言，按照孟子的逻辑，善有善的端倪、善有善的达成，那么是否也可以说恶亦有恶的端倪、恶亦有恶的达成？紧接着，我们还得追问：哪些是本有的、哪些是实现的，如何加以区分？这样，就又过渡到了第二

---

[1]　（宋）朱熹：《四书章句集注》，中华书局，1983，第 325 页。

[2]　陈嘉映：《何为良好生活——行之于途而应于心》，上海文艺出版社，2015，第 219 页。

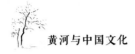

点，如果我们承认人性本善，那为何现实生活中会有那么多性恶的行为发生呢？孟子既坚持"本善"之绝对性，也承认"向善"之总体倾向性，那么他要如何回应告子所谓的"向恶"之可能性、倾向性呢？由此可见，儒家心性论问题的争议不仅在于"性善""性恶"或"性无善无恶"，而且在于"本善"与"向善"之区分。在告子和孟子的论辩中，我们还应关注到一个"隐喻"的问题。为何告子和孟子都选择"水"作为立论的意象？这是十分值得深思的。回到告子和孟的语言内容，可知告子的说法在现代性的意义上其实更容易被人们接受，因为它较之孟子的说法更为客观一些；但从论证的角度讲，孟子在捍卫自身学说时所进行的类比似乎更为高明。告子以"水"为喻，认为人之性恰如水之性，皆受环境影响，若水之性的走向可东可西，则人之性的走向亦可善可恶。而孟子的论证其实更深一层，其借由"水"之比喻讲了两层意思：第一，人性本善，或曰人性本有善之端倪；第二，善、恶看似对立，实则不可同日而语，毕竟善是人之性，而恶不是，也就是说不存在告子所谓的可善可恶，在孟子看来，人性如河水，人性向善之趋势就如河水向下之流势，是总体性的、不可逆的、不受外力影响的。由此可见，孟子与告子对"水"之属性以及"水"之文化内涵亦有不同理解。告子认为，水是被动的，他更看重水与周遭之地形、地势的关系，认为地形、地势之变化会影响甚至改变水的流向与走势。但孟子认为，水是主动的、水之势是不可改变的，因为它在总体与宏观的意义上一定是向下、向前的。从哲学的角度讲，可说告子看到了"水"的平面性、具体性、现象性，而孟子看到了"水"的纵深性、抽象性、本质性，这两部分结合起来，即构成了先秦哲人的水文观。从思想史的角度而言，"告孟之辩"所呈现出的"水"之隐喻，亦成为我们诠释先秦"水"文化的重要理论窗口。

到了荀子，先秦儒学内部可谓发生了不小的转向。与孟子的德性论、心性论理路不同，荀子对孔子仁学体系中"礼""教"的部分更为推崇。《荀子》曰："礼者，贵贱有等，长幼有差，贫富轻重皆有称者也。"① 荀子认为"礼"使每个人各安其分，有利于社会秩序的稳定。《荀子》又曰："人能群，彼不能群也。人何以能群？曰：分。分何以能行？曰：义。"② 在荀子看来，人与动物的差别在于，人类社会有组织、有分工、有"义"之价值规范加以约束，因而在行事上是有分寸、有节制、有次序的。在人性的问题上，荀子果断指出人的本性是恶的，反对孟子的天赋道德观念与人性本善论调。《荀子》曰："人之性恶，其善者伪也。"③ 又曰："圣人化性而起伪，伪起而生礼义，礼义生而制法度。"④ 意思是说人能向善，乃是教化的结果，言外之意是说孟子所谓的"德性"是后天才有的，是接受教

---

① （清）王先谦：《荀子集解》，中华书局，1988，第 178 页。
② （清）王先谦：《荀子集解》，中华书局，1988，第 164 页。
③ （清）王先谦：《荀子集解》，中华书局，1988，第 434 页。
④ （清）王先谦：《荀子集解》，中华书局，1988，第 438 页。

化、改造而形成的。那么谁来教化呢？荀子认为，唯有圣人能够承担教化世人、使人向善的使命。在自然观层面，荀子也一反常态地提出"明于天人之分"的学说，主张明确自然世界与人类社会之间的界限；指出"天行有常，不为尧存，不为桀亡"①，即国家的兴衰取决于统治者的治理，与自然界的变化没有必然联系；强调"制天命而用之"，认为人应当发挥主观能动性，充分利用自然万物。荀子的这些思想学说与商周以来的"敬天""尊天"观念以及孔孟儒家学说所指向的"天人合一"观念可谓截然相悖。"天人二分"这一学术进路的推出，一度使得中国古人在理解人与自然世界的关系时产生了巨大的分歧与矛盾。而今我们当然知道学术思想的发展、思维观念的进步总要经历这样的纠缠与撕裂，但对于彼时的中国古人尤其是文人士大夫而言，这样的观念冲突与价值颠覆是不可接受、无法容许的。因此荀子的人性论与自然观饱受历代传统儒者的批评与排挤，直至近代梁启超以"中国两千年之学，荀学也"的惊世之语为其正名，这片笼罩了荀子哲学两千多年的阴云才逐渐散去。

这就是先秦儒学发展的三个时期，由孔子、孟子、荀子三位重要的思想人物所推动，由《论语》《孟子》《荀子》三部传世的经典作品所承载。儒学的产生与发展使得中华文化的思想面貌焕然一新，使得黄河文化、中原文化、

---

① （清）王先谦：《荀子集解》，中华书局，1988，第 306 ~ 307 页。

农耕文化、北方文化在面对人类社会的演进、自然世界的变迁时能够从容应对、游刃有余，在保持自身的同时又能够不断补强，在坚守传统的同时也能够适应新兴局势。黄河作为中华文明的古老意象，为儒学在世界观、自然观以及人性论、德性论的建构方面提供了丰富的文化资源。黄河用它的历史、它的本色、它的姿态向世人揭示了天地自然的发生原理与运行机制，亦启发了处于思想变革阶段的先秦儒学。

第五节　黄河文化与老庄道家

如果说孔孟儒学更多通过黄河文化来开显人道，则可说老庄道家更多通过黄河文化来揭示天道。孔子从黄河之水昼夜不停、奔流不息的自然景象中把握精神生命与精神创造的不朽，老子则从黄河漫无边际、波澜起伏的自然景象中把握世间事物变化无常及其背后天道自然恒常不变的普遍规律。

"道"是老子哲学的重要范畴，那么老子如何把握"道"的本质性、规律性呢？其主要的方式有两个。一是经验、认知的累积与转化。相传老子做过周代的史官，这就相当于我们今天的国家图书馆馆长，掌握着全天下最多的历史资料与思想文献，常言道熟能生巧、铁杵成针，这些文献资料经过老子的多番整理，其手头上的知识也就慢慢地变成头脑中的智慧，因此可以在函谷关洋洋洒洒写下五千言的《老子》而无须任何的材料辅助。二是以"道"的眼光对万物加以直观把握。老子的哲学具有抽象性与超越性，但这抽象与超越并非一开始就拥有的，而是在经验世界不断地磨砺而后抽象、不断地深入而后超越，只有对人世间的悲欢离合、生老病死有大觉解，对世间的万事万物有大认知，才能够"不出户，知天下；不窥牖，见天道"①。老子常言"上善若水"，或是从黄河之水、自然之水的"观物"活动中直观地把握道的特质与品性。在老子看来，处下、知常、守柔这样的特质与品性同样适用于人，恰似流水，亦如婴儿，保持本真与天性，方可道法自然、游刃有余。学界另有观点认为，儒家、道家在思想源头上乃是取自《易经》的"乾卦""坤卦"，这里的《易经》也可能指《连山易》与《归藏易》。认为儒家取自"乾卦"，在精神特质上十分清楚，存疑之处在于"坤卦"，这里姑且可以从文化学的角度分析一下。《老子》文本中讲"谷神不死，是谓玄牝。玄牝之门，是谓天地根，绵绵若存，用之不勤"，也讲"上善若水。水善利万物而不争"②，对于"柔""慈"这一性征的价值给予了极大的肯定，若将之与高扬生殖崇拜、女阴崇拜之神秘精神的母系氏族文明相联系，也可解答《老子》与"坤卦"的关系问题。

虽然学界多以老子为南方文化、荆楚传统的代言人，

---

① 《老子》第四十七章。本书引用《老子》皆依据王弼本。
② 《老子》第六章、第八章。

但就其生命轨迹而言，其受北方文化、中原文化的影响更大。老子喜欢以"象"论"言"，而又以"言"寓"道"，因此既可以说"道"在"言"中，亦可以说"道"在"象"中。老子较为推崇的"象"与"意象"有"婴儿""水""玄鉴""玄牝"，借由"婴儿"表达"道"的纯真、纯粹，借由"水"表达"道"的无定形、流动性与幽深性，借由"玄鉴"表达"道"的本然、本体，借由"玄牝"表达"道"的根性、柔性。如果说"婴儿"是人体的雏形，"玄鉴"是物的代表，"玄牝"是生命的还原，则可以说"水"兼有具象、抽象两方面之意涵。《老子》曰："上善若水，水善利万物而不争，处众人之所恶，故几于道。"[1] 老子将"水"看作世间最接近"道"的事物，认为它哺育万物、海纳百川，如同那神秘的"道"一样，化生万物，变化无常。老子主张"道"生万物，《老子》第四十二章有云："道生一，一生二，二生三，三生万物。"《老子》第四十章又曰："天下万物生于有，有生于无。"老子的"道"是一种恍兮忽兮、不可名状、无状之状、无象之象的存在。"道"的本质是"无"，但"无"不是"空"，"无"是没有任何具体物质属性的一般性存在、没有任何具体规定性的本原性存在。在老子看来，"道"本是不可言说的、无法言说的，但为了让世人理解之、领悟之，又不得不言说，甚至不得不以尽可能合乎逻辑、尽可能深入浅出的方

---

[1] 《老子》第八章。

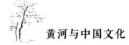

式去言说。于是，以"象"论"言"进而合"言""象"
而论"道"成为老子的运思方法。那么，该选取什么样的
"象"来论"言"进而论"道"呢？《老子》第二十五章
曰："人法地，地法天，天法道，道法自然。"这是一个逐
层递进的逻辑链条，我们截取两端连在一起，义理上同样
成立，即人"法"自然。"法"是模拟、效法，是老子哲
学贯通人道、天道的方式。"自然"是一种抽象原则、一种
价值导向，区别于现代汉语的"自然"。如果说"象"是
思维，"法"是方式，那么在人与自然世界之间，我们能够
找到的最亲近、最鲜活、最有解释效力的"法""象"也
就只有"水"了。中国古人并无今日过滤取水之科学手段，
他们更多的是直接在大自然中取水。水既是人类生存的必
要条件，也是打开人类文明的钥匙。在古人眼中，大自然
的水分为两种，一种是雨雪之水，一种是江河之水，较之
前者，后者无疑更为可靠、更得信赖，所以千百年来，黄
河才被称为华夏民族的"母亲河"。

　　《老子》第四十一章"大音希声，大象无形"一语，
对我们从中国古代哲学视域与中国古典美学意境出发还原
和理解黄河文化颇有启发。现代学术界处理文字材料、考
察文本内容，多采用王国维的"二重证据"即传世文献与
出土文献相结合的方法。"大音希声，大象无形"是传世本
的说法，河上公本如此，王弼本如此，明代道藏本亦如此。
马王堆帛书本、郭店竹简本则不然，国内的古文字专家、
文献学专家经过多番考证，认为马王堆帛书本《老子》的

文句是"大音希声，天象无形"，而郭店竹简本《老子》的文句是"大音袛声，天象亡形"①。与传世本相比，前者有一字不同，后者则有三个字的区别。由此可知，《老子》所谓"大音""大象"主要指向"天音""天象"，在老子看来，世俗之人只能听到有声之声、看到有形之形，倘若我们可以上升至"道"的高度，便可听到无声之音、无形之象，也就是说，最美妙的声音乃是没有声音，或者说那声音之美妙绝伦使人完全沉浸其中以至忘却了它的存在。我们怀着一颗赤诚之心走近黄河，在一个平静的夜晚，卧于黄河之畔，或泛舟黄河之上，我们人生中这样的机会不会很多，但在那一刻，聆听黄河、与黄河之水进行声音之对话的，并不是我们的耳朵与听觉系统，而是我们的内在心灵，那是真正的黄河之声，它用它深邃、隽永、灵明之品性沾湿我们的耳朵、浸润我们的心灵，使我们的生命在那一刻感受到了黄河之水乃至天地、自然的原始之声。再者，最美丽的形象是大化无形，抑或那形象之崇高、雄浑、壮美完全超出了人的观察与认知范围以至无法把握或描述它的全貌。当我们放下目的、心机与欲望，直面黄河之水时，一方面，黄河的浩瀚无边、不可捉摸会让我们意识到自身的渺小、脆弱与无知，使我们对黄河之水以及那背后玄之又玄的天地、自然、宇宙充满惊异与敬畏；另一方面，黄河的源远流长、惊天动地又会让我们联想到自己的过去、

① 刘笑敢：《老子古今》，中国社会科学出版社，2006，第455页。

当下与未来，使我们对生命有更为强烈、更为深刻的审视与反思，这就是黄河之"象"，其背后仿佛站着历史的、生命的"天象"。这具象与抽象所构成的"无象之象"以一种直观感应的方式告诉我们：个人既在历史之中，又不在历史之中，生命既是有形的、会死的实体性存在，又可以是无形的、不朽的精神性存在。在哲学中，我们将老子的"大音希声，大象无形"理解为无声之声、无象之象，而在文学、美学中，这无声之声、无象之象又可延伸为声外之声、象外之象。正如《二十四诗品》所言"超以象外，得其环中"①、《三国志》所言"斯则象外之意，系表之言，固蕴而不出矣"②，只有借助一些超凡脱俗的意象如黄河之水，我们的文学感受才能被激发出来，我们的生命经验才能被贯通起来，进而聆听、体认、把握声外之声、象外之象、域外之域所传达的美学意蕴。

黄河文化、"水"文化及其所蕴含的气象、境界，在庄子哲学中亦有生动的体现。庄子生于宋国蒙地（今河南商丘一带），但他并不迷恋自己的小天地，而是自在地畅游四方。庄子见识过政治、人性的复杂以及儒家、墨家的论战，相较于"人"，他更青睐本然之"物"。例如，黄河之水，或清或浊，时而平静时而激扬，它既是不被定义的，也是未被规定的。就像一些盲人、跛子，如果形貌天生如此，

---

① （唐）司空图：《二十四诗品》，中华书局，2019，第3页。
② （晋）陈寿、（南朝·宋）裴松之：《三国志》，中华书局，1982，第320页。

则生来什么样那便什么样。若是像倏、忽为混沌凿七窍那样做智巧之思、行妄为之事，在庄子看来，无异于违背天道自然之本质，势必会付出惨重的代价。庄子关注天道，但对天道的本原问题不是那么感兴趣，他更关注天道的存在方式以及天道对人道的影响，这成为他追求自由生命与逍遥境界的思想基础。庄子主张"天地与我并生，而万物与我为一"[①]，希望以通达的精神超越世俗的世界，其中包含极强的审美意识、非理性的运思方式，这既不是消极避世，也不是个人主义，而是强调一种"游世"的洒脱与"在世"的感通。因此庄子的"道"较之老子的"道"，也就具有了更多美学层面的意涵，具有自然美、淳朴美、原始美、含蓄美、虚静美、自由美、辩证美等多元特征。

庄子哲学为我们探析黄河文化的质朴性与超越性提供了契机。对于中国古人而言，黄河是自然世界最"质朴"的存在。黄河仿佛一面镜子，有时呈现给我们自然的一面，有时又呈现给我们人文的一面；有时呈现给我们涌动的一面，有时又呈现给我们沉静的一面。面对黄河之镜，无数的文人墨客敞开了自己的心门，展露出真实的自我，然而要想真正与它"共在"、感受它的涌动或沉静并不容易。在庄子哲学中，要想实现人与自然的"融会"，唯有超越"有待""有己"而进入"无待""无己"之境。在庄子看来，人之所以不自由，一是外物的束缚（"有待"），二是

[①]　（清）郭庆藩：《庄子集释》，中华书局，1961，第79页。

身体的束缚（"有己"），而真正的自由是一切条件都不依靠、一切限制都被取消，如此方可在无穷的天地中自在行动、自然而来、自然而去，这便是"无待""无己"，这便是"大逍遥""大自由"。那么，如何才能实现从"有待""有己"到"无待""无己"的进阶呢？对此，庄子哲学给我们提供了"心斋""坐忘"等心性修炼的工夫方法。从广义的角度讲，"心斋""坐忘"属于内在超越的方式，借由某种中介或载体而实现的超越则属于外在的超越。黄河作为超越时间、跨越空间的存在，即是我们"融会"自然的绝佳中介。倘若我们将大自然视作一个偌大的场景、一个如真似幻的情境，那么黄河便是与我们"共在"的存在者，可将它看作我们生命世界的一部分，将它与我们的精神、与我们的命运紧密相连。如果此时有一支羊皮筏子，"我"便可漂流于黄河之上，与这"不老的朋友"来一次亲密的接触。如果此时有人愿意帮"我"撑一支桨，"我"便可伸出"我"的手去感受它冷热之间的温度、感受它千年万年的脉搏。那一刻，也许"我"才明白"庄周梦蝶"的真谛。庄周在梦中变作了蝴蝶，翩翩飞舞，自由自在，好不快乐！人世间那个痛苦、挣扎、悲愤的庄周一下子不见了！"我"在自然的大梦中变成了黄河图景的一部分，黄河之声阵阵传来，黄河之水悠悠流走。现实中那个不安、彷徨、迷茫的"我"也一下子不见了！梦幻与现实互相交错，蝴蝶与庄周互相转化，黄河也与"我"融为一体。在"庄周梦蝶"的事件中，并不存在是非、真假的逻辑判断，因为它不是基于现实的、理性的人的视域，而是朦胧又短暂地融入了"道"的视域。在"我"—"黄河"—"自然"所建构的美妙之境中，人河相通、自在顺遂，既包容黄河之动静流转，也接纳自身之苦乐变化。

庄子哲学为我们理解黄河以及黄河文化的"存在"实质提供了重要的视角。按照亚里士多德对于"存在"的定义，可以说事物的"存在"乃有两种属性，一是偶然属性，二是本质属性。比如，在"小明是一个学生"这一判断中，"学生"即是小明的偶然属性，是他处于人生某一阶段的社会角色、身份标签，小明未来有可能成为一名作家，也有可能成为一个乞丐。那么，什么是小明的本质属性呢？我们得一层一层地推演下去，小明是一个人，紧接着，人是什么？生物学中有关于"人"的科学解释，因此"人"似乎更接近小明的本质属性。我们再以黄河为例，如果"泛滥"是它的偶然属性、特殊状态，那么黄河的本质属性是什么呢？从地理学的角度讲，黄河是中华水系的重要一支，因此可以说"水"是黄河的本质属性之一，那么紧接着，我们该如何界定"水"呢？它的特质与规定性又是什么？《庄子》文本中记载了"濠上观鱼"的寓言故事。话说庄子与惠施在外游玩，庄子曰："鯈鱼出游从容，是鱼之乐也。"惠施则曰："子非鱼，安知鱼之乐？"庄子对曰："子非我，安知我不知鱼之乐？"[1] 在这一论辩场景中，庄子和

---

[1]　（清）郭庆藩：《庄子集释》，中华书局，1961，第606~607页。

惠施处于不同的立场。惠施基于名家的经验、逻辑立场，认为人与"鱼"不同类，人生活在大地之上而鱼游于水中，如何能够感知彼此？庄子则不同，他基于道家的超越、审美立场，认为人与鱼可"通感"从而自得于融物之境。庄子哲学的"融物"既是"人"与"鱼"的融通，又是"大地"与"水域"的融合，这里就体现出"水"的包容性、流变性与可塑性，这也是"水中之鱼"能够被感知、被融会的原因。如果说惠施关心的是"我思"，那么庄子关心的就是"我在"，而"我在"的关键在于体验。庄子的很多体验是导向纯粹性的，旨在揭示被人类知识系统所遮蔽的一切秘密，而水中的世界对于人类而言即是被遮蔽的隐秘之境。而今，中华水系的秘密已被一代又一代的先民、智者揭示了出来，作为中华民族"母亲河"的黄河也已成为我们文明与文化的重要组成部分并以诗意的姿态向我们敞开它本身。

庄子哲学对于我们从普遍主义与相对主义的双重立场出发理解黄河文化颇有助益。在古今中外的学术思想领域，无论是讨论哲学还是理解美学，始终有一个话题是我们无法逃避的，那便是普遍主义与相对主义的关系问题，有太多的哲学家、思想家陷入普遍性与相对性的泥潭而久久不能自拔。研究黄河文化，仿佛也离不开普遍主义与相对主义的关系问题。按照哲学学界的一般理解，普遍主义与相对主义的关系问题实质上也就是普遍性与特殊性的关系问题。它主要包含两点内容。一是普遍性高于特殊性，普遍性的程度越高，则抽象化的层级也就越高。例如，从"洮河"到"黄河"，再到"中华水系"，这便是在概念层级上的不断抬升。二是普遍性借由特殊性而实现。这可以说是关于普遍性与特殊性、普遍主义与相对主义研究的一般思路与基本模式。进一步讲，普遍性与特殊性、普遍主义与相对主义似乎构成了我们思考问题、解决问题的两个面向。这里往往涉及"大""小"与"内""外"的问题。例如，当一个中国人与一个外国人论及全世界的河流文化时，往往会强调黄河文化的特殊性、独有性，当一个北方人与一个南方人论及中华文明的渊源时，大约也会指出黄河较之其他水系无可取代的精神寓意、文化含义与历史意义，但若就人类文明各个河流、水域以及一切地文、地理的整体特征、总体现象而论，即会发现其中较为普遍的规律，它是我们在高度归纳、充分抽象之后所获得的结论。而今，我们讨论黄河文化，就是讨论它之于中华文明、中国社会、华夏民族的普遍性意义与共通性价值，以及之于其他水系、其他文化所呈现出的特殊性与独有性。作为一名当代的中国学者，当"我"在讨论黄河文化时，其实"我"是无法置身事外的，因为"我"既是黄河文化的承载者、接受者，也是黄河文化的研究者、传播者。从生命存在与自我存在的意义上讲，"我"是吃黄河之水长大的，黄河之水养育了"我"，也养育了一代又一代、成千上万的与"我"一样有着黑眼睛、黄皮肤的中国人，所以"我"在探究黄河文化、阐述黄河文化与华夏文明的关系时，黄河文化与"我"是

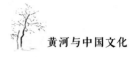

休戚相关的，我们之间是一个"共在"的关系，它于"我"而言既是普遍的也是特殊的。在中国哲学中，庄子关于普遍主义与相对主义的讨论是十分精妙的。按照庄子哲学的理解，因为"大道""天道""自然之道"是绝对的，故而"大道""天道""自然之道"视域下的一切人、一切物是相对的存在，基于此，"美""丑""是""非""彼""此"的界限于"道"而言也就变得模糊不清且不再重要了。那么对于庄子而言，什么又是重要的呢？倘若用现代哲学与现代汉语的一个词来概括的话，则是"存在"。这里的"存在"也分两个层面来讲：一是生存层面，庄子乃至整个道家从不主张轻易地放弃生命，而是强调"自我保全"、"全性葆真"及自我完善，庄子并不是要人们去消极地逃避一切责任，而是要人们心平气和地接受和面对现实生活、现世生命的不确定性，要学会在充满了各种不确定性的世界里尽可能地让自己获得安生、适性、自在的可能；二是寻求超越之层面，庄子以及道家所谓"自我保全""全性葆真"既非贪生怕死、也非杨朱"拔一毛而利天下不为也"之极端"为我"，庄子认为有些困扰、纷争与障碍是可以避开或化解的，而尽可能地避开这些烦忧，也就大致可以觅得一种安生、适性、自在的生命状态与生活方式。但还有一些属性、状态、现象乃是生命所固有、所必经的，如生、老、病、死，那么，面对肉体的痛苦和死亡，又该如何寻求精神上的超越与解脱呢？在庄子看来，那便是要通过"心斋""坐忘"等修己、体道的方式，真正放下两

个 "我" 执,用劳思光的说法讲,即放下对于 "形躯我"
与 "是非我" 的执念。《庄子·知北游》曰:"人之生,气
之聚也。聚则为生,散则为死。若死生为徒,吾又何患!"[1]
《庄子·至乐》又曰:"察其始而本无生,非徒无生也而本
无形,非徒无形也而本无气。杂乎芒芴之间,变而有气,
气变而有形,形变而有生,今又变而之死,是相与为春秋
冬夏四时行也。"[2] 在庄子看来,万事万物皆处于气化流行
之中,人也不例外,人之生死,就如同气之聚散,生是气
的展开与呈现,死则是气的归复与凝结,由于整个生命世
界是无限循环的,人亦在这循环之中,所以死亡并非生命
的终结,而是生命演绎过程中的一个环节,安时处顺即可。
庄子于妻子去世之时 "箕踞鼓盆而歌" 的行为,大致可以
在这个意义上获得理解。从 "齐物" 的角度来看,庄子的
生死观主要有两层含义:其一,向世界真诚地交出自我,
从此摆脱形骸身躯之累而安然地化于万物之中,这便是无
我无彼、道通为一;其二,取消人的主体性,取消儒家的
人本主义与人类中心主义,取消一切是非善恶判断与仁义
道德规范,使人重回大道、重归于道法自然的生命境界。
而无论是基于 "自我" 还是基于 "大道",都是庄子哲学
解决普遍主义与相对主义关系问题的理论尝试。庄子一方
面要在具体的生活中体会普遍的 "道",寻找与不确定的现

---

[1]　(清)郭庆藩:《庄子集释》,中华书局,1961,第733页。
[2]　(清)郭庆藩:《庄子集释》,中华书局,1961,第614~615页。

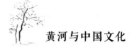

实生活"共舞"的可能，从而基于现实的生命性获得关于"道"的理解与体悟；另一方面又希望可以不断地突破现实的束缚与局限，以使"道"的纯真性不被生活的世俗性所湮没、遮蔽。作为当代中国人，我们在面对传统思想、古老文明、黄河文化时，大概也需要直面并回应这样的境遇。

在先秦诸子百家中，以寓言来说理、借意象而言道，可谓庄子哲学之特色。从《庄子》文本中的寓言故事入手，借助诸多具有指向性、隐喻性的意象，可使我们更好地理解和把握庄子乃至道家哲学在现实界、超越界的二重意蕴以及现实与超越之间的内在张力。就现实层面而言，庄子强调个体意义上的自在、自主，注重对生命的保养和对命运的顺从，肯定自然而然、淡泊无为之生活方式，反对"他者"与外部世界对"自我"的侵扰和伤害，在庄子看来，唯有如此，才能实现相对自由、才能怡然自得、才能见"独"，而见"独"即见"道"，这是一种自下而上的理路，从思想史的角度讲，此乃庄子哲学对老子道论的推进。就超越层面而言，庄子强调普遍意义上的"道通为一"，推崇精神生命的绝对自由，既游"心"于"道"又融于"道"、合于"道"，庄子认为，以"道"观之而"万物齐一"，以"道"感之而"天地与我并生，而万物与我为一"，这则是一种自上而下的理路，从思想史的角度讲，此乃庄子哲学对老子道论的突破。对于庄子哲学而言，从见"道"到"道通为一"、从相对自由到绝对自由，即从现实界到超越界之集中体现。现实界与超越界之间有一方便之门，乃是与生命、生死相关之终极问题。化解生死问题、超越现实世界亦有方法可循，那便是"心斋""坐忘"之工夫修炼。

庄子哲学以寓言来说理、借意象而言道，从渊源处讲，主要受两方面的影响：一方面是道家自老子以来所形成的思想倾向，如对"道""自然"等范畴的把握以及对"象""物"等观念的探索；另一方面是楚地的巫觋文化与神话传统，庄子的寓言故事含有浓厚的神秘主义色彩与上古神话的印记。从文学角度讲，庄子运用大量比喻、拟人、夸张、排比、借代、通感等修辞手法，加之庄子颇具诗性的语言、浪漫主义的风格、汪洋恣肆的表达，这便使得《庄子》文本中的寓言在叙述方面更为生动、在意蕴方面也更为丰富。从思想史的角度讲，从《庄子》文本中的寓言故事入手，从一些具有指向性、隐喻性的动物、植物、神人、怪人等特殊意象入手，既有助于我们解读和诠释《庄子》文本的内在精神与庄子哲学的价值归旨，也有利于我们梳理和把握老子之后整个道家哲学的发展脉络与思想走向。《庄子》文本中的寓言故事虽多依托现实而展开，但最终导向了超越，而整个言说与讨论的过程又往往游移于现实与超越之间，既充满了内在的思想张力，也渗透着庄子的玄思与道家的哲理，在这个意义上，即可判定《庄子》文本中的寓言不仅仅是一种言说的方式，而是内容本身，是庄子思想的表达。

《逍遥游》论及"庄惠之辩"。惠施认为葫芦太大，既

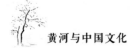

不能做成容器盛水盛浆，也不能剖为两半舀酒舀汤，可见毫无用处，既是无用之物，摔之弃之也罢！惠施此意是讽刺庄子的学说大而空洞、玄而无用。庄子则认为，凡物皆有用，一般分小用、大用两种，葫芦也是如此，小葫芦有小的用处，大葫芦自然有大的用处，只知小葫芦可以做容器、做水瓢，却不知大葫芦可以掏空了做成舟从而泛于江上、浮于湖面，此乃惠施之昧矣！在庄子看来，凭一大葫芦即可漂游江湖，岂不是物之大用？此意乃是劝诫惠施毋恋权贵、辞官归隐。惠施不服，又以大树为例，他认为大树长于路边多年，形状扭曲，木匠视为废材，臭味弥漫，众人无不鄙之，庄子的学说亦是如此，正因大而无用，方才无人问津！庄子则指出，不是大树无用，而是惠施无视它的大用！树干粗壮，枝叶繁茂，可供人乘凉、躺歇、攀爬、赏玩，何其乐哉，何其妙哉！再者，无须被伐，岂不是意味着长寿？反倒是那些小树，今天被砍，明日被伐，结局无非成为一堆木头。庄子此语甚妙，不仅反驳了惠施的言论，而且预示了彼时各国政客之命运。

《庄子·山木》谈到大树无用，可长寿；大鹅无用，却送命。那么做人当如何呢？究竟是要做无用之人，还是要做有用之人呢？对此，庄子的答案是：有用与无用如果非要选一者，那只能选无用了。但如果不是非此即彼，则可灵活处之，似是而非。如果无用有害，那就站有用这边；如果有用无益，那就站无用这边。因此，最好的姿态就是有用与无用两边都不站，而是选择站在中间。于处在现实之中的平凡个体而言，这是一个相对轻松、相对安全的选择，我们可以视情形不同而对自己的位置、身份、角色加以调整，可以适当地游移、变动。从思想史的角度讲，这也是庄子对老子"人法地，地法天，天法道，道法自然"这一思想观念的继承与发展，此逻辑链条之两端是"人"和"自然"，老子所提供的方式乃是"法"（效法、遵循），故而这一思想观念便可简化为"人法自然"。处于有用与无用之间，便是庄子哲学对自然世界之生存法则的某种效法，这一处世之方亦与道家自老子以来所形成的"自然"观念遥相契合。

庄子哲学认为，人与动物、植物等自然世界之其他生命体的通感、交互，乃现实生活之乐事。其中既蕴含着所谓主体间性的观念，又表现出对人本主义价值立场的某种超越。人之所以为人，并不完全是由理性所决定的，除了理性之外，人还有感性的一面。理性与经验有关，而感性很多时候可以先于经验、超越经验，而先验和超验不仅是哲学、宗教得以存在、发展的重要维度，还是文学、艺术得以延伸、突破的关键条件。从审美上讲，不光虫、鱼、鸟、兽等动态之物，就连花、草、木、石等微动态或非动态之物，人在具体的时间、空间下也可以凭借敏锐的观察，通过它们的行为、表现以及一切基本活动把握它们的情态变化以及它们与外界事物之间微妙的化学反应。事实上，从古到今，人与包括动物、植物在内的整个自然世界、生命世界之万事万物的沟通与互动，乃是人类生活世界中不

可或缺的重要组成部分。相反，忽视人与自然世界的交互
所导致的结果往往是人的主体性意识的高扬以及生存环境、
生态循环乃至生命境遇的恶化。

　　庄子哲学认为，尊重生命之本然状态，任其自然而然
地成长，不侵扰、不设限，乃是现实世界得以良性发展的
基本前提，无论是政治、伦理之公共领域，还是生存、生
活之私人领域，皆当如此。《庄子·应帝王》讲倏和忽性情
狂躁、行动急速、急功近利、自以为是，而相较之下，浑
沌性情温和、行事迟缓、不争不抢、清静无为。倏、忽认
为，世人皆有两眼、两耳、两鼻孔、一口之七窍，何以浑
沌一窍不曾有？没有七窍，岂不意味着终生无法观赏景色、
聆听妙音、品尝美味、呼吸新鲜空气？于是，倏、忽花了
七天时间，为沉睡中的浑沌开了七窍。由于七窍全开，过
于兴奋，浑沌甚至没能活到第八天，便一命呜呼。浑沌死
后，中土之国很快就不复存在。如果说中土之国起初的宁
静祥和乃是浑沌顺应自然之道的结果，那么可以说浑沌之
死以及中土之国的迅速消亡便是倏、忽违逆自然之道的结
果。庄子通过这一寓言故事，其实是要告诉人们：君王在
治理国家的过程中，无论是处理政事还是管理民众，都要
依循"自然"之价值观念，凡事不可强求，在公共政治领
域，不可把本国的意志强加于别国，在私人生活领域，不
可把自我的意志强加于别人。在庄子看来，聪明的头脑、
先进的理论、强大的技术或许有用，但这并不意味着每一
个国家、每一个个体都必须依赖它而生存、依靠它而发展，

反之，除去智巧、理性、技术所带来的困扰和麻烦，或许人们能够生活得更好。庄子在这个寓言故事中，其实还提出了一种全新的政治模式，那便是"自主"与"自治"，从政治哲学的角度讲，这可看作对老子"无为"之道以及"治大国若烹小鲜"的"小国寡民"政治模式的继承与发展。在庄子看来，与其挖空心思、动用智巧去改造他者、他物，不如清静无为、顺其自然，从个体层面讲，此乃生存之要义，从公共层面讲，此乃治国之良方。

庄子哲学认为，惠施、公孙龙等名家人物对论辩之术的沉迷，说到底不过是无法摆脱语言与逻辑对思维的缠绕。在道家哲学的视角下，执着于是非对错，便无法超越现实。《秋水》谈到了名家之蔽与公孙龙之执。从逻辑上讲，一方面事物之间总有相同之处，另一方面事物之间总有相异之处，因此万事万物既相同又相异，此一道理，公孙龙谓之"合同异"；一块又坚又白的石头，坚乃触觉意义上之质地属性，白乃视觉意义上之颜色属性，可见坚、白二者之间并无必然之联系，此一道理，公孙龙谓之"离坚白"。公孙龙依靠逻辑与人辩论，但凡具有肯定性或否定性的观点，他都能从逻辑的立场出发予以反驳，然与庄子辩论，他却屡屡陷入困境，不知是论辩技术出了问题，还是思想学说出了问题。对此，魏牟认为，公孙龙在庄子面前，就好比这井底之蛙遇上大海之鳖。井蛙得意忘形，邀海鳖入井做客，怎料海鳖身躯庞大，无法下井。井蛙对此困惑不解，它何曾知晓海洋的磅礴汹涌！在魏牟看来，公孙龙整日沉

迷论辩，与人说长道短，概与浅井之蛙无异矣！如果说公孙龙时常陷入"术"之困境难以自拔，则可说庄子早已跃入"道"的海洋自在遨游。相较之下，可知庄子与公孙龙有着截然不同的生命际遇与精神世界。

庄子哲学认为，由"技"入"道"乃是人作为认识主体、实践主体超越技术、超越经验的某种尝试。但从本质上讲，它只是部分地超越了自我，而未能完全地超越现实。《庄子·养生主》讲到"庖丁解牛"，庖丁开始只见全牛，牛在他眼中乃是一个整体；后来解牛，既见整体，又见局部，牛在他眼中不过是若干个牛的部位的组合罢了，他的技艺、手法已然十分娴熟；而今解牛，无须用眼去看，那些解剖、切割的技艺、手法早已内化于心，这大概是从"技"的层面逐渐上升至"道"的层面了。因为他所着力的地方不再是实处，而是虚处，牛的骨头虽然是硬的，但骨头与骨头的连接处是软的。也就是说，只要找到下刀的虚处，解牛便十分容易，既不费力也不费刀。整个解剖、切割的过程，庖丁下刀极轻，所以用了十几年的刀，仍如刚开了口子的新刀一般。对于庖丁而言，从用蛮力解牛到用巧力解牛、从"技"到"道"，这不单单是经验的逐步积累、技术的日益成熟，更重要的是心领神会。心窍一旦打开，行事之妙门即会显现，如此一来，助力即会增到最大，阻力亦会降到最小。那么试问：庖丁解牛的手法如此得心应手，为何没有在庄子哲学中推广开来？原因很清楚，庄子乃至整个道家哲学更追求一种内在的超越，更强调通过工夫境界的修炼而见"道"、体"道"从而与"道"合一，而庖丁由"技"入"道"的方式更像是某种外在的超越，它实质上是对技术与经验的超越，在超越自我、超越现实方面并不完满。

《庄子·大宗师》进一步阐明了庄子哲学的生死观与生命观。在庄子看来，生死之实质，无非阴阳之变化。造物主将你变作一只鼠、一条虫抑或一株草，你能改变吗？所以，不妨顺其自然。天赐我们躯体，我们就将自己舒适地装在里面，天赐我们食物，我们就快乐地将这躯体填饱，天赐我们死亡，我们也该淡然地将这躯体交付出去。在庄子看来，天地就是一个神奇的大熔炉，造物主就是那天才的铸造师，在这炉中，我们会以何种形态存在、会被送到哪个时空、会有怎样的命运？这一切冥然而不可知。既然不可知、不可控、不可扭转，那么索性忘却生死、悲喜、是非、得失，让这一切在无私的天地之间自然而然地发生！透过庄子的生死观和生命观，亦可洞见道家在战国时期所逐渐形成的世界观与价值观，从思想内容上讲，这些观念乃是互相交织、不可分割的。透过对生死与生命意义的追问，庄子判定这世上的绝大多数人都是"伪人"，说伪的话、做伪的事、学伪的知识、过伪的生活，但这并不意味着整个世界是伪的、未来是毫无希望的。因为除了绝大多数的"伪人"，还有极少数的"真人"，在庄子看来，他们掌握并传递着真的知识、真的学问、真的智慧，他们所说的话、所做的事、所过的生活是天真的、质朴的，而这样

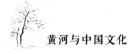

的存在方式与生命状态便是"自然"。道家所谓"自然",即自然而然、顺其自然。对于"真人"而言,残缺、疾病、痛苦、死亡既不足虑亦不足惧,毕竟肉体的形态如何,那是天生的,说得再形象一点,这躯壳或是我们每个人从自然神那里领来的、借来的,倘若某天身体的机能衰竭了,也就意味着这肉身是时候归还了。自然而来,自然而去,如此生死方可相续,这就好比昼夜交替,是合乎自然规律的,是需要尊重、敬畏以及顺应的。在庄子看来,这世上如果有什么是绝对的存在,那便是"道"。因为唯有"道"是绝对独立的,不依赖任何事物而存在。这也就解释了为何见"独"就是见"道"、体"独"就是体"道"。庄子认为,只有在"道"的境界中,个体才能摆脱外物、忘却自身、超越现实、逍遥而游。

庄子哲学认为,现实界顺从命运、顺乎自然以见"独",超越界游"心"于道而融于道,现实界"有待"而超越界"无待",现实界可得相对自由而超越界可得绝对自由。《逍遥游》谈到鲲鹏之身躯巨大,每次都要飞到九万里的高空,依凭飓风的助力从而一路向南。蝉、鸠不解:为何要不停地飞呢?为何既要飞在九万里的高空,又要一直飞到南冥?许是层次太低、境界太小的缘故,蝉、鸠既永远理解不了鲲鹏的生活方式,也永远进入不了鲲鹏的生命世界,更为可悲的是,蝉、鸠没有机会去到更高、更广的领域,所以长期处于浅薄与狭隘的境地,这可谓它们无法摆脱之命运。列子周游天下、乘风而行,既不用腿脚,又不靠车马。和蝉、鸠相比，鲲鹏与列子的生命更加自由，但试问：鲲鹏与列子就是绝对自由的吗？在庄子看来，并非如此，因为它们"有待"，所以它们所获得的自由仍是相对的，进一步讲，唯有实现"无待"，才有精神之绝对自由。那么，何为"无待"境界呢？庄子指出：消解了"我"，即是"至人"；消解了"实"，即是"神人"；消解了"名"，即是"圣人"。在庄子哲学中，至人无己、神人无功、圣人无名，这便是"无待"境界。接下来的问题在于，如何才能从"有待"转为"无待"、从现实界进入超越界。如前所论，在庄子看来，直面生死之终极问题，精神即有超越之可能。那么，看淡了生死、顺应了生死，又当如何实现对于现实的超越呢？这便需要诉诸庄子哲学所提供的工夫修炼与境界提升之方法，其中最具代表性的便是"心斋""坐忘"。在《庄子·齐物论》中，庄子借由子綦先生身如枯树、面如死灰、闭目静坐之修养状态，向人们展示了"心斋""坐忘"之工夫修炼方法。所谓"坐忘"，或如子綦先生那般，昨日坐而忘物，今日坐而忘己，从"忘物"到"忘己"，"坐忘"的层次得以提升，工夫境界亦相应地得以拔高。"忘物"即超越了外物，"忘己"即超越了自我，精神穿过这两层，便可谓"离形去知"而"同于大通"，即完成对现实的超越而进驻"道"的境界。在《秋水》中，庄子通过河伯与海若的对话，向我们传达了他对于空间以及世界图景的把握与理解，这样的一种时空观、宇宙观即是基于"道"的视域而获得的。在"道"

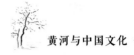

的境界中，既可逍遥而游，又可俯视万物，由此可见，《逍遥游》与《齐物论》两篇作品乃是在"道"这一宏大理念的指引下创作完成的。庄子以"道"的视角看人生、看世界，判定万事万物皆根源于"道"，由"道"生出，经历生命的各个阶段之后，复归于"道"。在"道"的视角下，人的主体性地位被极大地削弱，而与花、鸟、鱼、虫等其他生命体处于同等地位，孰优孰劣的价值评判不再有效，经验和传统所带来的束缚、限制与禁锢不复存在，对于个体而言，整个生命从此被"道"的自由气息所萦绕，在这样的氛围下生活可谓自在逍遥。这便是道家尤其是庄子哲学关于生命何以"存在"、何以安顿这一问题的基本解答。

实质上，无论是人与自然的关系问题，还是自由与必然的关系问题，在庄子哲学所呈现之现实界、所敞开之超越界皆有不同程度之体现。就现实界而言，顺从命运、顺乎自然而"法自然"乃是庄子哲学所提供的处世之方，其一方面强调对生老病死之自然规律的遵循与顺应，另一方面又注重对现实生命之体恤与敬畏，这是就"自我"而言的；在"自我"与"他者"以及整个人类社会内部之政治、伦理关系上，庄子认为化解这一切的关键仍在于遵循"自然"之价值观念，不干预、不强求、不侵扰、不压迫，尽可能让天下成为天下人的天下，尽可能让每一个主体在秩序之外享有相对的自由，实质上，政治的松绑与"他者"的容纳，对于每一个平凡的"自我"而言无疑也是一种有效的外在保障。前面这段归纳与概括，乃是就现实界而言的，然实质上，庄子哲学之所以成为老子之后道家哲学的中流砥柱，主要是因为它的超越性、无限性、流动性、开放性，它并不止步于现实界之相对自由，而对超越界之绝对自由充满向往、孜孜以求。那么，如何冲破相对自由从而进驻绝对自由之境界呢？在庄子看来，超越现实的一大契机便是直面生命、生死之终极问题。那么，如何直面、如何超越呢？这又涉及人与"道"的关系问题，通过《庄子》内七篇尤其是庄子所述之寓言故事，可知"心斋""坐忘"乃是融于"道"、合于"道"的主要修养方法，具体而论，便是让心回到原初之位置、回到一种"虚静"的状态，让心自在地运思，自主地面对本体之自我以及本然之世界，如此，方可超越外物、超越自我、超越现实从而获得精神的绝对自由。

总而言之，庄子哲学告诉我们，面对天地自然、江河湖海，既可做冷静之直观，亦可温情地融入其中。我们可将自然之黄河、人文之黄河、生命之黄河看作一个研究对象，去分析它的水质、水文以及外部环境、内部结构，这固然很好也极需要，但问题在于这样的对象化研究无疑会将人以及人的心灵、人的精神属性排除在外。因此，研究黄河还需研究黄河的文化、黄河的历史、黄河的气象，还需要透过哲学、美学的视角来研究。透过哲学、美学的视角来研究意味着需将作为"发问者"的"我"、作为"发问者"的"人"置于黄河文化的研究视域中。从研究方法的客观性上讲，哲学、美学并无孰轻孰重之分，但指向各

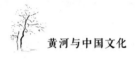

有不同、各有意义，二者皆可在黄河文化的研究事业中发挥巨大作用。

第六节　黄河文化与诸子之学

如果我们将地理和历史这两方面内容结合起来，便知黄河文化的首次融合与初步形成主要在先秦时期。综合过去几十年的考古研究，可知黄河流域出现马家窑文化、仰韶文化、龙山文化、大汶口文化之历史时期基本属于新石器时代，这些地域性的文化形态代表了黄河文化发展的初始阶段。新石器时代的人类社会尚未产生真正意义上的文明，因此很难说是真正意义上的文明社会。这一时期的原始先民的生存状态与生产活动总体上是单一的、粗放的，他们还不具备反思内在自我、整合外部资源的能力，这也就意味着新石器时代的文化遗存，既是局部的、无意识的，又是尝试的、经验的。中国历史进入夏、商、周三代，黄河文化乃至中华文化才算迎来真正的创生期。这一时期的中国，神性逐渐褪去而人性日益显露，人们开始摆脱建立在感应思维上的巫觋文化，亦对若干饱含神秘主义色彩的事件、事物产生怀疑。换言之，人们迫切地想让自己从神性的桎梏中解放出来，人们头脑中的理性萌芽与自由意志亦正在苏醒。

西周覆灭之后，东周继而出现，这便是人们津津乐道的春秋战国时期。由于诸侯之间纷争四起、相互征伐以致时局混乱，作为"见证者""亲历者"的黄河流域及其背后的黄河文化，也不得不接受内部分化与重新组合的状况。对于一种文化形态而言，分化与组合无疑有利有弊、有好有坏。好处是形成了三秦文化、中州文化、陇文化、晋文化、齐鲁文化、燕赵文化等绚丽多彩、丰富多样的地域文化，坏处是商周以来所结成的政治共同体、礼乐共同体、文化共同体遭到了严重的破坏，甚至面临崩塌、解体的危机。道家试图超越这一危机而洞见天道，儒家的兴起则是为了正面化解这一危机，重建礼乐秩序。道家、儒家之后，墨家、法家、名家、阴阳家、纵横家等学术流派相继问世，加之稷下学宫的助推、名辩思潮的赋能，百家争鸣的思想盛况由此形成。

从上古时代的神话传说，到商周时期的阴阳五行，再到战国中后期的名辩思潮，可以说是感应思维逐渐削弱、理性思维逐渐增强的过程。在古希腊，泰勒斯最早将"水"看作宇宙万物之本原，用"水"元素来解释自然世界之生成。商周时期，在阴阳五行观念的笼罩下，先民们亦以"阴阳错行故而天地大骇"来解释自然世界之雷霆变化。以阴阳五行的观念认识自然、解释自然，本质上是为了服务于人们的劳动生产与社会生产。为了更好地存活，人们开始在黄河流域大力发展农业。"黄河流域的农耕生活是先民们必须按照周期运转合理分配时间的一种生活方式，如若错失耕耘时节，就将颗粒无收，食不果腹。因此，必须按照时令节气合理安排每个环节，这种生活节奏，培育了先

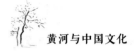

民们的耐心与韧劲，养成了生活的目标性与计划性，也带来了强烈的忧患意识。"① 久而久之，先哲们越发意识到观念、认知与方法层面的匮乏，于是尝试将阴阳五行的解释系统从神秘的天文星象领域转向人类的社会生活层面。

人间有黄河，天上有星河，将此二者相连进而解释人与自然之关系，即阴阳五行思想在战国时期的重要拓展。前文论及"授禹《河图》"时，曾引出"河图洛书"之话题。《河图》之"河"究竟指向黄河还是指向星河？弄明白这一问题对于理解中国古代思想文化之学术传统十分重要。之所以置于此处加以分析，乃是因为"河图洛书"关乎天文、星象以及阴阳五行，而我们知道先秦诸子百家中在这方面最有建树者乃是以邹衍为代表的阴阳家学派。"河图洛书"② 语出《周易·系辞传》，所谓"河出图""洛出书"乃是中国古代流传下来的两幅神秘图案。"河图洛书"主要指向地理、星象领域，用以把握时间、方向、节气等，从源头上讲，即与中国古代的阴阳五行学说以及战国后期的阴阳家学派有关。"河图洛书"既讲生成，又讲变化，"河图"与"洛书"均由黑点、白点构成，呈现为数阵的形式，"洛书"的机制在于纵、横、斜三条线上的黑点、白点总和皆是十五。据此，后世学者多将《河图》中"河"解作星河而非黄河。从内容上看，此种说法有其道理，毕

---

① 任慧、李静、肖怀德等：《黄河文化论纲》，《艺术学研究》2021 年第 1 期。

② （宋）朱熹：《周易本义》，中华书局，2009，第 233 页。

竟星象乃是我们把握"河图洛书"的重要因素；但从形式上看，"河"与"洛"对，"图"与"书"对，如果"河"指星河，那么"洛"作何解？所以，就本义讲，《河图》之"河"最早指的就是黄河。接下来，我们再次回到问题本身、回到思想源头，看看黄河、洛水之于"河图洛书"到底意味着什么。从阴阳五行的角度讲，黄河、洛水代表水文与地理，而星象代表天文，观测星象乃是为了把握其背后的天理。在儒家以及阴阳家看来，天理不仅与天文有关，而且与人文有关，因此其终极目的在于使人类按照自然世界的基本规律而生活，即《周易》所谓"推天道以明人事者也"。因此，黄河、洛水更多提供的是一种自然、地理层面的现象、表征，通过把握黄河、洛水的流向、波动以及整个流域的周边环境，并将其与相应的气象、天象联系在一起，从而判断某一地域的发展走势以及该地民众的生存命运。看似抽象无比的"河图洛书"在某种意义上也采用了观"相"（象）的方式。以儒家、阴阳家为代表的古代士人，要么将黄河、洛水的形态、流向、位置绘于地图上，要么在头脑中勾勒出黄河、洛水的地理形象。而无论是作为客观实在的黄河、洛水，还是地图上的黄河、洛水，以及存在于我们头脑中的黄河、洛水，皆是以纹路、流脉、网络的方式呈现出来的，这像极了我们的掌纹，像极了阴阳先生眼中的手相。由此可见，这里的"河""洛"，其实蕴含着网络、脉络之意，这网络与脉络既揭示现实的稳定性，又折射未来的流变性。而今，我们把握黄河文化即是

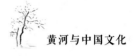

如此，稳定性与流变性可谓黄河文化内在精神的两个重要侧面。从渊源处讲，这样的论证与分析主要基于以阴阳家为代表的诸子百家对阴阳五行以及中国传统思想观念进行的理论改造。

战国时期，墨家、名家相继兴起，以稷下学宫为代表的学术平台得以创设。之后，以辨名析理为宗旨的名辩思潮应运而生，这一思潮席卷整个时代，诸子百家纷纷参与其中，据理力争、取长补短。在学术交流与思想交融的氛围下，人们迎来了理性的觉醒与思辨的萌发，真正进入"道理"大于"神巫"的时代。在诸子百家的共同努力下，黄河流域诞生了齐鲁文化、秦文化，黄河流域与长江流域的交界处诞生了楚文化。然而由于理性在人类的头脑中并不总是处于掌控地位，所以感应思维总是不时地从人们的精神世界一跃而出。人作为理性与非理性的综合体，有些时候可以在理性思维与感应思维之间自如切换，有些时候则不能。而今，面对历史、面对黄河、面对自身，我们不能不以理性思维为基础、以感应思维为补充，具体来说，即用理性思维来建构系统性之理论从而论证过程、推导结论，而用感应思维来解释非理性之内容从而开启想象、辅助理解。

行走在北方大地上的墨子学派即是如此，墨学追求质朴、实效、功用的价值倾向与黄河文化的现实主义、自然主义特征极为契合。《墨子》曰："仁之事者，必务求兴天下之利，除天下之害，将以为法乎天下。利人乎，即为；

不利人乎，即止。"① 孔子谈"仁"，墨子也谈"仁"，但二者在内涵上颇有差异。孔子之"仁"更强调主体的内在德性和外在德行，其观念之基础在于"亲亲"，亦可谓"孝悌"之"仁"。墨子之"仁"更强调个体的意志展开、价值显现以及"力""志""知"在具体生命活动中的统一。墨子之"仁"的根本在于无等差之"兼爱"，与孔子有等差之"仁爱"相对。墨家从未排斥"亲亲"之爱，只不过"亲亲"之爱在"兼爱"的伦理观念中并不具有价值上的优先性，无论是"爱己""爱亲"还是"爱人""爱国"，都平等、平行地存在于"兼相爱、交相利"的伦理结构中。相较之下，儒家之"仁爱"更似金字塔状，总体上呈现为"同心圆"之伦理结构。在此结构中，"亲亲"之爱、家庭之爱、宗族之爱始终居于顶端和核心位置。如果说孔子"爱有等差"的伦理结构更有层次性，则可说墨子"爱无等差"的观念体系更有兼容性。孔子并未给"仁"下准确之定义，场合不同、对象不同，"仁"的内涵亦有不同。而在墨子那里，无论是国家之共同体还是自我之个体，无论是君王还是平民，他都给予了较为充分的规范、准则与依据，这便是"三表法"。何谓三表？墨子言曰："有本之者，有原之者，有用之者。于何本？上本之于古者圣王之事。于何原之？下原察百姓耳目之实。于何用之？废以为刑政，观

---

① （清）孙诒让：《墨子间诂》，中华书局，2001，第249~250页。

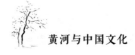

其中国家百姓人民之利。此所谓言有三表也。"① 也就是历史之间接经验、事实之直接经验和"国家百姓人民之利"的实践检验标准。

人在困惑时最需要什么？其实是学问、思想与心智。对国人而言，诸子百家或是最好的学问与思想，诸子哲学或是最好的心智。对于我们的民族、我们的文明而言，诸子百家同样具有典范的意义。黄河文化即在先秦诸子百家的学术论战中、在百家争鸣的思想氛围下获得了多元化的发展。以儒家、道家、阴阳家为代表的先秦诸子百家将黄河流域背后的黄河文化视作重要的价值基础、精神支柱与理论资源，亦从黄河文化的思想宝库里汲取不同的思想内容用以完善其学术体系。而在更大的意义上，不光黄河文化与诸子之学开启了各自的构建之路，整个中华文化也在"周秦之变"的历史转型中迎来了重要的转向，这便是从先秦时期的"多元并立"走向秦汉时代的"多元一体"。

第七节　黄河文化与《诗经》美学

在西方柏拉图最早关注到美的本质问题，但真正将美的问题上升为体系性美学研究的乃是亚里士多德。在哲学中，亚里士多德一方面受到苏格拉底、柏拉图的影响，追问人类社会的道德基础与现实世界背后的理性法则，另一

---

① （清）孙诒让：《墨子间诂》，中华书局，2001，第265页。

方面又受到毕达哥拉斯、赫拉克利特的影响，探求客观之物与自然之理。亚里士多德的美学建构从哲学起步，又将科学的思维方式与求知精神纳入其中，从而展开对艺术审美何以可能、美学修为何以养成、美学观念何以涌现、艺术的创造性何以发生、艺术与美学教育何以实现等重要问题的深入思考，最终完成了《诗学》《修辞学》两部足以集大成的美学作品。亚里士多德的《诗学》奠定了西方美学的观念基础，推进了人类社会对于诗歌与文化、诗歌与哲学的关系研究。

柏拉图的"模仿"学说更强调理念的本真性与现象世界的非本真性，他认为艺术作品是对现实之物的模仿，而现实之物是对理念的模仿，换言之，唯有理念是真的，现实之物作为理念的表象则是非真实的，那么模仿现实之物而成的艺术作品随即成为次阶的虚幻产物。柏拉图的"模仿"学说启发了亚里士多德的哲学思考与美学建构，但与柏拉图不同，亚里士多德更多将"模仿"作为一种艺术创造的方法。在亚里士多德那里，不仅现实之物是客观的、真实的、生动的，就连那些因"模仿"现实之物而存有的文学作品、艺术创造也是客观的、真实的、生动的，它们因与人的社会生活、文明进程、文化状态建立关联而具有了现实性、历史性与生命力，甚至在亚里士多德看来，非凡的艺术作品往往具有对个体与现实的超越性，因为它是对人类社会与自然世界及其内在规律、自在本质的艺术折射、抽象反映与美学表达。

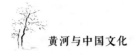

亚里士多德认为，诗歌表达本质上是一种艺术创造，而创造的前提在于模仿，而人之所以能够进行伟大的诗歌创作，也是因为人生来就有模仿的天赋以及感知美的能力。① 亚里士多德先后受到赫拉克利特与柏拉图的影响，于是在美学观念上强调艺术的创造性，在美学方法上又推崇以"模仿"为手段与媒介来展现艺术。亚里士多德以古希腊的神话、史诗、戏剧、雕塑等多种类型的经典文艺作品为例，尝试从形而上学、文学、历史学、心理学等多个维度出发对其加以分析、归类，并使之获得美学层面与文艺理论领域的观念支撑。亚里士多德从心理机制上探寻艺术作品的创作动机，从历史根源处追问艺术作品的产生背景，从"模仿"之工具性与方法论维度出发以期获得对艺术作品的前置性解释，这些极具创造性的视角、观念与理论都对后来的西方美学产生了直接而深远的影响。车尔尼雪夫斯基在《艺术与现实的审美关系》中指出："任何事物，我们在那里面看得见依照我们的理解应当如此的生活，那就是美的。"② 车尔尼雪夫斯基显然从亚里士多德的哲学与美学中提炼出了一种唯物主义的底色，他进一步判定艺术审美的实质并非简单地对具体现实予以再现，而是通过对具体现实之人、事、物的艺术表现从而揭示隐藏在具体现

---

① 参见〔古希腊〕亚里士多德《诗学》，陈中梅译，商务印书馆，1996，第 206～213 页。
② 〔俄〕车尔尼雪夫斯基：《艺术与现实的审美关系》，周扬译，人民文学出版社，1979，第 6 页。

实之后的某种必然之理与普遍之因。

如果说亚里士多德以来的西方诗学在审美原则与表达机制上具有求真、问智的倾向，则可说先秦以来的中国古典诗学在艺术追求和价值观念上具有求善、问道的倾向。孔子阐述了早期儒家的诗学观念。为什么说"不学诗，无以言"①呢？孔子认为，《诗经》所代表的诗学传统，不仅具有礼乐教化的功能，而且具有道德润化的意义，既有"礼"的外显，又有"仁"的内蕴。《论语》有云："《诗》，可以兴，可以观，可以群，可以怨。"②在此，孔子给予《诗经》所代表的诗学传统以充分肯定。《论语》又曰："《诗》三百，一言以蔽之，曰'思无邪'。"③评价《关雎》时则曰："乐而不淫，哀而不伤。"④孔子认为《诗经》不仅在人的情感表达上做到了适度、在诗的文学审美上达到了中和，而且有一种"人""诗"合一、物我合一的境界追求。

人诗合一、物我合一的境界追求对后世的诗学发展产生了深远的影响，并且直接促成了"文化诗学"这一观念范式的产生。童庆炳指出，文化诗学"关注现实文学艺术活动中的重大的理论与现实问题"，因此"现实性品格是它的生命力所在"；文化诗学"关注文学的意义和价值、注重

---

① （宋）朱熹：《四书章句集注》，中华书局，1983，第173页。
② （宋）朱熹：《四书章句集注》，中华书局，1983，第178页。
③ （宋）朱熹：《四书章句集注》，中华书局，1983，第53页。
④ （宋）朱熹：《四书章句集注》，中华书局，1983，第66页。

文学的深度模式"，因此"意义追求是它的基本特征"；文化诗学"主张从语言、神话、哲学、历史等跨学科的文化视野来考察一切古今中外的文学艺术问题"，因此从"视域融合"的角度出发来诠释诗歌作品是它的方法。① 基于"文化诗学"之视角，以先秦时期的《诗经》为例证，有助于我们探究黄河文化乃至中华文化的精神气质与价值内涵。

如果说《尚书》更多展现的是黄河文化的水文性、自然性、历史性，则可说《诗经》更多展现的是黄河文化的人文性、日常性、生活性。《诗经》作为中国最早的一部诗歌总集，收集了自西周初年至春秋中叶的杰出诗歌作品。《诗经》作品中所展示的生活图景主要以黄河流域为中心，所揭示的文化内容除了黄河文化外，还包括北方文化、农耕文化、儒家文化等，这些文化形态共同构成先秦文化的价值传统。人们生于黄河流域，从事农耕活动，接受儒家教化，这若干个场景结合在一起，就生成了我们对于古代先民日常生活的想象。

《诗经》可谓反映周代社会生活的一面镜子，其内容书写之广泛、文字表达之凝练，同时代之作品无出其右。《诗经》在文化内容上分为《风》《雅》《颂》三部分。其中，《风》是各个地域的民间歌谣，《雅》是王公贵族的正声雅

---

① 童庆炳：《植根于现实土壤的"文化诗学"》，《文学评论》2001 年第 6 期。

乐，《颂》是宗庙祭祀的演绎内容。透过《诗经》，我们可以大致还原出周代的社会轮廓以及彼时之人的生活场景与生存境况。在《诗经》的文字故事中，我们看到了平凡而动人的爱情、残酷而麻木的斗争以及严肃而神秘的祭祀，而这一切无不与人有关，无不与境域有关。人在各种各样的境域中生产、生存、生活，不仅建构了自我的历史，而且建构了境域的历史。例如，作为境域而存在的黄河，在《诗经》及其创作者眼中即有非比寻常的意义。就《诗经》的文字内容及其所呈现的精神气质、思想气象而言，《风》与《雅》《颂》的差异可谓十分明显，前者自在而质朴，后者克制而庄重，虽然《诗经》各个文本的作者难以确知，但是有一点毋庸置疑，那就是《风》的创作群体更多来自民间而《雅》《颂》的创作力量更多来自宫廷。

《诗经》运用"赋""比""兴"即平铺直叙、借物托志、触景生情的表现手法，生动反映了战争与徭役、劳动与爱情、风俗与婚姻、宴会与祭祖、压迫与反抗等现实世界的多重内容，展现了周王朝由盛而衰的五百年间中国社会的生活风貌与众生面相。《诗经》中出现的黄河之水亦时常用来折射人世间的诸多优良品格，如包容、隐忍、柔和、谦卑等，这一方面是希望个体之人能够不断挖掘自身的存在价值、开显自我的人生意义，另一方面则是希望执政者在管理民众、治理国家时能够推己及人，能够尊重每一个生命并且提供给他们足够的自由与发展的可能。如果说《尚书》以人的视野来书写历史和把握对象，那么《诗经》

便通过对象以及对象化的隐喻来反映人间。《诗经》中的大部分诗歌都具有人文性、日常性、生活性的表达特点，无论是农事、祭祀、战争等公共话题，还是婚恋、游玩、还乡等个人活动，在《诗经》的笔触下都获得了真实而生动的呈现。

《诗经》关注民生，推崇真实自然的情感流露，因此很多场景是生活化的，而在若干生活化的场景中，亦有自我观念的不断涌现。例如，《秦风·蒹葭》云："蒹葭苍苍，白露为霜。所谓伊人，在水一方。溯洄从之，道阻且长。溯游从之，宛在水中央。"① 这段诗太美了，"水"所营造出的朦胧意境与心意缱绻的"所谓伊人"相互映衬，以其扑朔迷离之感引发人们的无限遐想。又如《国风·关雎》，其所表现的爱情状态乃是"关关雎鸠，在河之洲。窈窕淑女，君子好逑"②，展现了一派堤岸芳草萋萋、雎鸠雌雄和鸣的和谐景象。"在河之洲"一句无论是在语言上还是意蕴上都可说十分精妙。此处的"在河之洲"与《蒹葭》的"在水中央"所要表达的情绪不太一样，"河之洲"表达的是"君子""淑女"的热烈与坦率，"水中央"表达的则是"伊人""男子"的牵挂与烦忧。据考证，《关雎》的故事背景是在今天的陕西合阳，因此句中的"河之洲"即是黄河岸边。在爱意的烘托下，整个场景都变得无比温馨，就

---

① （清）马瑞辰：《毛诗传笺通释》，中华书局，1989，第348页。

② （清）马瑞辰：《毛诗传笺通释》，中华书局，1989，第29页。

连黄河也恢复了往昔的平和，以静谧的姿态见证着青年男女的爱恋。从文学上讲，《诗经》的表达既有"触景生情"的部分，也有"情景交融"的部分。"人"与"水"、青年男女与"河"天然地构成了一幅真挚的图景。有时候人在黄河之上，有时候人在黄河两岸；有时候黄河是思念的"连接"，有时候黄河是悠长的"阻隔"。而在这情感的"连接"与"阻隔"之上，则是一个时代真、善、美的体现。这可说是一种具有普遍性的精神追求，这里面既包含着爱情的热烈与美好，又包含着年轻人的真诚与浪漫，还包含着周代先民的理性观念与道德愿景。

先秦典籍中，对黄河文化呈现最为生动、精妙者，当数《诗经》。如果说《诗经》剪辑了爱情最为悠长、唯美的部分，那么黄河就是周代平民之爱的绝佳见证者。细品一下，便知《关雎》乃是《诗经》场景化叙事的佳作。水中的两只鸠鸟喻指恋爱中的一对男女，而共饮黄河水、相守河中岛，则分别成为爱情萌生的事件与境域。由于《关雎》的整体氛围是纯洁的、浪漫的、缠绵的，诗歌主题是爱情，作品主角是恋爱中的青年男女，作为意象与境域的黄河其实是隐性的、背景性的存在。作为爱恋之见证者、氛围之烘托者，黄河所传达出的气象也是静谧的、柔美的、本真的，这也是中游之黄河水流经周南之地的常态反映。

《硕人》末章有云："河水洋洋，北流活活。"[1] 此处之

---

[1] （清）马瑞辰：《毛诗传笺通释》，中华书局，1989，第203页。

"河水"即指黄河,"北流"乃指黄河于齐、卫之间向北流入渤海,"洋洋""活活"则指黄河之水声势浩荡、茫茫入海的景象。如果说《关雎》重在描写爱情之妙,则可说《硕人》重在刻画婚娶之美。拥有"巧笑倩兮,美目盼兮"①之曼妙姿容的绝代美人庄姜即将出嫁,这对于齐、卫两国而言都是一件大事,不光随行之阵势极其盛大,就连黄河之水以及两岸之自然风光都呈现出壮阔、伟丽以及欢畅、悠扬的美好情态。黄河之水的"洋洋"之势、"活活"之声更是增强了庄姜出嫁这一动人画面的立体感,表现出强烈的音乐感、鲜明的节奏感。《诗经》的句式以四言为主,因为在遣词造句上有所讲究,又自觉运用了重复的音节,故而使人读来常有一种音乐的美感,时而旋律和缓,时而节奏明快,给人留下的记忆点也很强。例如,《关雎》之"悠哉悠哉,辗转反侧"②、《魏风·硕鼠》之"硕鼠硕鼠,无食我黍"③,又如这里的"河水洋洋,北流活活"。美人之姿与河水之态的相映成趣、相得益彰,亦使得全诗的文学情感与美学境界得到了极大的升华。

《诗经·小雅·小旻》曰:"不敢暴虎,不敢冯河。人知其一,莫知其他。战战兢兢,如临深渊,如履薄冰。"④不同于《关雎》《硕人》,《小旻》关注之重点在于国家命

---

① (清)马瑞辰:《毛诗传笺通释》,中华书局,1989,第 202 页。
② (清)马瑞辰:《毛诗传笺通释》,中华书局,1989,第 30 页。
③ (清)马瑞辰:《毛诗传笺通释》,中华书局,1989,第 331 页。
④ (清)马瑞辰:《毛诗传笺通释》,中华书局,1989,第 628 页。

运与政治生态。作者开篇即言"昊天"之"疾"降于世间，以致奸佞当权、贤才隐没进而导致朝廷昏乱、政令不畅，于是末章提出"不敢冯河""如履薄冰"之警醒，讽喻时局幽暗不明，暗示国家灾难将至。"冯河"意为徒步渡河。黄河水流湍急，徒步渡河岂不危矣？试想，作者面对黄河、审视现实，心中是何等的愤慨、忧虑！黄河之水汹涌难测，但比河水更加汹涌难测的其实是人心、是国家命运！作者不理解为何执政者如此昏庸无道、为何不遵从先贤古圣的德行法则。彼时彼刻，浑浊而奔流的黄河之水不仅未能平息他胸中的愤懑，反而使他更加心绪不宁，使他将个人命运与国家命运、时代命运紧密地联系在一起，所谓"覆巢之下安有完卵"，细思一番，心境越发悲凉。

《诗经·大雅·卷阿》曰："凤凰鸣矣，于彼高冈。梧桐生矣，与彼朝阳。菶菶萋萋，雍雍喈喈。"① 该段文字展现了黄土高原人与自然和谐共生的明朗景观，难能可贵之处还在于句中所流露出的朴素的生态平衡意识。在《卷阿》的作者眼中，不仅有自我和他者、人与人所构成的人类社会，而且有动物、植物等其他生命体所结成的自然世界。"人"作为参与者、见证者，与富有生机活力的虫鱼鸟兽、花草树木、江河湖海共同组成一个和谐共生的生命共同体，或是《诗经》所指向的人文精神与生态哲学之归宿所在。

在今天的社会中，人们的生活节奏总是要快一些，然

---

① （清）马瑞辰：《毛诗传笺通释》，中华书局，1989，第871页。

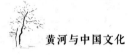

而脚步迈得太大，就会错过一些美妙的风景。久而久之，追逐目标的时间越来越多，自在审美的时间就会越来越少。而今重读《诗经》、反观黄河文化，更让我们深深地意识到这一点。如果我们读《诗经》、观黄河尚且不能慢下来，那么这世界上还有什么事情值得我们花时间细细品味呢？

第二章　黄河文化的历史呈现

　　"大河之畔必有伟大文明""大河之畔必有伟大城市"，这样的说法确有历史依据可循。但凡大河流经之处，往往水源较为充足、地势较为平坦、土壤相对肥沃、气候相对温和，有了这些自然条件，就很适宜人类生存。综观人类文明的几大发源地，如古埃及、古巴比伦、古印度以及古代中国，都是在农业的基础上发展起来的。众所周知，农业发展的先决条件就是水源，而河流无疑是最为稳定、最为充沛的水源，如尼罗河之于古埃及，底格里斯河、幼发拉底河之于古巴比伦，印度河、恒河之于古印度，黄河之于古代中国等。河流与平原的结合，带来的往往是稳定的社会生活以及悠久的农业文明，古代中国即是如此。儒家之所以能够在2000多年的封建社会占据思想文化领域之中流砥柱地位，恰恰是因为其最早触摸到了中华文化的根底，即一种追求稳定与平和、注重血缘宗亲与伦理道德的民族性格。正是从这一文化根底与精神基础出发，孟子才发展出"性善论"与"仁政说"，历代儒者才建构起"五经"

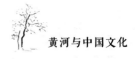

与"四书"的经典教化体系。所以要想了解中华文化，不能不了解黄河文化，不能不了解儒家，不能不了解中国古代的文人士大夫精神，因为它们皆是中华优秀传统文化不可或缺的组成部分。

第一节　黄河文化的历史演进

在距今 300 万年至 1 万年的旧石器时代，黄河流域已经出现原始人类的活动踪迹。考古学家在陕西发现的蓝田猿人化石，是目前可知最早的黄河古人类化石。这可作为黄河文化的源头吗？其实很难讲。对于蓝田人来说，生存仍是第一要务，物质的需要是第一位的，精神生活、娱乐活动与艺术创造势必让位于现实层面的自我保全、自我强大、自我进化。因此按照学界的考察，黄河文化的起始阶段应在新石器时代，按出现的先后顺序予以排列，即裴李岗文化、仰韶文化与龙山文化。在这三种文化的历史遗址中，除了可见较之旧石器时代更为便捷、适用的工具与器物外，还可见到生动、形象、充满创造力的艺术作品。例如，裴李岗文化遗址出土的舞阳贾湖骨笛、仰韶文化半坡遗址出土的人面鱼纹彩陶盆、龙山遗址出土的精致玉器。透过这些饱含艺术性、审美性的物件，可知新石器时代的人类文化已有一定程度的发展，他们的艺术创造带有浓郁的农耕文化色彩，其艺术灵感也大多来源于农业劳动与手工实践。过去几十年里，考古学界发现了许多类似的历史

遗址，它们遍布整个黄河流域，这进一步表明黄河文化乃
是中华文化的摇篮。

《五帝本纪》记载了黄帝的政治活动，在司马迁等史学
家看来，黄帝的主要贡献在于联合炎帝、击败蚩尤、安定
中原，使华夏民族获得了自我发展的绝佳时机。黄帝族、
炎帝族、三苗族三大主要部落相互融合、相互促进，组成
了黄河文化的优良基因。此后，中国早期的三大奴隶制王
朝夏、商、周相继建立，他们在建立王朝的过程中形成了
贯通发展的华夏文化。作为早期黄河文化的典型，夏、商、
周三代出现了颇具文化含量的精神产物，如殷墟甲骨文这
一相对成熟的汉字体系。之后，随着周王朝势力的日渐衰
落与诸侯国势力的迅速膨胀，中国历史进入春秋战国时期。
这是中华文化多个发展阶段中最具创造力、最具变革性的
时期之一。如果说春秋战国时期诸侯征伐的历史画面残酷
异常，则可说思想文化领域百家争鸣的学术氛围自由无比。
诸子百家之间相互攻击却又相互借鉴，这使得他们的学说
在争辩、交锋中反而走向了更为成熟、综合的思想发展道
路。尤其是齐鲁大地上的孔子、孟子、荀子以及处于儒学
对立面的墨子，黄河文化乃至中华文化的强大创造性在他
们身上得到了充分的体现。他们也为后世的文人、学者做
了不惧阻力、勇敢变革的表率，正如《周易》所言"穷则
变，变则通，通则久"[1]，一个具有创新性、变革性的时代，

---

[1] （宋）朱熹：《周易本义》，中华书局，2009，第246页。

无疑是光彩夺目的，也必会被历史所铭记。

黄河文化的拓展主要指向民族大融合以及统一的多民族国家的形成。秦汉时期，中华文化进入了大一统的历史阶段，作为中华文化之价值主体的黄河文化也在这一时期广泛传播于中华大地。秦始皇一方面派将军蒙恬率领30万大军北击匈奴、修筑长城，另一方面派遣大军南下降服百越，这使得主流的农耕文化、中原文化、黄河文化与周边的游牧文化、少数民族文化有了交流与融合的可能。秦朝统一中国以后，为加强中央集权，在岭南一带设置郡县，并修筑四条"新道"，这极大地推动了岭南地区与中原地区、黄河流域的经济往来与文化会通。虽然秦王朝只存在了短短15年，在人类历史长河中犹如沧海一粟，但秦朝之于中华文明而言，其意义乃是非凡的，它在经济、政治、文化、军事各个方面皆有开创性之贡献。黄河文化在秦汉时期真正突破了地域性，从而向更为广阔的空间延伸。

魏晋南北朝至隋唐时期，黄河文化一方面继续以兼容并包的姿态向上、向前、向外发展，另一方面则面临一定的挑战并尝试以新的形态存在。《晋书·匈奴传》记载："西北诸郡皆为戎居。"① 可见塞外的少数民族大规模内迁是这一时期的社会热点。据一些学者考察，晋朝八王之乱之后，内迁的少数民族数量多达百万。"五胡乱华"时期，少数民族政权在黄河流域一带纷纷割据，王朝更迭频繁，

① （唐）房玄龄等：《晋书》，中华书局，1974，第2549页。

以致人口迁移的规模较大，各个民族在中原地区混居的现象可谓极为普遍。其间，中原文化、农耕文化、黄河文化的感染力、影响力、同化力也逐渐体现出来。时局之混乱使得汉人与少数民族不得不生活在同一片土地上，在这个过程中，中原文化、农耕文化、黄河文化即以潜移默化的方式进入胡人的生活中。胡人原本希望通过焚毁典籍、破坏农田的方式改变汉人的文化气质与生活方式，但他们何曾知道黄河文化的精神属性早已融入汉人的血液。久而久之，本土的黄河文化反而以它强大的生命力同化了胡人的思想和行为。此后，"同化"直接转向"汉化"，被动改良变为主动改造。以北魏孝文帝为例，定都洛阳，效法魏晋官吏制度，实行均田制，大力推行"汉化"政策，着力将传统的游牧民族政权改为先进的农业文明政权。在胡汉杂居的历史背景下，前所未有的民族大融合、文化大融合之生动局面终于形成。

隋唐时期，京杭大运河的开通使得黄河文化进一步向外传播。与此同时，民族大融合的趋势进一步加深，黄河文化、中原文化的封闭状态完全被打破，从而以更为包容、开放的姿态接纳各种各样的文化类型。彼时，唐朝的都城长安（当今西安）成为世界上最大的国际都市，超过300个国家和地区的使节来到长安学习、交流。唐朝的鼎盛，侧面显示了中原文化与黄河文化的鼎盛。在影响世界的同时，中原文化与黄河文化也向世界各个优秀文明学习，博采众长。

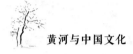

　　两宋时期，以中原文化、农耕文化、黄河文化为中心的本土文化仍旧取得了瞩目的成就，出现了欧阳修、苏轼、陆游等文学巨匠以及张载、朱熹、陆九渊等哲学大家，然而政治、军事层面的积贫积弱、日渐式微亦是不争之事实。面对虎视眈眈的西夏、大辽，北宋在实力上难以匹敌，黄河流域的诸多领土很快即被吞并，最后只得迁都南方，作为中国政治、经济、文化中心的黄河流域的优势地位自此一去不返。

　　从乡土到都市、从农耕文明到城市文明，可谓黄河文化转型的重要体现，而这历史转型的发生，又与中国社会的现代化进程相关。较之西方国家，中国的现代化进程开始得要晚一些，学界对此亦有三种不同的看法：有人从历史出发，认为中国的现代化进程始于1840年鸦片战争；有人从科技出发，认为中国的现代化进程始于洋务运动；有人从观念出发，认为中国的现代化进程始于五四新文化运动。伟大的河流孕育伟大的文明，而现代文明的标志就是城市的兴起，在西方尤其如此，如塞纳河之于法国巴黎，泰晤士河之于英国伦敦，莱茵河之于德国科隆、法兰克福等。河流的出现，使得农业的发展成为可能，农业的繁盛必然吸引人口的大量聚集。随着人口的增长和财富的积累，城市就会出现，与此同时，相应的语言文字与社会制度也会逐渐成熟，久而久之，城市的文明就产生了。由此可见，一条古老大河之于一个伟大城市的意义之深远。古代中国一些重要城市的兴起与发展，即与黄河流域的哺育紧密相关，如作为古都的西安、洛阳、开封、安阳，皆是沿河而建。司马迁在《史记》中亦明确指出："昔三代之君，皆在河洛之间。"① 这里的"河"即指黄河。如前所论，南宋以前整个中国古代社会的政治、经济、文化之重心皆在黄河流域，而今我们所看到的仰韶文化、马家窑文化、大汶口文化、龙山文化无一不与黄河文化有关。这表明在漫长的中华文化史中，黄河文化的确承担起了连接各个地域、各个民族、各个城市的现实功能与历史使命。

第二节 黄河文化与丝绸之路

黄河文化是中华文明之摇篮，黄河文化塑造着中华儿女隐忍包容、百折不挠的民族性格，承载着创造、团结的民族精神。丝路文化也接续了这样的民族性格、民族精神，其自开辟以来便蕴含着开放、明朗的精神气质。从文化上讲，张骞出使西域、开辟丝绸之路，既是黄河文化在汉代得以发展的重要历史事件，又是黄河文化与汉唐意象相互融合的标志。任慧、李静等多位学者在《黄河文化论纲》中指出，"质朴而雄浑的黄河文化精神以大气磅礴的汉唐意象为代表，不同于南宋以来形成于江南，以婉约、细腻、幽雅见长的文人文化"②。

《史记·大宛列传》记载："初，骞行时百余人，去十

---

① （汉）司马迁：《史记》（点校修订本），中华书局，2013，第1371页。
② 任慧、李静、肖怀德等：《黄河文化论纲》，《艺术学研究》2021年第1期。

三岁，唯二人得还"，"骞因分遣副使使大宛、康居、大月氏、大夏、安息、身毒、于阗、扜罙及诸旁国。乌孙发导译送骞还，骞与乌孙遣使数十人，马数十匹报谢，因令窥汉，知其广大"，"后岁余，骞所遣使通大夏之属者皆颇与其人俱来，于是西北国始通于汉矣。然张骞凿空，其后使往者皆称博望侯，以为质于外国，外国由此信之"。① 由此可见，西汉使者张骞两次出使西域之意义重大、影响深远。对于汉代之前的先民而言，帕米尔高原以西的地方可以说是一个相对陌生、相对隔绝的世界。汉武帝时期，经过 10 余年的征战，阶段性地解决了匈奴的侵扰问题，夺取了河西走廊，控制了农业较为富庶的西域地区。打通了河西走廊，即为丝绸之路的开辟创造了条件。丝绸之路开辟之后，古代中国与他国的经济、政治、文化交流也得以展开。西汉时丝绸之路以长安为起点，东汉时起点变为洛阳。丝绸之路分为东、中、西三段，从长安或洛阳到玉门关、阳关可谓东段，该段一部分属于黄河中游地区，受黄河与黄土的滋养，具备发展农业的良好条件。汉唐时期，以长安为中心辐射开来的三秦文化可谓鼎盛。三秦文化根源于渭河流域、黄土高原。渭河是黄河的支流，而黄土高原接受黄河的补给。由此可见，三秦文化、中原文化、农耕文化、丝路文化与黄河文化之间的联系也是天然的、直接的、深远的。无论是在地理上还是文化上，它们都构成

---

① （汉）司马迁：《史记》（点校修订本），中华书局，2013，第 3168 页。

了中华文化的一部分，形成了一个天然的地理结构、文化网络。中原文化圈的每一次扩大、黄河文化线的每一次延长，都会不同程度地影响中国古代的历史发展、政治更迭、经济变革与文化转型。

在历史上，丝绸之路被称为联结亚欧大陆与东西方文明的黄金通道。本土的物产通过丝绸之路传入外国，外国的农产品、艺术品也通过丝绸之路进入中国大地，久而久之，互利共荣的亚欧丝路经济圈也初步得以形成。在文化层面，丝绸之路的意义与影响同样不可小觑。在商品贸易的过程中，东西方文化不断碰撞、不断交融。文化交流的双向性，也反映了文化交流的平等性，佛教文化即在这样开放、自由的时代氛围下通过丝绸之路传入中国，发展出了"六家七宗"的本土佛教文化体系，丰富了中原文化与黄河文化的精神内涵。从西域传来的胡笛、舞曲、琵琶等，为黄河文化的表达提供了更加丰富的艺术形式。西域的歌谣也与西北黄土高原的民歌"花儿"融合在一起，为黄河文化增添了更加浑厚、质朴的艺术风格。因为丝绸之路的出现，黄河文化也得以走出故地、传入他国，从而在世界范围内展现了中华文化的影响力。

随着丝绸之路的开辟，丝绸作为一种奢侈而又畅销的商品传入西方。丝路、丝城、丝国的称谓，便是丝绸文化传播到西方的象征。中国是第一个养蚕制丝的国家，桑蚕养殖与丝织品的制作，构成了中国古代特有的丝绸文化。中国古代的丝织业即发源于黄河中下游。《黄帝内传》载

曰："黄帝斩蚩尤，蚕神献丝，乃称织维之功。"① 传世文献中论及桑蚕养殖的传说故事还有很多。从秦汉到魏晋南北朝，黄河流域始终是桑蚕养殖及丝绸生产的中心地带。诗云："比户清风人种竹，满川浓绿土宜桑。"在很长一段时期内，由于养殖技术、丝织工艺的发展，黄河流域的丝织业可谓保持较大的规模。丝绸作为商品进行运输、交易的过程，也是丝绸文化及其背后的中原文化、黄河文化得以输出、传播的过程，因此丝绸成为汉唐时期中华文化的经典产物与流行符号。借由丝绸，中原大地养蚕制丝的精良技术、能人巧妇的精美刺绣，也一并受到西方世界的关注与推崇。可以说，丝绸之路与丝路文明的开启，乃是东方文化与东方印象得以重塑、得以重光的标志。

汉王朝国力的强盛，黄河流域经济、文化的繁荣，使丝绸之路从中国起始，通向遥远的西方各国，让彼此的经济文化交流成为可能。丝绸之路上不仅有丝绸交易，中国商人还携茶叶、糖、瓷器、玉器、香料、药材等商品一路向西，西边的商人则带着葡萄、胡萝卜、菠菜等蔬菜水果和玻璃、宝石等商品向东而来。商品、产品交易、交换的背后，乃是更为绵长的生产方式的交流、文化的交流，其中就包含不同观念、不同思维方式的交流以及技术的交流。比如，中国古代四大发明的西传，制瓷、养蚕、凿井等技术的传播，又如，进入中原地区的葡萄酒酿造技术，西方

---

① （清）马骕：《绎史》，中华书局，2002，第35页。

的天文、算术、医学与雕刻、绘画、建筑等。在宗教方面，佛教、琐罗亚斯德教、摩尼教、景教等多种宗教经由丝绸之路传到中国，改变了古代中国思想文化"儒道互补"的格局并掀开了儒释道三教并流的文化序幕。

丝绸之路的政治交互、经济交易、文化交流之所以在历史上具有如此深远而独特之意义与影响，除了它本身所带来的效益、效应外，还有它所体现出的外交原则与发展理念，那就是平等性、包容性、开放性、互补性。在这个过程中，我国与他国、我族与他族、我地与他地之间的关系是对等的、无歧视的，彼此之间的交往与交流也是和谐的、畅通的。丝绸之路与丝路文化所体现出的双向性以及双向发展、互通有无的宗旨几乎可以成为现代国际关系的观念典范。丝绸之路也为黄河文化、华夏文明的发展增添了更多的丰富性，如佛教的中国化以及佛学对中原地区文学艺术的广泛影响。

丝绸之路在华夏文明的演进过程中具有非凡的意义，亦为中华优秀传统文化的创造性转化、创新性发展提供了丰厚的历史材料与思想资源，其中最为重要的遗存即是敦煌与敦煌学。而今，敦煌学在文明交流互鉴中如何完成自身的理论建构、如何进行有效的现实转化，或已成为新时代敦煌学研究的核心问题。习近平主席在亚洲文明对话大会开幕式上的主旨演讲中指出："文明因多样而交流，因交流而互鉴，因互鉴而发展。"[1] 习近平总书记在敦煌研究院

---

[1] 《习近平谈治国理政》第三卷，外文出版社，2020，第468页。

座谈时的讲话中指出:"研究和弘扬敦煌文化,既要深入挖掘敦煌文化和历史遗存背后蕴含的哲学思想、人文精神、价值理念、道德规范等,推动中华优秀传统文化创造性转化、创新性发展,更要揭示蕴含其中的中华民族的文化精神、文化胸怀和文化自信,为新时代坚持和发展中国特色社会主义提供精神支撑。"① 敦煌学的核心是文明对话、文化交流、民族融合与儒释道三家会通。从历史学的角度讲,有了丝绸之路与华夏文明的对外传播,才有了佛教的中国化与鸠摩罗什的译经弘法。作为佛学中国化真正意义上的第一人,鸠摩罗什自幼出家,遍访西域各国,在甘肃凉州生活 17 年,一心弘扬佛法、钻研汉学,后赴长安译经,直至圆寂。世界何以存在?人何以存在?这是贯穿鸠摩罗什整个大乘佛学思想体系的两大理论问题。哲学史向来认为佛学的传入影响了中国的本土学术,而就汉魏两晋南北朝的思想整体来看,这当中其实暗含着另一种逻辑,即两汉以来的学术思潮加速了佛学的中国化,在此之后,儒、释、道三家合流的迹象越发明显,这一点在汉魏时期的敦煌经卷、敦煌舞乐、敦煌佛像中得到了充分的证明。之后,无论是两汉经学、魏晋玄学,还是中国化了的佛学以及"三教合流"之势,都对宋明理学的兴起产生了深远的影响。只不过佛学在义理上对儒学的渗透更为突出、显著,例如,三论宗吉藏讲"一切众生悉有佛性,草木亦耳"、天台宗湛

---

① 习近平:《在敦煌研究院座谈时的讲话》,《求是》2020 年第 3 期。

然讲草木之物"无情有性"，皆为儒家性善论与道德形而上学的建构提供了一定的理论支持。而今，传统的儒学、佛学以及诸子百家之学都已成为中华优秀传统文化的一部分，但透过丝绸之路、黄河文化与文明对话的多维视角，我们对于敦煌、敦煌学及其所涌现出的文明交流互鉴、儒释道三家并流之思想内容又会获得新的体认、新的感知。研究敦煌学在新时代文明交流互鉴中的理论建构与现实转化，有助于把握敦煌文化乃至中华文化的价值体系、文化内涵和精神气象，有助于铸就中华民族文化自信、铸牢中华民族共同体意识、为新时代坚持和发展中国特色社会主义提供精神支撑，有助于加强同世界各国的合作往来、促进同世界各国的文明对话和文化交流。

第三节　黄河文化与农耕文明

中华文化的稳定性、平和性在很大程度上归功于农耕文明的确立与黄河文化的形成。中国的地域、地形、地貌，总体上呈现为一个半封闭的状态。在这片半封闭的陆地上，黄河自西向东地流淌着，加之黄土区域相对广阔，又有光照充足、降水集中的气候条件，这便使得农业获得了良性的、可靠的发展契机。正如《黄河文化论纲》所言，"黄河，这条举世闻名的大河，千曲百回，奔腾驰驱万余里，中游流过面积达30万平方公里的黄土高原，中下游是辽阔无垠的冲积扇华北平原。整个流域水系交错，气候温和，

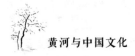

土质肥沃，水热条件极宜农作物生长，具备了古代人类文化滋生、发展的最佳条件。居住在黄河两岸的先民们，没有辜负大自然的恩赐，用勤劳智慧的双手，在这条大河流域创造出一种独具特色的灿烂的古代文化，亦即以旱地农业为特征的农耕文化系统。黄河文化带着黄河的本色，它像黄河一样具有博大雄浑的气魄，凝重深沉的性格，质朴无华的品质，化育众生的胸怀。黄河文化，就是缘黄河而起的打上了黄河水文地理特征的一种旱地农业文化，是黄河流域人民在黄河岸边生息、繁衍、奋斗、发展的历史过程中形成的民族性格、文化观念、思想风尚、风俗习惯，是黄河流域人民精神生活的内容、方式和特点"①。钱穆在《中国文化史导论》中指出，"人类文化的最先开始，他们的居地，均赖有河水灌溉，好使农业易于产生"②。这也就意味着除了关注人类自身演进的历史外，还应当关注人与自然交互的历史、人与自然共生的历史。中华文明的发展离不开黄河的孕育。

　　早在旧石器时代，黄河流域就有了人类活动的踪迹。人们沿河而居，取水谋生，以黄河流域为他们繁衍生息的乐土。旧石器时代以打制和使用石器为标志，我们的祖先在劳作与实践过程中，学会了生火，掌握了钻磨技术，拥有了功能多样的生产工具，具备了一定的生存能力。而今，

---

① 李振宏、周雁：《黄河文化论纲》，《史学月刊》1997年第6期。
② 钱穆：《中国文化史导论》（修订本），商务印书馆，1994，第12页。

我们对于旧石器时代的认识大多来自考古发现，也许是距离那样一个时代太过久远，以至于我们在追溯生命世界与人类社会的起源时，常常会有这样的反思：从最初的生存意义上的"人"到如今的生活意义上的"人"，人类是否总在进步？还是说在某些方面我们与我们的祖先并没有什么不同，甚至在某些方面有所倒退？达尔文讲"物竞天择""优胜劣汰"，在文明与"人文化成"的观念尚未形成时，上古时代的先民其实与豺、狼、虎、豹等动物没有太大不同，甚至在体能、生存能力上还不如豺、狼、虎、豹，因为二者都视对方为敌人，所以猎手与猎物的角色经常互换。人类的自卑、恐惧、怀疑等心理活动与情绪状态，大概在这个时期就已产生，因为在纯粹的自然状态下、在一对一的猎杀情境下，人类多半要被豺、狼、虎、豹吞食。从生物学的角度讲，这是由人类的生理素质决定的，较之于豺、狼、虎、豹，人类在体格、速度、力量方面相对薄弱，这也增强了人类自身的危机意识。这里，我们可以用柏格森的"生命冲动"理论予以解释，人们基于本能的生命意志寻求自我发展、自我突破，从而在生存的意义上摆脱了以往的困境，获得了更多的生命可能。自上古时代以来，人类不断地开发自身的智力、发展自我的能力、激发生命的潜力，学会了制造和使用工具，学会了建造房屋来保全自我，在对水和火的功能开发上也一步一步做到了极致。尤为关键的是，人们开始尝试信任彼此，结成大大小小的群体，有了合作与分工，有了团队意识，也愿意接受一些有

能力者的管理并遵循一定的指令行事，这便是荀子所讲的
"群"与"分"。在这个意义上，人们才开始和动物区分开
来，也能够在与动物的对抗中获得胜利。从本质上讲，这
并非个人的胜利、体力的胜利，而是群体的胜利、智力的
胜利，这大概才是人类真正引以为傲的地方。人能够自觉
地结成社团、社群、社会，并以较为民主的方式产生管理
者、决策者、指挥者，人类的高明之处即在于此。"三皇五
帝"即是上古先民中体力与智力的佼佼者，能够把他们推
举出来并心甘情愿地接受他们的管理，服从他们的意志而
行事，也是人类智慧的一种体现。

在进化的过程中，人类存活了下来，并尝试活得更好，
于是物质文明得以持续发展，精神文明也得以逐步形成。
在文明演进的过程中，人类主动地识别出"美"和"丑"
的事物与对象，建立了一定的审美观念和审美机制，对过
往那些于自己有利或有害的动物、植物以及自然物也有了
新的认识。"在收获果实的时候，更顺手更具目的性的石器
应运而生。蒸煮谷物与储存食物时，钵、鬲等陶器开始流
行，它们还被绘上美丽的花纹，实用性与艺术性从起源时
便难分彼此。据考古发掘统计，黄河流域留下了高密度的、
连续的、同时期最为先进的史前文化遗存，仅旧石器时代
的考古遗址，就有七成分布在黄河流域。"① 在蓝田猿人遗

---

① 任慧、李静、肖怀德等：《黄河文化论纲》，《艺术学研究》2021 年第
1 期。

址、周口店北京人遗址、山顶洞遗址中，我们发现了人类早期文化与农耕文明的诸多内容，透过远古先民的生产工具与生存方式，可以大致把握他们的自然观、生命观、世界观以及朴素的审美观，他们珍惜水源，把"水"看作自然的伟大馈赠，因此对黄河流域、黄河之水、黄河气象充满敬畏之心。

史料记载，神话传说阶段以及"三皇五帝"时期的伏羲氏、女娲氏、神农氏、轩辕氏、蚩尤氏、高阳氏、高辛氏等的活动轨迹主要是在黄河流域。中国古人沿河而居、发展农业、开展生活，久而久之，便形成了相对稳定的生活方式、知足常乐的生活态度以及贵和尚中的生命性格。正如徐吉军所论，"黄河文化主要属于一种小生产的、封建宗法制的农业文化，一种以一家一户为社会细胞形态的自然经济型文化，一种借助于行政权力支配社会以确保中国传统农业生产方式和大一统社会政治结构的文化"①。中国古人坚持"家国同构"的伦理原则，用组建家庭的方式组建国家，用管理家庭的方式管理国家，因而整个古代中国总体呈现为一种守护型而非扩张型的社会架构与文明形态。

农耕文明与黄河文化的交互与组合，不仅为华夏先民带来了相对稳固的生活方式，而且为华夏先民提供了较为

---

① 徐吉军：《论黄河文化的概念与黄河文化区的划分》，《浙江学刊》1999 年第 6 期。

有效的生存模式，如时令、天文、气象方面的理论内容与实践方法。在古人的观念体系中，"四时"的地位十分突出。人们通过观察自然世界的具体现象，如寒暑、冷热、阴晴、干湿等，把握自然世界的普遍规律，于是有了"阴阳""五行"等解释世界的抽象观念，"四时"可谓"阴阳""五行"观念向现实世界转化的重要理论学说。《艺文志》论曰："敬顺昊天，历象日月星辰，敬授民时。"① 古人从天文以及历法的维度出发，以"敬顺昊天""敬授民时"为依据，以"四时教令"为手段，将天文、气象、时令方面的朴素现象与人们的劳动经验相结合，以求获得生存、生产、生活方面的某种真相、真知与真理。"四时教令"的主导思想是"天人合一"的理念，即强调人的社会行为必须依循天地自然、山川河流、阴阳四时的变化规律。"四时教令"最初被用来指导农业生产，即所谓"敬授民时"，后来则成为君主安排政治活动的准则。《史记·太史公自序》曰："夫阴阳、四时、八位、十二度、二十四节，各有教令，顺之者昌，逆之者不死则亡。"② 所谓"四时"即春、夏、秋、冬四个季节；"八位"即立春、春分、立夏、夏至、立秋、秋分、立冬、冬至八个节气；"十二度"乃是古代天文学家关于日月运行以及节气变化的生动表述，具体包括星纪、降娄、鹑首、析木等十二种说

---

① （汉）班固：《汉书》，中华书局，1962，第1017页。
② （汉）司马迁：《史记》（点校修订本），中华书局，2013，第11页。

法；"二十四节"指的就是立春、雨水、惊蛰、春分、清明、谷雨、立夏、小满、芒种、夏至、小暑、大暑、立秋、处暑、白露、秋分、寒露、霜降、立冬、小雪、大雪、冬至、小寒、大寒二十四节气。司马迁认为，时令、月令、节令等思想内容的形成多由古时的天官总结而来，当然，像二十四节气这样成熟的思想学说绝非某一思想家、某一学术流派的独创，而是中国古人经验与智慧长期积累的结果，后来汉武帝将它纳入《太初历》，从此它便成为人们从事农耕活动的历法依据。也就是说，古人关于时令与自然的看法，是一步一步发展成熟的，从最初的阴阳之二分，到春夏秋冬之四时，再到立春、春分、立夏、夏至、立秋、秋分、立冬、冬至之八位，最后才形成了我们现在所熟知的二十四节气。从二分、四时，到八位、二十四节气，整个历法的思想内容显然经过了一个不断完善的过程，其中既有民间劳动生产的自觉体察，又有官方学术力量的积极推动。

黄河流域成为中华文明的发源地，可以说主要基于水源之优势、地缘之优势以及农耕之优势。为了发展农耕，保证生存、生产、生活之永续，中国古人很早就窥测天象、节气以及地文、水文的变化，积累了很多时令、气候与农时方面的经验、智慧。到了春秋战国时期，不光民众与官方对时令问题有所关注，就连诸子百家也力求从理论层面对气候、历法、农时等问题加以解答。《太史公自序》曰："夫春生夏长，秋收冬藏，此天道之大经也，弗顺则无以为

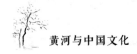

天下纲纪，故曰'四时之大顺，不可失也'。"① 古人以农业为主，整个社会亦以农耕、农事以及土地为重，因此强调春生、夏长、秋收、冬藏乃"天道之大经"极具现实意义。春、夏、秋、冬之四时具体表现为"生、长、收、藏"之变化。由生到长，由长到收，由收到藏，每一个过程、每一个环节都依照自然规律而进行，都自然而然地发生，这便符合春、夏、秋、冬之"四时教令"。换言之，"四时教令"就是阴阳观念的理论转化，它强调人们在进行劳动生产、在开展社会生活的时候，都应该遵循阴阳的观念以及阴阳交互的原理，也就是说要按照阴阳之气的消长变化来安排自己的劳动和生活，再说得明白一点，就是人们的行为方式、生活习惯要和时令尤其是春生、夏长、秋收、冬藏的季节更替规律相适应。《管子·四时》开篇亦曰："是故阴阳者，天地之大理也。四时者，阴阳之大经也。刑德者，四时之合也。刑德合于时则生福，诡则生祸。"② 阴阳观念在商周时期主要用来解释自然现象，特别是一些异常的自然灾害。到了春秋战国时期，阴阳观念逐渐被引入人类社会领域，用来指导人们的社会生活。古代先民在长期的生活实践中，逐步观察和领悟到一年中季节的变化其实就是阴阳两种气的此消彼长的过程。从春天到夏天，阳气逐渐上升阴气逐渐下降，这个时节政府应该出台一些措

---

① （汉）司马迁：《史记》（点校修订本），中华书局，2013，第 14 页。

② 黎翔凤：《管子校注》，中华书局，2004，第 838 页。

施，诸如禁止伐木、打猎等，以保护万物的生长。到了夏至这一天，阳气上升到极致，从这一天开始阴气就逐渐上升，阳气就开始下降。这种阴阳变化的节律在自然界的表现就是万物的春生、夏长、秋收、冬藏。在彼时的理论家看来，人间的统治者大约也要根据自然界这种阴阳变化来安排自己的政治活动，若是与之违背，或将招致灾祸。所以，阴阳先是被用来指导和保障农业生产，之后才被用来指导人们的社会生活特别是政治生活与伦理生活。《四时》强调"务时而寄政"，要求君主发布各种政令必须合于"阴阳之大经"，并按照东南中西北与木火土金水相配的程式，依四时之序，在不同的季节发布不同的政令。春季以木德（星德）行事，夏季以火德（日德）行事，秋季以金德（辰德）行事，冬季以水德（月德）行事。至于土德，看似没有在一年中占据明确的位置、没有相应的"事"，但实质上它居于中央，具有统领其余四德的功能作用。《礼记·月令》亦有关于"四时教令"之思想内容的详细记载。《月令》认为一日的不同时段可对应不同的季节特征，具体而言，清晨如春，中午如夏，傍晚如秋，夜间如冬。《月令》还认为不同的地理位置也可对应不同的季节特征，具体而言，北方主冬，南方主夏，东方主春，西方主秋，中原主土。此处值得关注的一点是，为了满足东、西、南、北、中之"五位"与不同季节特征的逐一对应，《月令》的作者采用了"季夏"的说法，并将它放在春、夏、秋、冬四季之中，这样"四"就成了"五"，"五位"与"五

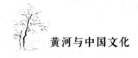

季"便完成了配对。如果我们认为春、夏、秋、冬代表了
中国古人的时间观，东、南、西、北代表了中国古人的空
间观，那么时间之"五季"与空间之"五位"统合为一的
思想史意义可谓十分重大，因为这既是时间与空间的配合，
又是自然现象与人类生活的组合，它表明先秦哲人在解释
现实方面已然具有较为成熟的理论思维与颇为广阔的学术
视野。

第四节　黄河文化与山水隐喻

"水"文化是以水为载体、以人与水的关系为纽带所形
成的文化类型。在原始先民眼中，"水"是自然世界最丰厚
的馈赠、最及时的供给。人们依赖水源的同时，也敬畏
"水神"。温饱问题与生存问题解决之后，便有了生活的闲
暇与精神的乐趣，审美活动以及审美机制即在这样的闲情
逸致中悄然产生，而"山""水"无疑成为人们面向自然
世界进行审美创作的最初对象。

周秦之际，儒家"天人合一"的理念逐渐形成并广为
流传，人与"山"、人与"水"以及人与自然开始被归并
为一个整体，一方面人们潜心地感受着"天""地""山"
"水"的崇高与深沉，另一方面"天""地""山""水"
又被人们赋予了更多的灵性与格调。魏晋南北朝是中国思
想文化史上个人精神高度觉醒的时代，山水画创作也在这
一人文背景下获得了全新的生机。魏晋士人逃避现实，寻

求心灵之自由、精神之解放，钟爱自然、关注山水，崇尚道家的清静无为，这样的价值诉求充分反映在他们的山水画创作过程中。他们通过观察自然世界尤其是"天""地""山""水"，将自己内心的审美观念投射于宇宙生命的大美之间，以求通达"天人合一"的至高境界。在魏晋士人群体的审美表达中，"水"的性灵之姿与柔和之态可谓得到了淋漓尽致的体现，"水"的哲学内涵也得到了进一步的揭示。"水"文化与黄河文化有共通的部分，但黄河文化在内涵上与中华文化的关联更为切近，所以就中华文化的视域而言，黄河文化其实超越了一般意义上的"水"文化，从而进入了中华文化的核心话语，构成了中华文化的核心表达。

如前所论，古代先哲对"水"的论述是多维的，既指向水的自然属性，如流动性、易变性、可塑性，又指向水的文化属性，如纯真性、朴素性、柔和性。由于"水"被赋予了人类社会的部分德性，故而较之其他自然之物，它与人的关联也就更为深入，而不再仅仅停留于生存、生活层面。《老子》云"上善若水"，且认为水具有"居善地，心善渊，与善仁，言善信，正善治，事善能，动善时"之七种美德。《管子·水地》又曰："水者，地之血气，如筋脉之通流者也。"[1] 水之至真、至柔品性，经过老子、庄子以及道家学派的哲学提升，使它可以被顺理成章地应用于艺术

---

① 黎翔凤：《管子校注》，中华书局，2004，第813页。

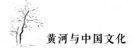

审美领域。

在中国古典艺术中，山水画这一门类历来深受文人墨客的推崇。"山""水"之中，"山"一般作为自然世界的坚性代表，而"水"更多导向生命世界的柔性力量。山水画亦称"水墨画"，由于"墨"之材质与手法的独特性，中国文人的山水画创作在风格上更加倾向"写意"而非"写实"、在旨趣上更加偏爱"表现"而非"再现"。于是乎山水画上所呈现的黄河，也往往具有极强的意象性，只是寥寥数笔、简单勾勒，人们就能够透过画作捕捉到人与黄河的动态关系。尤其是北宋的文人画，理学的色彩十分浓郁，黄河作为意象所折射出的文化内涵因而更为丰富深远。

从隋唐到宋元，山水画的表现方式主要呈现为两种，一种是精致细腻的青绿山水，另一种平淡朴素的水墨山水。虽然前者在表达上也透露出清新脱俗的审美追求，但后者古朴自然的韵味更加深入人心。张彦远在《历代名画记》中指出绘画的最高层级乃是"自然"，其认同道家天真、质朴的美学观念，追求老子所说的"道"为绘画创作的精神旨趣。之后，沈括在《梦溪笔谈》中提出"山水之法，以大观小"的美学命题，即强调通过散点透视的方式，在山水画作中打造出深邃而又立体的三维空间，追求动静关系的内在平衡，彰显宇宙生命的自由气象。沈括提出的"山水之法，以大观小"的美学命题，到了北宋末年以及元代社会，逐渐成为文人墨客寄托情感、抒发情志的艺术手法。借由山水画的创作体裁，文人融情于物、寄意于事，不再单纯呈现自然世界中的山川河流，而是将更多的个人情感投射于山川河流之间，如王希孟的《千里江山图》。

明清时期，"留白"的表现手法在山水画创作中得到了极大的应用与推广，如采用勾线的方式来呈现"流水"与"黄河"。从哲学上讲，"留白"手法乃是古人关于"阴阳""虚实""黑白"之对立统一观念的延伸与转化，对于"山""水"的简单勾勒与简洁描绘也可以在这样的观念结构下获得合理的解释。"阴阳""虚实""黑白"既互相依存又互相转化，因而最高的艺术境界便是实现"阴阳""虚实""黑白""明暗""大小""山水"等多重关系的内在和谐。因为"水"的属性是无定形的，这就意味着其在"留白"的状态下也没有固定的形状，所以在山水画、花鸟画乃至整个中国画的绘画传统中往往具有"画龙点睛""点石成金""妙笔生花"的艺术效果，亦是最具灵性与想象力的部分。通过山水画的艺术形式了解中国古代的"水"文化乃至黄河文化，可以说是一个颇为独特的视角。山水画无论是在美学思想、理论体系上还是在艺术观点上，都有其独特的艺术土壤和文化养分，它可以帮助我们还原"水"文化乃至黄河文化中较为含蓄、静谧的那部分内容，这也构成山水意象之于中华文化的艺术隐喻。

第五节 黄河文化与唐诗气象

在中国文学史上，诗歌向来具有"言志""咏志"之

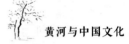

功效。在古人看来，诗歌作为一种文学形式、艺术体裁，本质上是要表达情感、揭示事理的。在儒家的视角下，诗歌往往具有教化的功能，属于"礼乐"传统的重要组成部分，因此诗歌所显现的具体内容应与彼时的社会生活相符，诗歌所传达的价值观念也应与彼时的意识形态相应。而在道家的立场上，诗歌因节奏、音调的清新、流畅与和谐，更适用于通情达意，尤其是寄个人之情志于天地、自然、山水之间。无论是儒家的视角还是道家的立场，诗歌的和谐之美、音韵之美、自在之美皆是被肯定的，正因为诗歌具有口耳相传、老少皆宜的传播效果与沁人心脾、春风化雨的审美功能，所以在中国文学史上留下了成千上万的经典诗作、形成了风格迥异的诗歌流派，以及令人称奇的诗歌类型，如"咏史诗""咏物诗""咏黄诗"。

世人常言"酒浓烈"而"茶清淡"，若以中国古典文学的诸种形式来类比，可说唐诗是酒、宋词是茶。"酒"代表着浓郁、多元，"茶"代表着清新、极简。在这个意义上，我们似乎可以说唐代文化呈现出多元主义的价值指向，而宋代文化有一种极简主义的美学追求。如果我们从意象、气韵、境界、情理四个角度对唐、宋时期的伟大诗词作品加以分析，大约也可以得出这样的结论。对黄河的咏叹在唐代达到鼎盛，甚至形成"咏黄诗"的独特门类。从"白日依山尽，黄河入海流"到"大漠孤烟直，长河落日圆"，从"黄河远上白云间，一片孤城万仞山"到"九曲黄河万里沙，浪淘风簸自天涯"，从"君不见黄河之水天上来，奔流到海不复回"到"黄河落天走东海，万里写入胸怀间"，面对黄河，太多诗人流下了滚滚热泪，书写出脍炙人口、流传千古的名句。

王维《使至塞上》曰："大漠孤烟直，长河落日圆。"当天才的诗人遇上奇特的景观，便诞生了流芳百世的佳句。黄昏时分，红霞满天，落日孤悬，沙漠浩瀚无垠，黄河滚滚向前，一炷孤烟直立于天地之间。面对此景，王维的精神世界一下子被打开了，内在的悲壮之情如同黄河之水那般一泻千里。从美学的角度讲，"大漠"与"长河"乃是诗人眼中大地的象征，"孤烟"与"落日"则是诗人眼中天空的缩影，于是"大漠孤烟直，长河落日圆"随即构成一幅动静相宜、虚实相生、意蕴无穷的"天—地—人"三才感应之绝美图景。

王之涣《凉州词》曰："黄河远上白云间，一片孤城万仞山。"唐代之凉州，即今日之甘肃武威。诗人远远向西望去，不见黄河之源头，只见玉门之城关，心中不禁怅然：故乡已越来越远，战场则越来越近。"黄河"在该诗中更多是一种静态的存在，诗人的视角是由近及远的，于是当视线拉到最远处时，黄河已与天空、白云连成一片，仿佛天与地在那西边的尽头合在了一起。然而天地之间还有玉门关这独立的存在，它将诗人从超越的想象界拉回到残酷的现实界，这是他不得不面对的命运，戍边守关的责任和好男儿志在四方的情怀又瞬间占领了他的精神高地。

在中国古典诗歌领域，若论咏颂黄河文化之精深、黄

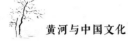

河气象之浩瀚，必定首推李白。黄河在李白的诗中具有强烈的象征意味，换言之，黄河不仅是李白最为推崇的审美对象之一，很多时候还是李白本人的精神化身。在《西岳云台歌送丹丘子》一诗中，李白两次直接使用"黄河"这一名词，即"西岳峥嵘何壮哉，黄河如丝天际来"以及"黄河万里触山动，盘涡毂转秦地雷"。在中国古典诗歌的表达中，在一首诗中同一名词不应出现两次，这几乎是历代诗人的基本共识，同义词、近义词的替换是他们驾轻就熟的通用技法。但李白对此不以为意，他在诗中连续两次提及"黄河"之名，这不仅是对创作范式的突破，而且是对日常情感的突破。在李白关于黄河的诗句中，我们感受到了一种超越的情感，它远远超出一般的父子之爱、君臣之爱、男女之爱。李白用若干超凡脱俗的诗句在人与黄河、人与自然之间架起了一座无形的超越之桥、气象之桥、玄理之桥。借由此桥，我们既看到了黄河的源起、黄河的归处，亦看到了天地交会、天人沟通的可能。《公无渡河》写道："黄河西来决昆仑，咆哮万里触龙门。"《行路难》写道："欲渡黄河冰塞川，将登太行雪满山。"《赠裴十四》写道："黄河落天走东海，万里写入胸怀间。"《北风行》写道："黄河捧土尚可塞，北风雨雪恨难裁。"倘若我们想要深入地解读黄河文化与中国古典诗歌文化之间的关系，无疑可从李白关于黄河的若干诗句入手。在这些精妙绝伦的诗句中，我们感受到了中国古代文人对于黄河文化的亲近与眷恋、接纳与吸收、拓展与转化。

由于李白善于综合运用夸张、比喻、拟人等修辞手法，加之天分与想象力极高，便有了一首又一首风格豪迈、意境瑰丽、语言浪漫的经典之作。尤其是当具有过人天分和非凡想象力的伟大诗人遇上具有超越性、普遍性、历史性的自然物象时，必定会诞生流传千古的佳句。《将进酒》即是如此，它是诗性、生命性与自然性的美妙交会。"君不见黄河之水天上来，奔流到海不复回。君不见高堂明镜悲白发，朝如青丝暮成雪。"这是巨人的叹息，这是生命的大悲。李白这一精神的巨人，遇上黄河这一自然的"巨人"，于是迸发出了超越现世的悲感。如果说古希腊神话与戏剧为西方哲学注入了悲剧精神，则可说从《诗经》《楚辞》到唐诗、宋词再到《红楼梦》《镜花缘》，我们的传统文学中总有一种悲感的意味，这悲感因每个人的性情不同而产生不同的文学效果，如《诗经》的"哀而不伤"、李白的"悲中生奇"、《红楼梦》的"悲而生情"。一句"君不见黄河之水天上来"，已然具有强大的艺术力量，紧接着又补了一句"奔流到海不复回"，可谓尽显生命之大智慧、大领悟、大气势。黄河入海一去不返揭示了时光飞逝的现实，"朝如青丝暮成雪"则在感慨人生苦短。然而这是否意味着生命原本就是一出无法挽救的悲剧？这是否导向了某种宿命论或命定论？在李白看来，并非全然如此，因为前两句还是"悲白发""暮成雪"，后几句就已经转向"须尽欢""且为乐"了。《将进酒》写道："人生得意须尽欢，莫使金樽空对月。天生我材必有用，千金散尽还复来。烹羊宰

牛且为乐，会须一饮三百杯。岑夫子，丹丘生，将进酒，杯莫停。与君歌一曲，请君为我倾耳听。"之所以说李白的诗歌创作有一种"悲中生奇"的艺术效果，是因为我们总是能够透过他的诗句看到无尽的诗情、诗性、诗理，如此一来，原来的诗句也就拥有了化腐朽为神奇的精神力量。从"悲"到"奇"、从"悲"到"欢"，这样的情感转向的发生，一方面是受到蜿蜒曲折却又奔流不息的黄河之水的感召与激励，另一方面则是诗人内在生命经历悲苦、狂放、激愤等多重情绪涤荡后的超脱体现。可以说，李白以他独有的充满想象力的诗歌语言与诗意书写，为黄河文化的延伸与发展做出了巨大的艺术贡献，而黄河文化的博大精深、黄河意象的丰富多元、黄河气势的壮美雄奇，反过来亦促进了李白豪放飘逸的诗歌风格与慷慨激昂的诗歌个性的最终炼成。在这个意义上，可说黄河文化与李白诗歌之间乃是互相吸引、互相成就的关系，而在更大的意义上，鉴于唐诗中咏颂黄河的诗句不胜枚举、接续黄河文化的诗人屡见不鲜，亦可说整个黄河文化与中国古典诗歌文化之间在一定的历史时期也构成互相吸引、互相成就的关系。

黄河气势雄浑、源远流长，且与华夏文明发展之历史相连，故而最能振奋人心、启明心志。从尧舜时代到大禹时期，从商周文明到春秋战国，从秦汉、隋唐直至北宋，黄河可谓"亲眼"见证了朝代的更迭、时代的演变以及中国古代政治、经济、文化的兴衰。于是乎，无数拥有历史感、生命感的诗人、文人、智者，面对黄河或潸然泪下、悲从中来，或长叹一声、捶胸顿足，或歌以咏志、激扬文字。"咏黄诗"虽然始于唐代，至李白诗歌处达到巅峰，但是不可否认，其在宋代亦有不俗发展。《全宋诗》收录的"咏黄诗"超过350首，直接以"黄河"为题的就有30余首。例如王安石《黄河》云："派出昆仑五色流，一支黄浊贯中州。吹沙走浪几千里，转侧屋间无处求。"该诗既表达了对于黄河泛滥的恐惧，又表露出对于社会民生的关注。北宋时期，黄河水灾多有发生，黄河的治理由技术层面逐渐上升至政治层面。在如何引"黄"、如何治"黄"的问题上，不同的阵营给出了不同的意见、提出了不同的方案，决策的犹疑直接导致时机的错失。作为政治家、思想家的王安石，即处于这样的政治旋涡中，目睹黄河决堤、民众遭殃而无力改变，痛惜不已。又如陆游《胡无人》云："丈夫出门无万里，风云之会立可乘。追奔露宿青海月，夺城夜蹋黄河冰。"《钱清夜渡》亦云："男子志功名，徒死不容悔。坐思黄河上，横戈被重铠。"靖康之难，金人入侵，致使山河破碎。作为北方大地的守护者，黄河随即成为南渡诗人睡梦中故土的意指、心目中家国的象征。渡过黄河、重振山河，更是成为每个义勇之士、热血男儿心中无法抹去的情怀。

第六节　黄河文化与宋明理学

古人爱河、敬河，沿河而居，望河而思。朱熹哲学有一个经典隐喻——"月印万川"，即与河有关。它讲的是天上只有一个月亮，照在每一条河上，每一条河上便各有一个月亮，这既是事实又是经验，它告诉我们：这每一条河上的月亮都是完整的、全部的而非残缺的、局部的。朱熹由此提出"理一分殊"的哲学命题：因为每一人、每一物都以普遍的"理"为存在的依据，所以每一人、每一物也都具有普遍的"理"。

其实不只朱熹，其他所有宋代理学家在构建道德形而上学体系时也都将目光聚焦于自然物、生命物以及相应之自然观、宇宙论层面。余英时在《朱熹的历史世界：宋代士大夫政治文化的研究》中说道："宋代理学家似乎确实相信宇宙间有一个'能为万象主'的'道体'，也相信上古三代曾存在过一个'道统'秩序。换句话说，'道体'和'道统'是他们的真实信仰或某种基本预设；离开了这一信仰或预设，他们关于人间世界的意义系统便解体了。"[①] 余英时意欲透过宋明理学的思想视角，揭示上古三代的"信仰"或"预设"，从文化研究的角度讲，这样的一种理论探索无疑是十分有益的。余英时认为，"道体""道统"乃是上古三代的价值秩序与信仰基础，依其论述逻辑，以朱熹为代表的宋代理学家的真正贡献即在于把握、揭示并传续了上古三代的"道体""道统"秩序。

那么，我们便要追问：上古三代的"道体""道统"

---

① 余英时：《朱熹的历史世界：宋代士大夫政治文化的研究》，生活·读书·新知三联书店，2004，第28页。

究竟指的是什么呢？从哲学上讲，"道体"乃有两个维度的
理解：一曰"有"，二曰"无"。"有""无"之辩在儒家、
道家那里体现得颇为充分，既涉及本体论、存有论层面之
"有""无"问题，又涉及工夫论、境界论层面之"有"
"无"问题。宋明理学所提出的"理本论""气本论"即是
对"有"的本体论的建构，阳明心学对"无"的诠释则导
向了工夫论、境界论之层面。从概念演绎的角度来看，
"有""无"之辩又可转化为"有我""无我"之辩。王国
维在《人间词话》中说道："有我之境，以我观物，故物
皆著我之色彩。无我之境，以物观物，故不知何者为我，
何者为物。"[1]"有我"强调"我"在其中，如孟子讲"万
物皆备于我矣"；"无我"强调超越小"我"，如王弼讲
"应物而不累于物也"。陈来认为，"有我""无我"乃是中
国文化与哲学的两种基本形态，前者是以"儒家为代表的
强调社会关怀与道德义务的境界"，后者是以"佛老为代表
的注重内心宁静平和与超越自我的境界"。[2] 明晰"有我"
"无我"之辩问题的前提条件在于对"我"这一概念有个
基本的把握。身体意义上、功利意义上乃至道德意义上的
"我"，可谓"小我"；超越"小我"，与整个时间、空间相
连的"我"，可谓"大我"。儒家、道家皆言"小我""大
我"，只不过它们的侧重各有不同。从本体论的层面讲，所

---

[1]　艾零编著《人间词话全解》，北京联合出版公司，2015，第 5 页。
[2]　陈来：《有无之境——王阳明哲学的精神》，人民出版社，1991，第
　　 5 页。

"有"之"我"既可以是具体之"小我",也可以是抽象之"大我";从境界论的层面讲,"大我"固然更为高妙,然"小我"亦不可或缺。这也就意味着,"有我""无我"之交互、"小我""大我"之转换,可谓中国文化与哲学的主要特质。如果说从个人之"我"出发理解黄河、诠释"我"与黄河的关系,可谓"有我"之境,那么黄河作为文化、文明之载体,超越个人之"我",连接时间、空间,则可谓"无我"之境。

作为宋明理学的奠基者,周敦颐从《太极图说》出发,探究人道与天道、人类社会与自然世界之间的逻辑性、规律性。周敦颐用"无极而太极"表示宇宙的最高阶段,其中"无极"是无形无象的最高实体,而"太极"是最大的统一体,我们也可以用一种形象化的方式来理解此二者,将"无极"看作无边无尽的宇宙,将"太极"看作我们赖以生存的地球。古人是没有地球的空间概念的,虽然先秦时期的邹衍以及唐代的柳宗元、刘禹锡等人在天人关系的论述上有一些过人的想象,但是终究没有做出科学的推论。在周敦颐的宇宙结构中,"太极"更多指向天地之间的自然世界,"太极"动而生阳,动极有静,静而生阴。一动一静,互为根本,分化阴阳二气。阴阳二气交互,生金木水火土五行。"无极"之自然法则、精神气质与阴阳五行之具体材料结合而生化万物。万物生生不已,于是变化无穷。五行之中,"土"为最贵,其象征着家园、安居以及某种正统性,而"水"象征着流变、发展以及某种延伸性。在古希腊，泰勒斯以"水"为万物之本原，认为水的可塑性、流动性、变化性是这个世界之所以如此的本质属性；在先秦时期，老子以"水"喻"道"，认为谦、柔乃是生命之道的自在本性。相传老子辞了周朝的史官，一路向西而去，骑青牛出函谷关，其间洋洋洒洒写下五千言，在思想渊源上，大约受到上古时代"水""河"之自然物象以及"水神""河神"之自然崇拜的影响与启发。

宋代儒学在天人关系或曰人与自然的关系问题上更加强调人的道德主体性，于是作为自然物象的黄河除了具有历史赋予的文化内涵以外，还与中国古人一起"走"向了政治、伦理之域，被宋明理学烙上了"天理"的道德主义印记。周敦颐认为，"诚"是人的至善本性。《通书》曰："诚者，圣人之本。"又曰："诚，五常之本，百行之源也。"[1] 周敦颐以"诚"为圣人的根本、以"诚"为仁义礼智信之基础以及一切德行的根源。这也就意味着，不仅人是有"诚"的，黄河等自然物象、文化意象也具有"诚"的属性。那么人之"诚"与黄河之"诚"、一切自然物象之"诚"如何互证、互通呢？

宋明理学发展到了程颢、程颐时期，以"理"为中心观念的哲学体系被正式提出。程颐有云："天下物皆可以理照，有物必有则，一物须有一理。"[2] 也就是说，"理"既

---

① （宋）周敦颐：《周敦颐集》，中华书局，1990，第13、15页。

② （宋）程颢、程颐：《二程集》，中华书局，2004，第193页。

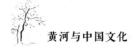

是万事万物的根据、法则，也是物质世界的"所以然"与终极因。程颐认为，天人关系的宇宙观问题可以用"理""气"观念加以解释："气"有生有灭，不断产生又不断消尽，所谓"凡物之散，其气遂尽"，而只有"理"是永恒的，这也就意味着在整个自然世界与生命世界中，"有理则有气"，因此"理"是第一性的，"气"从属于"理"。

如果我们想用"理""气"观念来理解人与黄河的空间关系、历史关系、文化关系，仅仅依赖程颢、程颐的"理气"学说还不足够，在气论的问题上，我们更需要关注张载的哲学。张载是气一元论的倡导者，他认为"凡有，皆象也；凡象，皆气也"，气聚而成万物，气散而化太虚，即所谓"太虚为清，清则无碍，无碍故神"[①]，无形之太虚为清气，清气流通无碍，所以神妙，清气的对立面为浊气，浊气晦暗滞碍，故成为有形之万物。我们常说"水汽""水蒸气""水雾"之类的名词，这表明现代科学也接受"有""无"与"虚""实"，也接纳自然世界的一切形态以及气态、液态、固态之间的互相转化。而在张载哲学中，这"气"不仅是物质性的，还是精神性的，既是有形之基础质料，也是无形之生命基源。张载认为，天地为父母，一切人、一切物都是天地所生，所以他提出"民胞物与"的惊世之语。因为一切人都是同胞，一切物都是同伴，所以要爱一切人、一切物，包括黄河在内的一切自然物象在

---

① （宋）张载：《张载集》，中华书局，1978，第63、9页。

这个层面上也都具有了生命意义与人文意义。所以"为天地立心"也就包含了"为黄河立心","为生民立命"也就包含了为黄河寻求文化正当性与历史合法性,"为往圣继绝学"也就包含了继承黄河文化在内的一切传统思想学说以及与之相关的自然遗存与精神产物,"为万世开太平"也就包含了人与黄河、人与乡土、人与自然的和谐共生、恒久共存。

　　伟大的文人,心中常有天地,心中亦有江河。天地指向自然、宇宙,江河指向国家、乡土,前者导向对世界的整体性探究,后者导向对生命的普遍性关切。面对江河,文臣武将获得了一次拷问良知、反躬自省的机会。什么是有心人?不断追问自我、反思自我以求唤醒本心之中"良知良能"的人,即是儒家视野中的有心人。在孟子看来,"良知良能"是每个人先天所禀有的,但要想使之开显并发用于现实之中,则需要后天的教化。孟子道德哲学的底层逻辑是性善论,陆王心学的观念起始与思想渊源亦在于此。陆王心学自诞生以来,始终在中国传统学术体系中占有重要位置。心学何以兴盛?一个重要的原因在于其接续了先秦孔孟的心性论传统。孔孟的心性之学乃是原始儒学得以立足的价值基础,然而两汉以来董仲舒"天人感应"学说的强势崛起,使得这样一种内向型的德性之学日渐式微。中国人固然关注"天道""天命",也热衷于"究天人之际"的学问,但无论是儒者还是民众,都不可能撇开"自我"观念而直追"天理""天意",这也就意味着"反求诸

己"的"向内"之路乃是中国古人的必然归宿。

陆九渊十几岁读古书,即提笔写道:"宇宙便是吾心,吾心即是宇宙。"① 将宇宙与"吾心"等同,认为"心"即永恒,无所不包,这是何等的气魄!若不是心中有天地、心中有江河,又怎会有如此的豪情壮志、圣贤气象!陆九渊认为"心即理",理在心中,因此不必外求,只要向内用功即可,这也就意味着"心"所代表的道德意识,是世界的根本与唯一基础。陆九渊又提出"六经注我""六经皆我注脚"的观点,认为既然六经皆为"吾心"之解释,"我"又何必再去解释六经?这仍然是从"心即理"的内向型命题出发来理解人文世界的。

王阳明后来讲:"天下之物本无可格者,其格物之功只在身心上做"②;"若草木瓦石无人的良知,不可以为草木瓦石矣;岂惟草木瓦石为然?天地无人的良知,亦不可为天地矣"③;"你未看此花时,此花与汝心同归于寂;你来看此花时,则此花颜色一时明白起来"④。此三语的真意都指向阳明心学"心外无理""心外无物""心外无事"的核心论断。王阳明认为"天地万物与人原是一体",因此"灵明之心"乃是天地万物的主宰。既然"心"是灵明的,那么便可将吾心之"良知"推到事事物物之上。王阳明讲

---

① (宋)陆九渊:《陆九渊集》,中华书局,1980,第483页。
② 于民雄、顾久:《传习录全译》,贵州人民出版社,2008,第238页。
③ 于民雄、顾久:《传习录全译》,贵州人民出版社,2008,第214页。
④ 于民雄、顾久:《传习录全译》,贵州人民出版社,2008,第216页。

"知行合一"："知是行的主意，行是知的功夫；知是行之始，行是知之成"①；"只说一个知，已自有行在；只说一个行，已自有知在"②；"知之真切笃实处即是行，行之明觉精察处即是知，知行工夫本不可离"③。这既是对程朱理学"知先行后"论的反对，又是对心学之现实功用的充分强调。王阳明并不是一个书斋式的学者，与此同时，也不主张他人成为只知读书而不问世事的"呆子"。在王阳明看来，知、行乃是一事的两个方面，只是一个过程，在这个过程中，切实用力的方面叫作"行"，觉悟理解的方面叫作"知"，两者不可分割、密切相关。这也就意味着，"知"天下与"行"天下乃是人生的两个轨道，既缺一不可，亦不能互相替换，"知""行"共同构成了人的生命图景。比如，要想知道黄河的气象如何，一定是要亲自去看、去感受、去领略的。"我"在某一个平静的傍晚，一个人走到黄河边，感知到了黄河的优美或雄浑、宽厚或悲壮，在王阳明看来，这既是"我"的"知"，也是"我"的"行"，"我"伸手捧起一掬黄河之水这一过程、这一行动、这一事件与"我"想伸手捧起一掬黄河之水这一观念、这一想法、这一心态可以是同时的、同频的。王阳明晚年以"四句教"对其生平学术思想进行了总结："无善无恶心之体，有善有恶意之动。知善知恶是良知，为善去

---

① 于民雄、顾久：《传习录全译》，贵州人民出版社，2008，第9页。
② 于民雄、顾久：《传习录全译》，贵州人民出版社，2008，第10页。
③ 于民雄、顾久：《传习录全译》，贵州人民出版社，2008，第87页。

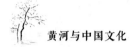

恶是格物。"① 王阳明指出，心的本体晶莹纯洁、无善无恶，但意念一经产生，善恶也随之而来。如何区分善、恶？唯有"良知"有此功能。如何"为善去恶"？唯有"格物"之体认工夫。阳明心学不仅教我们如何做人、做事，而且教我们如何理解生命、理解世界。

在面对生命之有限与世界之无限的巨大冲突时，如何化解自我观念中的怨怒与不甘、彷徨与恐惧？对此，阳明后学给出了几种思想方案。泰州学派的王艮告诉我们："安身者，立天下之大本也。"② "明哲者，良知也。明哲保身者，良知良能也。"③ 他认为"安（己）身""保（己）身"是齐家治国平天下的前提条件。王艮行为狂放招摇，屡遭王阳明指责，王艮认为"人心本自乐，自将私欲缚"，主张欲望去尽，方可享受本心天真之乐，以"学不离乐"为泰州学派第一宗旨，提出"百姓日用即道""满天下都是圣人"④，这在一定程度上解构、扭转了阳明心学的本旨。但因为王艮注重口传心授、化繁为简，使得"愚夫愚妇"亦能学得一些心学之道，也算开辟了民间儒学的领域。事实上自孔子以来，儒学就具有平民性，孔子学派不断思量政治、伦理与现实生活之真切关系，从孔子、孟子到荀子，心性、礼乐之思想学说不断完善。唐宋以后，儒学独尊的

---

① 于民雄、顾久：《传习录全译》，贵州人民出版社，2008，第244页。
② （清）黄宗羲：《明儒学案》，中华书局，2008，第711页。
③ （清）黄宗羲：《明儒学案》，中华书局，2008，第715页。
④ （清）黄宗羲：《明儒学案》，中华书局，2008，第540、710、747页。

地位发生动摇，"儒道互补"与"儒佛合流"促使中国文化的重心不断下移。宋明时期，一方面儒家的学统地位不断攀升，另一方面民间儒学也悄然形成。王阳明后期在思想上有一个巨大的转向，将"抽象自生"的"心体性体"自然地展开，力求焕发出一种"日用常行"的"良知良能"。笃信"良知"工夫的钱德洪未曾获悉，真正将这一意旨阐明且用于身心实践的，反而是王阳明弟子中"声望大于学识"的王艮，以及他所创立的泰州学派。"百姓日用即道"，可谓一语道破天机。这不仅意味着心学内部佛理化、玄思化的混沌面目得到了适时的清理，还意味着一种新的价值立场在儒学内部得到了确立，即以"百姓日用即道"为价值纲要、以"孔颜之乐"为意义中心的民间儒学路向。关于"孔颜之乐"，历代儒者大多心有所向，却极少言说。自汉武帝"罢黜百家，独尊儒术"以及"五经""四书"先后成为封建"三统"教化之挈领以来，政治的儒家与精神的儒家一外一内，将中国人的自由心灵牢牢嵌在一狭隘的生存空间里，生命的活力与思维的张力再无法充分地体现。明清时期，虽然专制统治达到巅峰，但经济生活的繁荣所促使的人性解放却成为必然之势。这一时期，真正从理论与实践之双向对"孔颜之乐"予以佐证的便是王艮。他曾在书童的启发下，一气呵成，创作《乐学歌》："人心本自乐，自将私欲缚。私欲一萌时，良知还自觉。一觉便消除，人心依旧乐。乐是乐此学，学是学此乐。不乐不是学，不学不是乐。乐便然后学，学便然后乐。乐是学，

学是乐。鸣呼？天下之乐，何如此学！天下之学，何如此乐！"① 自孔孟以来，鲜有人将"学"与"乐"的关系言说得如此简洁明了。王艮用一种身临其境的方式，告诉天下儒者和普通大众："孔颜之乐"并不是只有抵达了圣人境界才能获得的某种极致体验，而是一种切切实实体"道"的过程之乐，它遍及生活的每时每处。只要悉心把握"学"与"乐"的关系，"格物致知"的妙趣便在其中，快乐之本然状态亦会显发。如果说"孔颜之乐"在宋儒那里尚是"用敬""格物""安身立命"之余付诸心性的一种短暂调节，在王艮及其泰州学派那里，其就全然成了外物、我心相适相融的"性情自然"，已然不受"慎独"之诚惶心灵的干预。清代儒者中，对民间儒学推动最大者当数颜元。董仲舒说"正其谊不谋其利，明其道不计其功"②，颜元则针锋相对地提出"正谊便谋利，明道便计功"③。儒家向来重"义"轻"利"，更别说"私人之利"了。对此，颜元的批评可谓极具颠覆性与挑战性，他以为以往之儒家不谈功利只是一种言行上的自我掩饰，儒者强烈的"入仕"情结不正是私人之利的极大显露吗？作为彼时之大儒，颜元从平民立场出发，向公共价值和儒家道统发出挑战，肯定墨家的"非命"思想与集体功利主义，其人格与智慧令人叹服。颜元还认为，"六艺"之教对于知识分子而言尚且不

① 《黄宗羲全集》（增订版）第七册，浙江古籍出版社，2005，第839页。
② （汉）班固：《汉书》，中华书局，1962，第2524页。
③ （清）颜元：《颜元集》，中华书局，1987，第671页。

易，更别说普通民众了，对于个体而言，只要发挥性灵之所长、过上自在生活即可。颜元思想之自由、开放，还表现在他对世俗男女之爱的看法上，他认为"男女者，人之大欲也，亦人之真情至性也"[①]。颜元认同"天理"与"人欲"的区别，但他反对将"人欲"的范围扩大化，更不能容忍宋儒将"人欲"视为"恶之端"。客观而论，王艮、颜元之学说不过是希望归复儒家一直以来的民间化、生活化面向，把为人之道理融于日用常行之中。事实上，只要一览古代儒学之发展脉络，便知从秦始皇"焚书坑儒"、尊崇法家到"文景之治"重视黄老、冷落孔孟，从董仲舒疏通天人之际、开辟以"五经"为思想基石的政治儒学理路，到韩愈捍卫"道统"、朱熹将"四书"之道德形而上学推向观念顶峰，当真是"山重水复疑无路，柳暗花明又一村"，到最后，不过是形而上之"道"与形而下之"器"不断涤荡又相互交融、政治儒学与心性儒学彼此渗透又相互角力的循环、反复之过程。客观而论，民间儒学、生活儒学的道路无疑是切近现代中国之社会发展的，当然前提在于，我们在方法上、理念上对其反复论证，使之合乎情理。例如，可从《论语》《诗经》《周易》出发，找寻并领会"小我"与"大我"的真正含义，从而确立个人的存在价值和人生意义；或可从《大学》《中庸》《孟子》出发，打破"德性之知""见闻之知"的高下界限，消解"天地

---

① （清）颜元：《颜元集》，中华书局，1987，第124页。

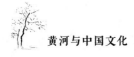

之性""气质之性"的二分关系，将那部分合理的"人欲"从"天理"的准则与范式中解放出来，使程朱的"诚敬"工夫与陆王的"知行合一"理念相契，将形而上的尧舜之道充分落实为形而下的君子人格，从而进驻真切自在的现代生活。

较之王艮，王畿的心学造诣无疑更高。作为王阳明最为赏识的弟子，王畿一方面继承心学传统，往来江、浙、闽、赣等地，讲学40余年，另一方面又改造"四句教"、提出"四无"说，认为心、意、知、物只是一事。若心是无善无恶，则意、知、物皆无善无恶。不注重"致良知"与"格物"体认之工夫，任"心"自然发展。王畿说心是无善无恶之心，意亦是无善无恶之意，其实有一定道理。在他看来，王阳明的"四句教"是有问题的，因为无善无恶之心是推不出有善有恶之意的。然而客观而论，王阳明的"四句教"有一个主体性的设定，而王畿没有，他只是强调"心"与"意"的逻辑贯通。其实在王阳明看来，心之体是本质的，而意之动已是非本质的、被遮蔽了的，所以有善有恶。因为心之体被遮蔽了，意之动的恶才跑了出来，所以需要"良知"与"格物"，需要知善知恶、为善去恶。而王畿的"四无"说直指个体心性的安顿，不太关注外在。在王畿看来，"良知"是一种生命状态的本然，也可以说是心性的本然。显然"四无"说探讨的是工夫论层面的问题。从哲学史的视角看，王畿的思想创造本质上乃是心学与禅学的融会，亦可说是以禅解心、以佛解儒，这在促进儒学与佛学深度交流的同时，也带来了心学与儒学主体性丧失的终极麻烦。"扬弃"是黑格尔哲学的一个重要观念，它告诉我们任何事物在进行自我剖析、自我革新、自我重建的过程中，都要有一种自觉，那就是在进行自我瓦解的同时也要保持自在本性。对于儒学而言也是如此，可以吸收佛学的长处从而完成自我进化，但前提是要守住儒学的根性，否则不但进化完成不了，还会导致更严重的自我毁灭。而今，无论是面对儒家文化、中原文化，还是面对农耕文化、黄河文化，我们既需要有现代性的意识、现代化的尝试，不断进行意义的拓展与转化，但同时也需要有本真的观念、纯粹的愿景，要尽可能地还原或贴近它的内涵与意义本身。

第七节　黄河文化与水浒世界

论及四大名著，可以说小孩最爱《西游记》，笔者也是，少时喜欢画画，在练习本的背面胡乱地画，画各种神仙人物、妖魔鬼怪。《西游记》提供给孩子的素材最为丰富，妖怪们的形象也比较有记忆点，多是狮子、大象、犀牛等动物的化身。孩子本就喜欢动物，自然对人身兽首的家伙青睐有加。笔者阅读四大名著的角度比较奇特，除了关注《西游记》里各种长相凶狠的妖怪外，尤其关注沙僧，好奇他到底有多大本领，总是希望他下一回能多打几个妖怪。那时看《水浒传》也是一样，与宋江、鲁智深、武松、

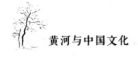

李逵并无太多共鸣，反倒是对卖刀和送生辰纲的青面兽杨
志印象深刻。后来才逐渐意识到，之所以喜欢杨志，其实
是因为父亲黑箱子里的一本小人书，它记述的正是杨志的
生平事迹，如与林冲相逢打斗、与鲁智深同赴二龙山落草
等一些生动情节。这几年再看《水浒传》，颇为喜欢林冲，
在林教头的身上看到了悲情、隐忍与挣扎，这皆是人性与
人生复杂交织之后于他身上的一种投射。较之《西游记》
《水浒传》，笔者喜欢《红楼梦》的时间要晚一些。高中
时，对语文课本里的几篇《红楼梦》的文章情有独钟，
如林黛玉进贾府、刘姥姥进大观园。大学时，看了刘心武
的揭秘，又重读了两遍《红楼梦》，再后来，翻拍《红楼
梦》的两部剧也都认真看了，蒋勋品评《红楼梦》人物
的音频也细细听了，对《红楼梦》的感情便有所加深。
《红楼梦》里的人物，第一个关注的是林黛玉，后来关注
的是秦可卿，再后来就是贾宝玉了。笔者名字里也有个
"宝"字，又因为读师范，身边的女同学较多，渐渐地便
被师弟们换作"宝二哥"，这就使得笔者跟贾宝玉的关联
又近了一些。当然，在情感上，笔者还是要亲近黛玉、晴
雯多一些，透过葬花、病补雀金裘二事，可见她们的性情
之柔韧，"性格决定命运"这句话也似乎在她们身上得到
了印证。至于《三国演义》，笔者最为崇拜关羽，因为在
关羽的身上看到了英雄气，甚至看到了某种"神迹"。作
为一个人，他太过出色，如果《三国演义》中的人物乃
至整个四大名著里的大小人物全都一股脑儿涌上王府井大

街，笔者第一个想要握手、拥抱的人必是关羽。罗贯中太爱关羽，以至于关羽在《三国演义》中的每一次出场都犹如天神下凡，但与此同时，罗贯中在塑造人物时心肠又是极硬的，前面将他捧得最高，后面摔他摔得最惨。关羽之死给《三国演义》的后半部分蒙上了一层阴影，单单败走麦城这一笔，其悲剧色彩之浓重已抵得上半部《水浒传》。

总而言之，中国的古典文学中，《水浒传》最为酣畅、尽兴；中国的江河湖海中，黄河最为雄浑、诗意。《水浒传》将"替天行道"作为内在的精神线索，将快意恩仇、江湖豪侠、忠义道德、市井生活融为一体，塑造了一个放达、纵情、凄美、悲凉的话语空间与生命天地。黄河也是如此，在纵横起伏的历史长卷里遗留下独特的自然风情、镌刻下悠远的人文故事。当《水浒传》的英雄人物与作为黄河气象之缩影的水泊梁山发生历史性相遇时，一段传奇而动人的生命赞歌也就戏剧性地生成了。施耐庵在《水浒传》里将山东巨野、郓城一带的水泊梁山描绘成一个神秘的、浩渺的天然之域。这一"方圆八百里"的"水乡"如今已经干涸，但诸多史料记载，水泊梁山的确真实存在。北宋政治家韩琦即有《过梁山泊》一诗，以"巨泽渺无际"形容该地水域之广、水势之盛。后来，黄河水道不断向南迁移，导致水泊梁山水量骤减、湖面缩小，加之黄河携带的泥沙进入水泊、逐年淤积，大约到了明代，水泊梁山已然不在。幸运的是，施耐庵与《水浒传》的出现，使

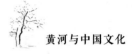

水泊梁山在文学的叙事下、在民间的历史中、在人文的世界里再次鲜活起来。

水泊梁山的命运与黄河的水文息息相关，梁山好汉在精神气质上也受到了黄河文化、黄河意象的浸染。"豹头环眼、燕颔虎须"的八十万禁军教头林冲，有万夫不当之勇，然而造化弄人，如此良将却遭奸人设计陷害。高俅以带刀进入白虎堂之军机重地为由将林冲刺配沧州，又命公差董超、薛霸二人于发配途中杀死林冲。在野猪林休憩时，林冲被二人绑在树上险些杀害，幸得鲁智深相救。在沧州看守草料场期间，作为高衙内亲信的陆谦、富安打算放火烧死林冲。林冲于门外听得二人谈话，得知自己被陷害的真相，积压已久的怒火终于爆发，提枪戳死二人，风雪夜投奔水泊梁山。这就是林冲，《水浒传》世界里最为悲情的英雄人物之一。在林冲的身上，既有江湖道义的侠骨柔情，又有命途多舛的不由自主。我们很多人的一生虽不至于像林冲那样跌宕起伏，但也会遭遇一些艰难的生命时刻，而一旦我们沉积了一些痛苦的记忆，也就意味着这些痛苦的记忆迟早有一天会被唤醒，会在某个未来的日子里以别样的方式被复刻出来。例如，当我们读到"林教头风雪山神庙"时，内心是何等的沉痛、悲凉，生命的锤炼与精神的洗礼难道非要在神灵与天命的观照下借由流血献祭的方式才能完成吗？

在《水浒传》的世界里，除了林冲以外，还有几个人物的命运值得我们关注和反思。作为三代将门之后的杨志，自幼脸上就有一块青记，因而被唤作"青面兽"。这本身就是一种巨大的讽刺，这印记长在脸上，仿佛意味着一种先天的命运如同乌云一般始终笼罩着他。杨志途经梁山，莫名其妙地遭遇截杀，幸好来者不是奸诈小人，而是同为英雄好汉的林冲，这才躲过一劫。然而躲过了初一，躲不过十五，命运的悲剧性还是降落在了他的头上。盘缠用尽的杨志，只能去街市上变卖祖传宝刀，结果遇到寻衅滋事的泼皮牛二。面对无赖，英雄往往气短，情急之下误杀牛二，后到开封府衙自首谢罪。百姓感念杨志为民除害，花钱上下打点，使其免除死罪，刺配大名府充军。梁中书赏识杨志，命其押送生辰纲前往东京。路经黄泥冈，被晁盖、吴用等人下迷药，劫走生辰纲。无奈之下，最终落草为寇。如果说林冲在遭遇高俅父子陷害之前还有过人生的高光时刻，那么可说杨志的整个人生都是郁郁不得志的，也从未被命运垂青过。一身好武艺、一把祖传宝刀为他带来了最大的祸端，就连平凡人、普通老百姓的日常幸福、美好生活，他都不曾有过。

再看武松，从小父母双亡，由兄长武大郎抚养长大。回乡路上，在景阳冈醉酒打死猛虎，可谓九死一生。潘金莲被西门庆勾引，奸情败露，毒死武大郎。武松为兄报仇，先杀潘金莲再杀西门庆，然后自首。府尹怜惜武松有义，将案卷改轻，判了刺配。路过十字坡酒店，识破母夜叉孙二娘的蒙汗药酒，大打出手。危急时刻菜园子张青赶到，劝解二人。受到金眼彪施恩的照顾，为报恩醉打蒋门神。

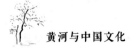

帮助施恩夺回"快活林"酒店，遭官府张团练暗算，被迫大开杀戒，血溅鸳鸯楼，写下"杀人者，打虎武松也"。逃亡途中，得张青、孙二娘夫妇帮助，扮作带发修行的"行者"，先落草二龙山，而后归顺梁山。征讨方腊时，失去一臂，后在六和寺出家。武松一生杀戮太多，所以"行者"的身份看似偶然，实则必然，出家修行既是他唯一的归宿，也是最好的归宿。无论是林冲，还是杨志、武松，他们命运的悲剧性在于自由的选择不再成为可能。在人生这条河流中，只有水泊梁山是他们可以暂时停靠的港湾。在《水浒传》的世界之内，"行者"指向的是不断行路、不断经历人生浩劫而又不断自我救赎的武松。但在《水浒传》的世界之外，"行者"其实隐喻我们每个人的生命进程。人生，就是行一段又一段的路，既有光明的大道，也有崎岖的小路，穿过了平坦的顺境，可能接下来便是幽暗的逆境。

克尔凯郭尔说，生命最痛苦的时刻都是属于个人的。这就是说，最难走的那段路还是要靠自己的信念与力量挺过去，一味依赖别人只会使自己陷入更大的困厄。当然，人生也有很多分岔路口，这就意味着选择亦很重要。正如存在主义学派所思索的那样，要么选择被自己的本能、感觉与欲望驱动着导向人生的无奈之境，要么选择依循自己的理性法则和道德法则而行事。理性与德性不仅是西方自古希腊哲学以来所倡导的人文精神，还是中国古人包括儒家、道家以及中国化了的佛学所秉持的生命准则。而今我们探究黄河文化、追问黄河精神、把握黄河气象，就是要真正地嫁接并化用古典世界里的理性准则与德性精神，使我们在现代化的进程中可以更加从容地安顿自我的生命、处理自我与他者的关系、实现人与自然的和谐共生。

第三章　黄河文化的哲学意蕴

黄河文化不仅见证了中华民族的历史演进，而且参与了中华文明的精神构建，而在整个历史演进与精神构建的过程中，包含着充分的历史性与时间性。黄河文化之所以博大精深，在于它直面并且承载了一定的历史性与时间性，因此它也成为我们把握中华文化之本源、本质、本色的一面镜子、一扇窗户、一座桥梁。因为历史性的充分敞开与时间性的充分延伸，使得我们在黄河文化的理解上获得了多种视域，它们或来自儒家、道家，或来自文学、美学，或来自人的生命哲学，或来自"河"的生态哲学。

第一节　美善合一视域下的黄河文化

在伦理学上，快乐、幸福、良善是三个不同的词，就外延而言，它们或可互通，但就内涵而言，它们终究有所差异。陈嘉映在《何为良好生活——行之于途而应于心》中指出，"最高的善好与至乐相连，但这不是通常所说的快乐，西门庆、薛蟠之流过得快乐，但他们的生活不是良好生活。聂赫留道夫忏悔之后不那么快乐了，但他那时的生活才是良好生活"①。何谓"善好"？亚里士多德认为，"善好"乃是万物之所向。"善好"既包含一种品德、一种行为，也指向人的社会生活。在陈嘉映看来，"善好"即良好生活，但快乐的生活不一定是良好生活。快乐既可能导向高尚，也可能导向堕落，前者如"孔颜之乐"，后者如西门庆、薛蟠之流。如果说快乐有不同的伦理指向、不同的道德路径，那么在中国古代哲学的视域下，最高的快乐即是《庄子》所论之"至乐"。毫无疑问，"至乐"一定符合甚至远远超出良好生活的标准。

较之"至乐"，伦理学更强调"至善"，"至善"与"至乐"是同一层次、同一境界的，属于人们心向往之而不断追寻的精神高地。在儒家看来，达到"至善""至乐"的人，乃是孔子、孟子那般之"圣人""圣贤"。从文化学的角度讲，人类精神世界所指向之"至善""至乐"，亦需要一个具象的、可见的、生动的载体，于是，黄河的意象性、表征性功能便显现出来了。较之生命较为有限、形象相对弱小的人而言，黄河的生命更为悠长、形象也更为宽广，它能够承载作为个体的人所无法承载的文化基因和精神属性。如果一代人与另一代人之间的思想传递尚且需

---

① 陈嘉映：《何为良好生活——行之于途而应于心》，上海文艺出版社，2015，第202页。

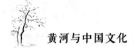

要文本以及文本的不断解释来完成，那么黄河本身的气质、气象就足以使一个时代与另一个时代之间的思想生命获得某种有效的接续。中国古人对黄河文化的守护与拓展即说明了这一点，因为黄河文化凝结着中国古人的精神与智慧，亦蕴含着"至善"与"至乐"的伦理指向与价值诉求。

从"至善""至乐"的伦理指向与价值诉求出发，可以帮助我们理解儒家哲学的"美善合一"结构。从义理上讲，儒家的"美善合一"结构乃有两层内涵：其一，孔子在儒家心性论、德性论的基础上确立了善高于美的原则，在"尽善尽美"的内容中或有分离美、善的价值倾向，这样的一种界定在现代世界其实是能够被理解的，毕竟求善、求美的进路还是有所不同的，即便"善"的主旨、意义、价值指向与"美"的范畴有着十分紧密的联系；其二，孔子主张善高于美，其要义在于抬升"善"所导向的"仁"与德性之于人的内在规定性，而确立"善"的价值优先性并不意味着排斥"美"，事实上我们在追寻"善"与"意义"、"仁"与"德性"的过程中，总会获得一些精神层面的愉悦感、思想层面的充实感以及生命层面的崇高感，这也是审美的一种，也具备了美学的属性。比如，一篇抒发济世抱负的文章，自然会在现世的治理上有一定的指导作用，但不可否认的是，只要文章本身是有真挚情怀的、有意义指向的、有思想高度的，我们就会感受到一种意义之美、价值之美乃至崇高之美。因此在最根本的意义上，我们可以说好的文章、好的音乐、好的作品乃至一切的美学形式、审美表达大约都有一种"尽善尽美"的意义指向。一篇好的文章可以做到既有崇高、深远的思想意义，又有将这种意义本身所带有的美学属性表达出来的文学技艺，其他的美学形式如音乐、舞蹈、绘画、雕塑等也是如此。

儒家文化继承和发展了周代的礼乐制度，除了寻求社会秩序、社会结构的确定性外，还格外注重人的内在德性的养成。这一切都促使黄河文化逐渐导向一种伦理型、道德型的文化形态。事实上，中国古典学术一直以来都有"得意忘象""得象忘言"的倾向，即不满足于语言、文字层面的精致感与优美感，而是看重其语言、文字背后的价值和意义。至少在孔孟儒学那里，文学意义、审美德性远远超过文学技巧、审美能力，这也就意味着在"美善合一"的结构下，"善"的价值似乎超过了"美"，居于更为核心的位置，当然"善"的价值和意义本身也会带来"美"。因此可以说黄河文化在美学传统上亦追求一种意义之美，如德性的崇高感、品格的完备感、天地之间的庄严感等。如果说要对"意义"的讨论有所规定，那么黄河文化所指向的"善"的意义以及"美善合一"的结构大概也可以理解为一种对时间性的把握。意义这样一种时间性的视角，使得黄河文化在面对终极问题时更多呈现出对于永恒性的追求。

从美学的角度讲，"意义"之美也是一种美，我们亦可以认为它是儒家"美善合一"结构下、黄河文化与中原文

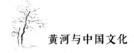

化交互氛围下独具一格的审美范式。事实上，无论是《论语》的娓娓道来，还是《孟子》的雄辩力论，都有文以载道的特点，它们在达到语言文字层面之形式美、文字美、节奏美的同时，往往更强调文字背后的思想力量、道德生命，而这样的文本也会给人带来心潮澎湃、沁人心脾的审美感受，很多时候它们带给我们的审美愉悦还要大于一些韵律齐整、雕琢修饰的文学篇章。孔子微言大义式的精练格言、对于德性的要求中所体现出的崇高性、"知其不可为而为之"的孤注一掷之勇气，能够给我们的心灵带来如观览高山大河的震撼和叹服；老子道论所描绘的天地大道的静默运行、自然世界的恍惚辽阔，能够帮助我们提升想象力、审美力从而建构我们的宇宙观；《周易》论述阴阳互生、阴阳交互，既以人知探问天地，又以天地警示人为，仿佛是古老中华大地上一道质朴的理性之光，它带给人们的审美感受是奇妙而壮阔的，既包含个体生命的感性直观又时常超越现世之感性直观。显然，在黄河文化的述古情境下、在求善与求真并存的文化氛围里、在追寻"意义"的永恒过程中，人们也就自然而然地获得了审美的体验与美学的升华。

在中国哲学尤其是在儒家学说的改造下，黄河文化更多表现为一种伦理型、道德型的文化，在价值选择上既不单纯地追求"善"，也不纯粹地强调"美"，而偏向于"美善合一"的审美结构、伦理结构、文化结构。受儒家思想学说的影响，彼时的中国哲学与中国文化的书写也开始导向伦理型、道德型，专门讨论美学或者说愿意止步于审美层面而不上升至德性、修行、天道的文本少之又少。即便在文学艺术领域，纯粹的唯美主义也终究没有在古典时代成为主流。在很多文人墨客眼中，文章或音乐倘若不能上升到某种更高的"意义"，便觉有所缺憾而难登大雅之堂，距离"尽善尽美"也更遥远。追求"美善合一"，意味着纯粹之美的探究会有所缺失，或者说为了追寻一种"意义"之美而不得不弱化本真之美的维度。当然，这在另一方面也使中国古人在生活方式、思维方式上有了现实主义与实用主义的若干倾向。于是，此后的中华文化也逐渐呈现出黄河文化与儒家文化相互影响、相互促进的态势。一方面，这两种文化所培养的人群是同一的；另一方面，我们的先民一直以来都在这样的文化氛围中生存、生产、生活。黄河文化、儒家文化乃至中原文化、农耕文化既造就了我们的生活方式，也影响了我们的思维方式。在黄河流域生活并且沿河聚居，使得中国古代先民很早就有"群"的意识。荀子哲学后来对此做了充分的说明，认为"人能群"既是人区别于动物的基本特点，也是人类构建社会、保持社会属性的观念基础。沿河群居意味着需要互相协作、彼此配合，因此人际关系的调和也就变得十分重要。良性的人际交往总需基于一定的共识、遵循一定的原则，而儒家的出现恰恰有效地解决了这一问题、提供了一套契合中国古代社会生活的伦理方案。

　　什么是更好的生活方式、什么是更优的生命状态？这

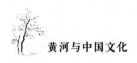

是儒家伦理需要回应的两个基本问题。若要做进一步追问，可说又与人性论的问题相连。如果我们认为人性本善，即可推出人有先天的道德自觉，那么儒家的心性论、德性论以及"美善合一"的伦理结构在很大程度上就可以站得住脚，那么"爱""理解""宽容""情感"也将成为人类社会得以发展的关键词；如果我们认为人性本恶，即可推出人有自私自利的自为心，霍布斯讲的"自然状态""契约精神"、韩非子讲的"法治"与"赏""罚"二柄皆由此得出，在性恶论的伦理范式下，"利益""欲望""权力""规训"随即成为人类社会得以发展的有利条件。黄河文化作为中华优秀传统文化的重要组成部分，在儒家思想、道家思想以及中原文化、农耕文化的共同作用下基本导向"天人合一""知行合一"的至善论、至真论，因此"同情""同理""仁爱""体贴""推己及人""己所不欲，勿施于人"成为人与人之间相处、社群与社群之间往来、地域与地域之间互动的核心理念。当我们说黄河文化与儒家文化交织在一起导向某种伦理型、道德型的文化形态时，其实是强调黄河文化之于中华文化的地缘性、精神性以及黄河与古代先民的"共在"关系。

第二节　天道观视域下的黄河文化

从哲学的角度理解、分析和把握黄河文化，不应仅仅局限于黄河及其文化层面的概念或语词，还应将黄河文化与相关之文学、历史、艺术等内容予以充分结合，如此一来，黄河文化才能以它独特的方式自在地显现自身，并且尽可能地揭开它本来之面目。对于今人而言，实现黄河文化与相关之文学、历史、艺术等内容的充分结合当然是有难度的，但尝试性的工作仍然有必要、有意义。我们的基本思路是回到古代的文献（包括传世文献与出土文献）、器物以及材料中，通过我们的解读、研究，与古代的文献、器物以及材料建立深厚的关系，"从而获得一种朝向古代思想世界的视野或视域。这种在语言经历中被投射出的构成视域不同于任何一种现成的解释立场；它既不是纯客观的，也不是纯主观的，而是能引发出那不可事先测度而合乎某种更本源的尺度的纯领会势态，这种先于概念化的纯势态中蕴含更深广的理性可能和交流的可能"①。

　　既不同于西方，也不同于东方的印度，中国文化中没有绝对的人格神，古代先哲更加接受人在天地之间的存在境域，儒家后来讲的天、地、人"三才"也建立在这一认知的基础上。《说文解字》曰："三，天地人之道也。"②《系辞传》亦曰："有天道焉，有人道焉，有地道焉。"③ 中国人惯用"世间"一词，常将"世间"作为背景从而慨叹人生、回顾往昔。《庄子》内七篇即有《人间世》一文，

---

① 张祥龙：《海德格尔思想与中国天道——终极视域的开启与交融》（修订第三版），中国人民大学出版社，2011，第2页。

② （汉）许慎：《说文解字》，中华书局，1963，第9页。

③ （宋）朱熹：《周易本义》，中华书局，2009，第257页。

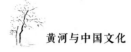

讨论人如何在天地之间自在生存的问题。在古人眼中，我们生于天地之间，存于天地之间，活于天地之间，逝于天地之间，所以一直以来我们都更愿意接纳"一个世界"的看法，更追求现世的、体认的生存状态、生活方式与生命境界，更期望领会天地、自然、河流、星辰的恒常规律和运转法则从而化用于人类之政治、伦理以及具体之生产、生活，因而拒斥如耶和华一般的神性主宰与超然存在，也不愿以纯粹客观的眼光、以概念与逻辑的方式对待自然对象与物质实体。所以，我们会看到中国古代哲学更多时候强调"天人合一""天人一体"，认同天、人相通的价值观念，追求天、人相契的动态过程，反对荀子等人所倡导的"明于天人之分"；我们会看到中国古代文字没有标点符号、不分段落结构，我们的文本内容词约意丰，《老子》五千言论及宇宙、自然、政治、人伦，几乎道尽了中国哲学一切母题，在给后世留下无限解释空间的同时，却也使还原本义成为学术史上的一大麻烦；我们会看到先秦以来的文学传统更加推崇诗歌的创作题材与直观的把握方式，毕竟诗意的表达、感性的直观所营造、烘托的思想境域与情感世界在释放人的天性、灵性的同时，还能够揭示人与天地、自然、河流、星辰的可感、可契、可通之妙。正如张祥龙在《海德格尔思想与中国天道——终极视域的开启与交融》中所说，"中国人最欣赏的学说和艺术都是能成境者，也就是能让我们进入原发的体验视野中者。儒、道、兵、禅的成功在于此，墨、荀、杨的失败也在于此。只有终极境界或终极视野的开启能让中国人最深切地领会其好处和妙处，不然的话就总如隔靴搔痒而不能尽兴。在中国智慧看来，至诚之境、得道之境和透悟之境既不是一种'什么'，也不只是一种'怎么'；既不是主观的，也不只是客观的；既不只是有，也不只是无；当然，也绝不是一种夹生不化的中道；而只能是有无相生、主客相融、虚实不二而成就于人生体验中的动人境界"①。在这个意义上，我们便可说黄河文化的形成、发展与流变，其实是人与黄河在各个历史时空中不断交互进而共同培育的文化硕果。因此对于中华文化而言，黄河文化既是古老的渊源，也是未来的流向，既是有形的自然存在，也是无形的精神实体。当我们面对黄河时，它能够唤醒我们心灵深处沉睡的、处于遮蔽状态的良知与本真；当我们面对自我、面对世界时，黄河则成为家园、家国的化身，以一种隐性的、精神性的、历史性的面目引导我们在人生的道路上精于思考、勇于行动。

对存在境域的讨论，亦可借由天道观的视域而展开。在这一视域下，我们会发现自我生存与人类命运的问题其实是内在相通的，儒家与道家关于生命的终极追问亦是相互契合的。如果对中国古代的思想文化有足够的研究与反思，便会知道儒、道两家的思想内容总体上呈现为一种互补的情形。所谓互补，更多是从政治、伦理以及现世生活

---

① 张祥龙：《海德格尔思想与中国天道——终极视域的开启与交融》（修订第三版），中国人民大学出版社，2011，第11页。

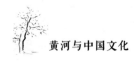

层面而言的，实质上，只要触及中国哲学的终极性问题，即会发觉儒、道两家在人生、天地、自然、宇宙等宏观层面内在相通。毫无疑问，孔子与老子、孟子与庄子都关注到了自我生存以及人类命运的问题，虽说展开的方式、应对的方法有所不同，但在精神气质、价值旨归上仍然呈现出相近、相契的一面。《论语》所谓"从心所欲，不逾矩""暮春者，春服既成，冠者五六人，童子六七人，浴乎沂，风乎舞雩，咏而归"①，即孔子关于人的生存境域的生动描述，其中不仅包含着美德的呈现与意义的展开，而且以人为单元连接着天地、自然、江河、星辰。"浴乎沂"三个字尤其体现了孔子生存境域与生命观念中柔慈、仁厚、优雅、自由的一面，以及早期儒家应对人与自然、人与江河关系时亲近、接纳、和谐、共存之情态。《老子》曰"解其纷，和其光，同其尘""配天古之极"，亦旨在归复一种终极的道境、道域。在老子看来，"道"的境界满足了人们关于横向的生活世界以及纵向的生命进程的基本遐想。在这一境界中，人的世界与自然的世界连为一体，与此同时，万事万物皆成为生机盎然、气韵生动的自在意象。以黄河为例，之于天地、日月、时空乃是自然之水，之于人类、动物、植物又是生命之水，之于其自身则是天然本真的存在之水。

黄河文化作为中华文化的核心表达，在更高更广的天道观视域下对儒家思想与道家学说做了进一步的融合与转

---

① （宋）朱熹：《四书章句集注》，中华书局，1983，第54、130页。

化。学界一般认为，如果说黄河文化的伦理面向、道德指向主要是儒家文化参与的结果，则可说黄河文化的超越面向、抽象指向主要是道家文化参与的结果。儒家所讲的"德性"是与"我"有关的，甚至很多时候是在"我"之内的，因此不可能完全超越于"我"。而道家所讲的"无待"与"无己"，其必要条件就是超越"有待"与"有己"，即不断突破知识、欲望、外力以及身体的限制。儒家与道家的思想底色并不一样，或者说他们所遵循的"思想律"是不一样的。但在黄河文化这里，儒家的"在场"和道家的"出离"被调和了，构成文人墨客、古代先民的两种生存状态、生命境界。儒家和道家都承认现世生命的有限性，这是他们能够建立对话关系的基础，那么如何才能突破这种有限性呢？儒家的方案是在"内圣""外王"两方面下功夫，既要修身，又要行仁，既要向内求、反躬自省，又要向外求、践行道义，所以归根到底，儒家是以求"善"、行"善"以及安身立命为要义的。而道家的方案是化繁为简、去伪存真，通过体"道"最终达到与"道"合一的境界，即跳出现世生命的荒诞镜像、超越现世伦理的规定动作，在一种本真、本然的存在状态下"无为而无不为"，这既是"道法自然"的真谛所在，亦是道家探析时间性进而超越时间性、洞察有限性从而抵达无限性的思想花园，那既是一个超出有限而抵达无限的自在之域，也是一个超出时间规定性的、存在于时间之外的敞开之境。我们常说黄河文化像一位深谙自然之道与人文之理的老

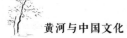

者，那是因为它的兼容与吐纳，它将儒家的"意义"与"德性"赋予个人，让人们在关注自我发展的同时，也能够对社会、国家、共同体的命运予以关切；若是人们郁郁不得志、陷入重重困境，它又将道家"逍遥""坐忘"的精神药方奉献出来，使人们在万物皆变的滚滚洪流中获得心灵的静观。

从天道观的视域来看，儒家与道家对人类社会以及自然世界基本形式的反思，与西方哲学史上赫拉克利特和巴门尼德的争论有异曲同工之妙，明晰这一点，对我们理解黄河的"动""静"二态、黄河文化的"动""静"两面以及人与黄河的"动""静"关系有一定的启示意义。赫拉克利特说："人不能两次踏入同一条河流。"意思是说河流在变，人亦在变，这一刻的"我"、这一刻的黄河必然不同于下一刻的"我"、下一刻的黄河。如果作为生命本原的"火"都是流变的、无定形的、不可把握的，那么静止也将不再可能。然而赫拉克利特的反对者巴门尼德认为，倘若万物皆变，那么这变的背后必有一个不变的存在，它规定着万事万物的变从而支配着世界的有序运转。孔子与巴门尼德的看法相近，他认为历史是有规律可循的，政治的演变存在于历史之中，下一个朝代的制度往往是在对前朝之法加以"损益"的基础上生成的，这即是说过去可以为当下提供有效的经验，而过去和当下的作为又决定了未来的走向。对于"人"而言也是如此，"圣人""圣王"落于具体的时代会因时局的不同而在行事上有不同的表现，但其根本的内在品性却是相通的、永续的，这就可以解释人以及人类历史可以不断向前发展这一总体趋势。在孔子的视野里，黄河既是政治、历史最好的见证者，也是文化、文明最好的见证者。时间的车轮不断向前，黄河所承载的内容也会越来越多，经过不断的涤荡、洗礼，幽暗未明的部分被淘汰，灵动鲜活的部分被保留，黄河文化即在这一悠长的过程中得以形成。

第三节　历史哲学视域下的黄河文化

历史是具体的，历史性是抽象的，无论是具体的历史还是抽象的历史性，要想被揭示，首先需要被"见证"，这是赵汀阳《历史·山水·渔樵》的底层逻辑。什么是历史？我们在教科书上学到的历史总是具体的，具体的历史得以发生的纵横坐标乃是时间与空间。作为历史主体的"人"与作为"对象"的不同他者在时间、空间的维度上建立联系，就有了"事"。"事"与"事"在时间、空间的意义上以各种合乎逻辑的方式被串联，这便有了横向的历史与纵向的历史。然而，这些说到底仍是历史事件、历史现象、历史点滴，赵汀阳在《历史·山水·渔樵》中指出，无论是历史事件、历史现象还是历史点滴，它们本身都是形而下的，更重要的是对于历史背后的历史性的追问，这才是形而上的。换言之，对于历史性的追问使"形而下的历史

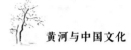

也获得了形而上的无限性"①，然而问题在于，如何证明历史的无限性呢？对此，赵汀阳提出了"见证者"的概念。赵汀阳的逻辑在于，如果我们能够找到一个在整个历史中始终在场的"见证者"，那么也就可以在一定程度上"亲证"历史的无限性。

这里，我们可以暂且回归中国哲学、中国美学的视域，用排除法来选取我们心目中最为适宜的历史无限性的"见证者"。首先，"人"被我们最先排除。人的生命是有限的，即便我们认为人有可能通过宗教信仰或者审美体验的方式获得某种精神的超越性、某种精神生命的无限性，但也不得不接受"死亡"这一事实对于人的生命的终结，所以人只能亲历自己的历史以及整个现世生命阶段的历史，"此前""此后"的历史也许与"我"有关，但"我"已无法"亲证"。其次，"天"也被我们排除在外。中国哲学关于"天"的诠释是多重的，如自然之天、神秘之天、意志之天、命运之天、道德之天等，"天"固然见证了一切，但"天"的见证不是"亲证"，正如赵汀阳所说，"上天在人间之外，并未亲历人间的历史"②，这也就意味着所谓历史无限性的"见证者""亲证者"必然是在人间之内而非人间之上、人间之外的。

---

① 赵汀阳：《历史·山水·渔樵》，生活·读书·新知三联书店，2019，第 59 页。
② 赵汀阳：《历史·山水·渔樵》，生活·读书·新知三联书店，2019，第 60 页。

　　在人间之内，当我们排除了生命较为有限的人（在这个意义上，也可以排除一般意义上的动物、植物），"山水"作为"见证者""亲证者"的形象便显现出来了，换言之，在人间之内没有比"山水"更为合适、更有资格的历史无限性的"见证者""亲证者"了。"山水"虽然居于人间，但其存在方式却是自然的、客观的，加之生命性、时间性之长久绵延，这便使得"山水"既成为历史无限性的"见证者""亲证者"，又具有形而上的尺度性，按照赵汀阳的理解，"山水"的合体足以隐喻不变与万变之道，历史的无限性即寓于"山水"之道中。"只有山水既是超越的，又在社会生活的近处，所以山水是人能够借得超越角度去观察历史的最优选项，山水也因此被识别为形而上之道的显形，具有可经验的超越性。"① 孔子关于"山水"早有"乐山""乐水"的超越之说，《周易》通过卦象爻辞也揭示了"山水"的抽象性与超越性，但其对"山水"及所蕴含的形而上之道的把握，又是借由对具体的"山水"以及具体的社会生活的概括、归纳完成的，因此我们才说这"山水"既是具体的又是抽象的，既是现实的又是超越的，这"山水"所"见证"的历史既有当下的现实又有过去的历史。赵汀阳之所以选用"山水"这一组合意象而不是"山""水"之单个意象，也是颇有一番深意的。毕竟在中

---

① 赵汀阳：《历史·山水·渔樵》，生活·读书·新知三联书店，2019，第69页。

国古典文学的世界里，"山""水"在诗歌、散文里出现的次数总体上是差不多的，"山水"作为语词在文学作品中的连用也是较为普遍、习以为常的。但如果我们将视域拓展至中国古典美学、中国古典哲学，便知"水"在意象性、隐喻性、思想性方面的深度、浓度、广度远甚于"山"。

作为中华"水"文化的代表，黄河以及黄河文化即是中华大地以及中国社会发展变迁的"观察者""见证者"。正如赵汀阳所言，"在隐喻的意义上说，山水不是被人看的，而是在看人。如果说风景是被人观看的对象，那么山水则是旁观人事变迁的观察者"①。对于这一点，笔者是十分认同的。黄河作为中国传统文化最为重要的生成要素之一，即长期充当着"观察者""见证者"的角色。黄河的历史一定长于人的历史，在人类尤其是中国古人以及华夏文明出现以前，黄河"观察""见证"的主要是一个"无人"的自然世界。当人类尤其是中国古人以及华夏文明"登场"以后，黄河"观察""见证"的则是一个"有人"的生活世界。这一"生活"世界里既包含原来的自然世界，也包含因"人"的出现而拓展出来的生命世界。从空间上讲，原来的自然世界并没有因"人"的出现而增加一公里、一平方米，但在密度上、内容上，原来的自然世界因"人"的出现而改变，包括黄河的形态也因人的出现而改

---

① 赵汀阳：《历史·山水·渔樵》，生活·读书·新知三联书店，2019，第74页。

变。但黄河一直在，既"旁观"又"亲证"，有时候甚至被动地卷入其中，成为具体历史的一部分。作为"母亲河"，能够"亲证"中国文明的生生不息、亘古不断，这既是黄河的幸运，也是黄河的命运。可是作为每一个生活在华夏大地上的中华儿女，我们怎样才能透过黄河之水感受到我们与古代文明、古典世界的命运连接、息息相关、荣辱与共？

《知北游》论曰："天地有大美而不言，四时有明法而不议，万物有成理而不说。"[①] 黄河之水亦如此，故而我们需要一个"代言人"，代表黄河来"言说"它所"亲证"的历史，而这"言说"的方式、"言说"的内容既需融入世俗生活本身，又要有一定的超越性。在赵汀阳看来，山水虽然可以"见证"历史，但遗憾的是，山水"无言"，因此还需要由"人"来为山水"代言"。"代"山水而"言"历史，需要什么条件呢？显然，这"人"既需要懂得历史，又需要理解山水，换言之，这"人"既需要真实地生活在世间，又需要有一定的超越意识。但问题在于，历史之道寓于无穷流变之中，人又不可能总结无穷性，历史之道也就不可能化归为历史规律，可是如果没有规律可言，又何以讨论历史之道？赵汀阳的答案是"以话语的无穷性去映射历史的无穷性，话不休地谈论历史并不是为了完全理解历史，而是为了使历史成为一个永在的

---

① （清）郭庆藩：《庄子集释》，中华书局，1961，第735页。

精神世界"①。赵汀阳认为，渔樵在"泛舟河上"的生活方式中不断地谈论历史，既体现了话语的无穷性，又传达了历史的无穷性，毕竟山水一直在而渔樵一直有。显然，赵汀阳给出的答案是渔樵，他认为渔樵是"山水之友"，离自然很近，同时又过着世俗的生活，作为山水的"代言人"再好不过。

那么渔樵是如何为山水"代言"进而言说历史的呢？渔樵不是史官，显然没有能力书写历史真相、梳理历史脉络，因此"发声"与"言说"成为他唯一的"代言"方式。然而渔樵对谁"发声"、与谁"言说"呢？由此可见，赵汀阳"历史—山水—渔樵"的叙事框架虽然充满新意、启人深思，但仍有值得商榷之处。事实上，赵汀阳也意识到了这一点，他认为"山水的尺度象征天地之无限与不朽，因而人能够借之度量历史之道"②，山水通过不断的"亲证"获得了"度量"的能力，但作为"代言人"的渔樵可不具有这样的能力，他能够理解、感受到，却不见得能够言说、传达到。渔樵与山水的互动所形成的场景感、艺术感是很强的，但这样的表达与呈现似乎有很多局限，尤其当我们以黄河这一饱含历史感、文化感的意象来代表"水"时，渔樵的形象就显得单薄且过于具体了。按照赵汀阳的

---

① 赵汀阳：《历史·山水·渔樵》，生活·读书·新知三联书店，2019，第164页。

② 赵汀阳：《历史·山水·渔樵》，生活·读书·新知三联书店，2019，第67页。

说法，渔樵与山水邻近、与山水为友、识得山水之象，而且"渔樵试图保持一种可以永远争论而永无结论的思想状态"①，故可作为山水的"代言人"。然而问题在于，渔樵何以能够在这一思想状态中映射山水之道及其背后的历史之道？这是值得怀疑的。仅凭山水与历史很近、渔樵与山水很近，并不能够推出渔樵与历史很近。山水"亲证"历史性之无限，渔樵邻近、亲近山水从而感知、感通山水，但感通山水并不意味着能够感通历史，即便能够感通山水、感通历史也不见得就能"言说"山水之道、历史之道，除非这渔樵是陶渊明、谢灵运抑或李白、王维。如果将这"代言人"换成他们，情况显然要好得多。尤其是陶渊明，在魏晋名士中，他是既超越当下又活在当下的性灵诗人，他比阮籍、嵇康等"竹林七贤"幸运，因为他找到了一条和解与通达的道路，即通过"归园田居"的生活方式化解了自我的生命困境，所以在美学史上，陶渊明或是山水的绝佳"代言人"之一。

从普遍性的角度来看，山水"代言人"的角色应由山水诗、山水画的创作者来担当，通过山水诗人、山水画家的诗句与画作，我们更能把握山水之姿、山水之势以及作为"见证者"的山水面向我们而敞开的历史之道。我们在追寻当下的现实与过去的历史的因果关系或逻辑关联时，往往会陷入对于历史性、历史之道的探究与反思。如果山

---

① 赵汀阳：《历史·山水·渔樵》，生活·读书·新知三联书店，2019，第136页。

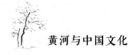

水、历史尚有具体性、现实性的一面可言，那么这山水、历史背后的山水之道及其所指向的历史之道可谓蕴含了更多的抽象性、超越性。由于这一切是浑然一体、不可分割的，加之作为"见证者"的山水不能言说，故而需由既深入世俗生活又有超越意识的山水诗人、山水画家来"代言"。如此一来，人与山水、历史之间也就有了"沟通"和"对话"的可能，并借由这"沟通"与"对话"实现对于时间性、空间性的跨越。当然，这里还有一个重要的前提，那就是我们希望看到的山水诗、山水画，是出自拥有非凡才华、想象力与一定超越意识同时又真实融入世俗生活的山水诗人、山水画家之手。在笔者看来，他们是最为合适、最有资格的山水"代言人"，亦如山水是最为合适、最有资格的历史"见证者"，因而较之"历史—山水—渔樵"的叙事结构，"历史—山水—山水诗人、山水画家—山水诗、山水画"的叙事模式或许更为有效、更为透彻。

紧接着，我们再回过头来看看《历史·山水·渔樵》所传达出的历史感、历史性及其背后的历史观、历史哲学。赵汀阳认为，"无定论而言不休，正是渔樵史学的标志"①，这样的诠释虽然精妙，但也会陷入某种"述而不作"的歧义或麻烦。史官记录下的历史、历史学家钻研出来的历史，之所以不可能完全客观，即在于有太多的政治定论见于其

① 赵汀阳：《历史·山水·渔樵》，生活·读书·新知三联书店，2019，第150页。

中，可是我们难道要为了避免后世的指摘而放弃对历史做出评述吗？这大概也是不可取的。不予定论或许可以在很大程度上避免主观性、争议性，但这并不意味着不予定论更接近形而上的超越维度。在日常生活中，人们总是半开玩笑地说，历史是"任人打扮的小姑娘"。这话一半对，一半不对。对的地方在于，除了官方的历史之外，还有民间的历史，除了史官群体一朝一代传续下来的"二十四史"之外，还有私人书写的某些蕴含历史性的作品，在这个意义上，每个人似乎皆可对过往的帝王将相、对当下的社会现实进行主观评价。但问题在于，这样的主观评价当真是任意的、随性的吗？正如人们对黑格尔那句经典名言"存在即合理"的误读。黑格尔的本义是符合自身规定性的才是合乎理性的。同理，理解历史的关键在于透过历史的史实表象去把握其深刻的历史性本质，这也就意味着历史的书写与评价其实是有其客观性、普遍性可循的，这种客观性与普遍性就包含在历史性之中，它是人们认识历史、评判历史人物与历史事件的标准。在审美的问题上也是如此，主观性与普遍性往往构成人们审美机制得以生成的两个方面，而较之个人层面的主观性，促使人与人之间、群体与群体之间、共同体与共同体之间在审美上达成共识的某种普遍性其实更为重要也更值得追寻。历史也是如此，某一历史人物的问世、某一历史事件的发生、某一历史现象的形成，其中或有一定的偶然性、非连续性，但偶然性、非连续性不会成为主要的影响因素，如果我们能够把握某种普遍的、客观

的历史性，便可廓清其必然性、连续性的一面，探明该人物、事件、现象在历史时空中的发展轨迹与前因后果。

关于黄河文化的研究，即可借助历史哲学的视域，探究黄河在不同历史时期的"自我"表现，分析黄河在不同历史场景中对人类社会生活的切实影响。从历史上看，黄河的表现与影响大多数时候是静态的、隐性的，扮演一个"观察者""见证者"的角色，可一旦黄河以动态的、显性的形式出现，它会选择"亲临其中"而不是"置身事外"，它与生俱来的正面的效力、威力抑或反面的冲击力、摧毁力往往会对彼时之劳动生产、社会发展以及人类社会的生活方式、思维方式带来巨大的改变。从历史与历史性的维度讲，若我们因黄河而受益，或不必像迷恋偶像一样对其加以崇拜、追捧，而当报以敬畏之心、感激之情，在生态的层面与之和谐共存；若我们因黄河而遭罪，也不该像对待仇人一样对其加以质疑、施以怨恨，而该反躬自省、综合分析，找到问题的症结并尝试以有效的、科学的方式解决，进而寻求人与黄河、人与自然和谐共生的全新方式。

第四节　阴阳五行视域下的黄河文化

顾颉刚曾说："阴阳五行是中国人的思想律，是中国人对于宇宙系统的信仰，二千余年来它有极强固的势力。"[①]

---

① 顾颉刚：《古史辨》，上海古籍出版社，1982，第317页。

阴阳与五行起初是两种观念，后来结合在一起才产生巨大的思想效力。在百家争鸣、稷下学宫以及名辩思潮的推动下，阴阳五行学说在战国中后期一跃成为中国社会主流的思想形态，从而对后世思想文化的流变与发展产生深远影响。

阴阳的观念在中国古人的思想世界里出现较早。古人最早用"阴""阳"象征自然，如用"阴"表示黑夜、月亮，用"阳"表示白天、太阳。其中的道理不言自明，在我们的日常生活中，昼夜是交替出现的，其具体的表现就是日月的交替，即月亮退去而太阳出来，太阳落下而月亮升起。人们掌握了这样的变化规律，便以这样的交替来计算时间、规划生活，而一昼一夜的交替完成，也就意味着一天的结束。那么试问：当太阳出现的时候，月亮当真消失了吗？而今，我们都知道，之所以出现白天和黑夜、阳光和月光，主要是因为地球本身不透明且不停地自转，当太阳光照向地球时，处于正面的这一半即被照亮，这便形成白昼，而处于背面的另一半接触不到太阳光，这便形成黑夜，也就是说，同一时间里，太阳的光芒只能照亮地球表面的一半。从哲学上讲，当白昼、太阳所指向的"阳"在人们的视野中显现时，黑夜、月亮所指向的"阴"便在人们的视野里隐藏了起来，也就是说，"阴"和"阳"总是一者显现而一者隐藏的，而且它们总是在这两种状态之间来回切换、交替变化。

正如《春秋繁露》所说："天道大数，相反之物也，不

得俱出，阴阳是也。"① 在古人看来，明与暗、阴与阳的交替不仅是天地万物变化发展的自然规律，还是人类社会可依循、可应用的生存法则。在阴阳的观念以及阴阳交互的原理中，我们仿佛看到了世间万物生生不息、生机勃发的原动力与生命力，而这正是人类社会包括人们在政治、伦理以及生产、生活领域所迫切需要的。进一步讲，中国古人实质上是从阴阳的观念里找到了生存与发展的思想和力量，而阴阳的交互可以说就是阴阳在自然世界以及人们生活世界的交替出场。在古人眼中，阴阳的交替出场及其价值功能对于天地万物、芸芸众生而言皆是适用的。以阴阳的观念解释天文、天象以及自然世界里的诸多现象，如地震、海啸、台风、陨石、日食、月食等，在商周时期较为普遍，《尚书》《春秋》《诗经》《楚辞》《国语》等先秦的传世文献对此皆有记载。显然，在古人看来，阴阳的思想观念与天文、人文都有密切的关系：一方面，观测天象有利于人们客观地把握自然；另一方面，推测天象之变化有利于确保人们正常的劳动生产与社会生活。阴阳家基于这两点，还发展出了新的学说与理论，那就是将阴阳的观念与历法相结合，这样一来，就使得天文、天象的观察、观测成了一门学问、一套知识，并且使它与人们的社会生活有了更加紧密的联系。人们运用阴阳的观念以及阴阳交互的原理，来解释天文、天象乃至整个自然世界的变化，并

---

① （汉）董仲舒：《春秋繁露》，上海书店出版社，2012，第170页。

将这变化的规律加以总结、归纳，使之成为人们生产、生活可以依循的法则和规范，这便是历法的雏形。

说完阴阳的观念以及阴阳交互的原理，我们再说五行以及五行相生相克的原理。中国古人将金、木、水、火、土这五者视为物质世界的基本构成，并将五行的相生相克作为自然世界乃至人类社会发展、变化的内在机制。由于文献资料佚散较多，我们今天很难得知金、木、水、火、土这五种元素是如何被组合在一起而成为"五行"的，但通过《尚书》《周易》《黄帝内经》等传世文献，我们还是能够感受到中国古人试图通过某种物象来解释自然世界并以此在自然世界与人类社会之间建立联系的诉求和渴望。五行学说的贡献还在于将人的五脏与外界的五方、五音、五色、五味、五气等内容放在一起解释，这就使得人与外界被有效地连接起来，如此一来，整个世界就被中国古人放在了五行的体系中。这样做的好处是，包含于这一体系的人与人、人与万物、万物与万物之间由此建立了密切的联系而不再孤立，久而久之，这样的联系还会使每一个事物都在这一体系中获得各自的位置，使个体意义上的每一个人也在这一体系中明晰自己的身份。

从商周到春秋战国，中国古代思想发展的趋势乃是从单一逐渐走向复杂，阴阳与五行的观念即在这样的趋势下走向合流。商周时期，人们只是知晓并遵循一些广为流传的观念，如"天命""自然""阴阳""五行"等；春秋战国时期，随着老子、孔子、墨子等人以及《尚书》《周易》

等作品的出现，一些零碎的观念开始被组织在一起，这便有了若干种较为完整的思想学说；随着百家争鸣的出现、稷下学宫的兴起，各家的思想学说汇聚一堂，互相批驳，互相补充，黄老道家等学派以及《黄帝四经》《管子》等文本便在这样的思想氛围和学术浪潮下得以产生；战国后期，以邹衍、邹奭等人为代表的阴阳家一方面继续着统合阴阳与五行的思想事业，另一方面发展出了"五德终始"与"大小九州"等全新的思想学说；秦汉时期，法家之学、黄老之学与政治儒学相继成为官方的主流意识形态，作为学术流派的其余各家纷纷遭到排挤，但它们的思想内容却被充分地吸收、转化、融会。正因如此，我们才会在《吕氏春秋》《淮南子》乃至《史记》《汉书》等传世文献中看到儒家、道家作为主流意识形态，主动吸收、转化、融合阴阳家、墨家、法家、名家等其他各家思想的情形。倘若我们将之后参与进来的佛学、道教等思想形态也考虑在内，那么这样一种从单一走向复杂的思想趋势就再清晰不过了。

邹衍的"五德终始"既是战国时期学术思想从单一走向复杂、从自然观念走向政治观念的突出体现，又是阴阳、五行观念走向合流的集中成果，黄河之水在中华文化的观念结构中亦开始具有政治层面的意指。"五德终始"是阴阳家代表人物邹衍的思想学说，学术界对此基本没有异议，很多史料记载也可以证明这一点。《七略》曰："邹子有《终始五德》，从所不胜，土德后木德继之，金德次之，火德次之，水德次之。"① 《艺文志》阴阳家类著录有《邹子终始》五十六篇，可惜久已亡佚，幸赖《史记》《汉书》等零星之记载得以知其大概。"五德终始"说的影响主要体现于先秦以及秦汉这一历史时期，汉代以后逐渐减弱，但在一些细节上，我们还是能够发现阴阳家这一学说的功能和价值的，如古代诏书开头的"奉天承运，皇帝诏曰"，所谓"承运"指的就是"五德终始"。在王朝更迭的问题上，邹衍将金、木、水、火、土之"五行"转化为"五德"，五德即五种德性，他认为金、木、水、火、土作为五种天然的德性相克乃是历代王朝更迭的内在规律，换句话说，历代君王的更迭往往与五德相克的规律相系相符。在众多传世文献中，《吕氏春秋》对于邹衍"五德相胜"说和"五德终始"说的记载可以说最为集中、最为充分。"五德终始"是邹衍的社会历史观，他用五行运转的理论模式来看待社会历史，用来解释历史上各个朝代更替的原因和规律。"五德终始"也称"五德转移"，五德就是五行之德，就是土德、木德、金德、火德、水德。邹衍认为，历史上每一个朝代都在五行之德中拥有自己相对应的那一德，这个德就决定了这个朝代的历史命运。五行之德依照五行相胜的规律，始终处在运动转移之中，所以历史上的朝代也是处在不停地交替和循环中，一个朝代的终就意味着另一个朝代的始，所以叫"五德终始"。邹衍认为，历史上任何

---

① （秦）吕不韦：《吕氏春秋》，中华书局，2011，第129页。

一个朝代都不可能永远存在，都一定会有消亡的那一天，也一定会有一个新的王朝出现代替它。当一个新的盛大的王朝即将出现的时候，上天会降下一些稀奇的、带有吉祥意义的事件来，它叫作符应，或叫作符瑞，用来表示上天对这一新的王朝的认可和支持。黄帝在位时，上天显现巨型的蚯蚓和蝼蚁的图像，黄帝认为这是"土"气旺盛的象征，于是顺应土德，着与土的颜色相近的黄服。大禹继位以后，上天显现秋冬草木欣欣向荣的景象，大禹认为这是"木"气旺盛的象征，于是顺应木德，着与木的颜色相近的青服。商汤在位之初，上天显现锃亮之刀剑器具，商汤认定这是"金"气旺盛的象征，于是顺应金德，着与金的颜色相近的白服。到周文王继位时，一只火鸟口衔丹书立于社庙之上，文王认为这是"火"气旺盛的象征，于是顺应火德，着与火的颜色相近的红服。这便是"五德相胜"说和"五行相胜"说的原则在现实政治层面的有力展现，如果我们按照这一原则推演下去，就会知道代替火的必将是水，无论上天显不显现"水"气旺盛的图像，作为周朝替代者的新王，一定会从水德的象征意义出发，制定符合水德的政治措施和礼法规范。

在文化学与政治学的双重视域下，可知水德不仅是个人文概念，而且是个政治概念，在邹衍阴阳五行观念的建构下，它成为秦代政治的规范性、合法性表征。邹衍的逻辑在于，黄帝尚土德，故大禹尚木德，因木克土；商汤尚金德，因金克木；文王尚火德，因火克金；秦代尚水德，因水克火。在邹衍看来，"五德"的运转与历史的发展往往是同步的，一个朝代的"终"就意味着另一个朝代的"始"。倘若代表火德的周王朝气数将尽，则必有象征水德的新王朝取而代之。邹衍活跃的战国末期，结束战乱实现统一的大趋势已经日益明朗，各大诸侯国的君主们最关心的事情就是如何完成统一天下的大业。在君王眼中，"五德终始"说所蕴含的王权观念正是他们所需要的，换句话说，邹衍推出"五德终始"说的时机极佳，故而能够引起轰动效应而"显于诸侯"。《封禅书》云："邹子之徒，论著终始五德之运，及秦帝而齐人奏之，故始皇采用之。"① 《史记·秦始皇本纪》又云："始皇推终始五德之传，以为周得火德，秦代周德，从所不胜。方今水德之始，改年始，朝贺皆自十月朔。"② 作为一种理论工具，"五德终始"说为秦代以来的王朝更迭在政治上确立合法性与正当性提供了有效的范式，最终成为秦始皇、汉高祖等历代君王的政治武器。顾颉刚也说："邹衍的时代，正是帝制运动的时代……五德终始说没有别的作用，只在说明如何才可有真命天子出来，真命天子的根据是些什么。"③ 秦始皇统一六国后，就充分利用邹衍的"五德终始"说，将秦朝取代周朝类比为"水胜火"，以水德之名来建立政权，并且制定一整套与水德相应的政治措施。秦始皇可以说是对

---

① （汉）司马迁：《史记》（点校修订本），中华书局，2013，第267页。
② （汉）司马迁：《史记》（点校修订本），中华书局，2013，第368页。
③ 顾颉刚：《古史辨》，上海古籍出版社，1982，第415页。

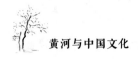

"五德相胜"说的第一践行者，毕竟之前的黄帝、大禹、商汤、文王都是邹衍按照阴阳五行学说一个阶段一个阶段地推演出来的，而秦始皇是第一个自觉采纳"五德相胜"说的君王，着与水德相配的黑色朝服，行与水德相配的礼法制度。按照邹衍的说法，历代的王朝更迭都可以在"五德终始"说框架下获得某种正当的解释，换句话说，在阴阳家看来，不是邹衍发明或创造了"五德终始"说，而是邹衍揭示了这一学说，它早于历代的政权与王朝而存在，它既是政治演变的内在规律，也是阴阳五行学说在人类社会尤其是政治建设领域的呈现与扩展，从哲学上讲，这便具有了形而上学的意味，因为阴阳家将它看作一种先天的图式、一种本质性的存在。

那么"五德终始"说的本质到底是什么呢？从政治学的角度讲，它认为整个人类社会的政治发展、政权更替是有既定的规则的，如此一来，人类在政治层面的历史就变成了一种常态化的存在，一切的政权形式都由金、木、水、火、土五种德性所代表，反过来，这五种德性所代表的政权形式按照周而复始的规律不断地运转下去，这或是阴阳家所揭示的人类政治的实质。由此可见，"五德终始"说作为一种政治理论并不完美，它的缺陷在于会使人在观念上陷入历史循环论的误区。如果我们回顾中国古代史抑或整个世界史乃至人类史就会发现，历史是由时间这条线将大大小小的历史事件一个一个地串联起来的，能够被写入历史的事件，即便再小，放在它的那个时代也是大事件，但我们能够说这历史上所有大大小小的事件都具有某种必然性吗？这还不包括那些被历史所湮没了的事件。显然，更恰当、更客观的说法应该是必然性与偶然性的统一，或者说连续性与断裂性的统一，毕竟这样的历史才是更加真实的历史、才是有血有肉的历史。从这个意义上讲，"五德终始"说并非中国古代王朝更迭、政权更替的必然规律与普遍原理，它只是统治者和政治家解释政权合法性的一种范式、一种方案。

阴阳五行在漫长的历史发展过程中，逐渐渗透到中国文化的方方面面及其深层结构中，成为中国人特有的、惯用的思维方式。中国古代的哲学、宗教、伦理、审美、科学技术、天文历法、军事理论、医药学、建筑、文学艺术，特别是在民间的丧葬习俗、养生保健等和人们日常生活息息相关的内容中，可以说方方面面都渗透着阴阳五行思想的影响。古代先民在认识黄河、治理黄河时，亦依循了阴阳五行的思想原理。禹的父亲以"土克水"的思路来"治水"，到了大禹时，总的思路仍是如此，只是方式上有所变通，改为掘地"导水"，因此大获成功。禹的父亲之所以失败，是因为他只把握了五行学说的一面而忽视了另一面。完整的五行学说包含五行相生与五行相克两方面内容，这两个方面彼此之间相互依存、相互补充。五行相生不仅指事物的生发、生成，还指事物之间的互相促成、互相推进，即互利的一面。同理，五行相克也不仅指事物的寂灭、衰败，还指事物之间的互相克制、削弱，即互损的一面。"金生水—水生木"即意味金

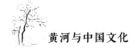

类的事物对水类的事物有利，水类的事物对木类的事物有利。"土克水—水克火"则意味着土类的事物对水类的事物有害，水类的事物对火类的事物有害。较之"五行相生"，"五行相克"似乎更好理解。人类在与自然世界接触的过程中，最先感受到的就是矛盾与冲突，万事万物之间都是如此，尤其是像金、木、水、火、土这类基本元素，人们在日常生活中随处可见，因此也最先把握住它们之间的化学反应。中国古人很早就意识到除了"天"与"天道"这一根本以外，其余的万事万物都不是绝对强大的，都不具有抵御一切的能力，而较之金、木、水、火、土之基本物质，人的有限性更为突出。就金、木、水、火、土这"五行"而言，水入土中即被吸收，故"土克水"；水可灭火，这在社会生活中最为常见，故"水克火"。可见，在五行相克的架构中，既没有绝对的强者，也没有绝对的弱者，它们相互克服、相互制约，久而久之，反而形成了较为稳定、颇有生机、内含动力的发展链。禹的父亲在"治水"时只关注"土克水"之五行机制、仅单一地实施拦堵，却未意识到"水"与"土"以及其他物质元素之间存在更复杂的共生关系。有生才有克，有克乃有生，反之，无生则无克，无克亦无生。黄河之"水"的治理也是如此，需要关注整个生态系统、自然系统。因此在方法上，"拦堵"的效果必然不如"疏导"，即《淮南子·原道训》所论"禹之决渎也，因水以为师"①，大禹

---

① （汉）刘安：《淮南子》，北方文艺出版社，2013，第19页。

治水取得成功的奥义即在于此。作为古代先民治理黄河之范例，大禹治水无疑具有思想史、文化史意义，既体现了"天人合一""道法自然""休养生息"的文化智慧，又蕴含了天、地、人、河之间的内在关系。

从文化上讲，古代先民在开发黄河、治理黄河以及处理人与黄河的关系时，受到五行学说以及阴阳观念的直接影响。"五行相生"和"五行相克"的原理反映了古代先民探求金、木、水、火、土等物质元素、自然事物之间的交互关系的强烈意愿，其中可谓包含着原始的哲学世界观和朴素的辩证法思想。正如王乃岳所论，"黄河流域先民在漫长生产生活实践中形成天地人和的思想，并用于指导治水实践。古代治河强调在掌握河流流势和自然条件基础上，根据时间、地点和具体条件的变化而变化，利用有利条件消除不利因素，综合施策把水治好"[①]。这也就意味着阴阳五行之于黄河文化的启示主要在于生态系统的构建。阴阳五行的哲学观念告诉我们，在人与自然的关系背后，其实隐含着"生态"抑或"自然"这一价值主体本身的合法性、正当性问题。一方面，生态乃一可循环系统，本身就具有基本的调适与修复功能；另一方面，生态系统内部所蕴藏的资源，分可再生与不可再生两种，由于人类社会的大肆索取与无度掠夺，那部分不可再生的资源势必成为未来人

---

① 王乃岳：《深入挖掘黄河文化的时代价值》，《中国水利》2020 年第 5 期。

类生存与发展的最大隐忧。因此，不该再想如何介入自然、改造自然，应该去想如何恢复自然、还原自然，而恢复自然、还原自然的前提在于了解自然、体认自然。人、植物、动物、河流、空气，作为自然界的物质存在，一方面它们真实可感，不以我们的意志为转移，另一方面它们又是动态的、普遍联系的，而非孤立的、静止的。这就要求我们，一方面要研究自然生态系统的结构、元素在结构中的分布、各种元素之间的关系，另一方面要优化人类的生活方式，促进人与黄河、人与自然的和谐共生，追求"和合"的美学境界。

第五节　生态哲学视域下的黄河文化

黄河流域的生态保护和高质量发展，是中国当代生态文明建设的重要战略之一。而黄河流域的生态保护与高质量发展，离不开对黄河文化的深层挖掘。如果说让精深而圆融的黄河文化从传统文明的樊笼里走出并鲜活于当代人的精神世界，一直以来都是摆在我们面前的一大理论难题，那么从中国古代生态哲学的视域出发对黄河文化进行历史的诠释与深度的研究，无疑为我们解决这一理论难题提供了新的思路与方法。以儒家"天人合一""生生不息"与道家"天人一体""道法自然"诸观念为核心的中国古代生态哲学，能够为黄河文化的历史性诠释、创造性转化提供坚实的理论依据与思想论证。

　　黄河文化产生于新石器时代，随着华夏民族与黄河流域的依存关系不断稳固，逐渐融入统一的中华文明之中。这也就意味着研究黄河文化的关键在于反思中国古人与黄河流域的交互关系。海德格尔曾说，生态问题的"罪魁祸首"有二：一是科学技术的扩张，二是人类中心主义的蔓延。因此，在促进人类自身发展的同时，我们也应将黄河看作一个完整的文化体与生命体，看作中华文明的重要组成部分，寻求"人"与"河"的动态平衡。从中国古代生态哲学的角度讲，中国古人与黄河流域的关系问题又可以归结为"天""地""人"的关系问题。

　　传承与弘扬黄河文化、保护与发展黄河生态，一方面我们需要理解历史，充分了解黄河在人类文化史、文明史的演进中所扮演的角色、所做出的贡献，另一方面我们又要把握现实，动态地处理人与黄河、人与自然的关系从而做到"人与自然和谐共生"。在习近平新时代中国特色社会主义思想中，"人与自然和谐共生"理念与中国古代生态哲学在价值上、认知上最为契合。以儒家"天人合一""生生不息"与道家"天人一体""道法自然"诸观念为核心的中国古代生态哲学，不仅能为"人与自然和谐共生"理念提供充分的理论支撑，而且可以作为"人与自然和谐共生"理念这一结构主体的"两翼"，配合其发展出更深刻、更贴近中国文化土壤的生态伦理思想。

　　"人与自然和谐共生"理念立足两个基本原则：一是和谐，二是可持续发展。从本质上讲，生态问题的重点仍是

人与自然的关系问题，具体而言，就是从人类文化、伦理价值的角度出发，反思并应对工业时代以来人类由于大肆追求资本积累而导致的环境污染、能源破坏、资源匮乏等自然危机。按照马克思的说法，工业化所带来的负面效应主要是自然世界的破坏和人的异化。因此，在考虑生存与发展的问题时，绝不能一味坚持人类中心主义的立场，而是要双向考虑、综合判断。也就是说，在促进人类自身发展的同时，也要保证动植物等其他生命体以及整个自然界不受额外之伤害。只有当人类赖以生存的地球和宇宙获得了某种动态的平衡时，人类的生存与发展才有可能，这也是"人与自然和谐共生"理念的价值初衷。

"人与自然和谐共生"是生态文明建设的核心价值理念，对于新时代的中国而言意义深远。习近平总书记2013年在海南考察工作结束时指出："良好生态环境是最公平的公共产品，是最普惠的民生福祉。"[1] 在之后的十八届中央政治局常委会会议上关于第一季度经济形势的讲话中，习近平总书记又强调"加强生态文明建设、加强生态环境保护、提倡绿色低碳生活方式"[2] 不仅是经济问题，还涉及政治问题。在2014年国际工程科技大会上，习近平总书记明确提出"加大自然生态系统和环境保护力度，着力解决

---

[1] 《习近平关于社会主义生态文明建设论述摘编》，中央文献出版社，2017，第4页。

[2] 《习近平关于社会主义生态文明建设论述摘编》，中央文献出版社，2017，第5页。

雾霾等一系列问题，努力建设天蓝地绿水净的美丽中国"①的可持续发展战略。习近平总书记在党的十九大报告中指出："人与自然是生命共同体，人类必须尊重自然、顺应自然、保护自然。人类只有遵循自然规律才能有效防止在开发利用自然上走弯路，人类对大自然的伤害最终会伤及人类自身，这是无法抗拒的规律。"② 至此，"人与自然和谐共生"作为生态文明建设的核心价值理念被正式提出。坚持"人与自然和谐共生"理念、大力推动生态文明建设既是习近平新时代中国特色社会主义思想的题中应有之义，也是建设美丽中国、实现中华民族伟大复兴中国梦的重要内容。生态文明建设的关键主要在于解决经济发展同生态环境之间的矛盾，在于坚持尊重自然、顺应自然、保护自然的理念，在于贯彻节约资源和保护环境的基本国策，在于形成节约资源与保护环境的空间格局、产业结构、生产方式、生活方式，在于坚持绿色、低碳、循环、可持续的发展道路。

就思想内涵而言，"人与自然和谐共生"理念的提出，主要是基于包括习近平新时代中国特色社会主义思想在内的一切马克思主义中国化的先进理论成果，而就思想的渊源来看，其理念或可追溯至中国古代的生态哲学。在2015年的气候变化巴黎大会开幕式上，习近平主席这样说道：

---

① 《习近平在2014年国际工程科技大会上的主旨演讲（全文）》，新华网，2014年6月3日，http://www.xinhuanet.com/politics/2014-06/03/c_1110968875.htm。

② 《习近平著作选读》第二卷，人民出版社，2023，第41页。

"中华文明历来强调天人合一、尊重自然。"① 这说明，"人与自然和谐共生"作为中国和平发展的内在价值理念，有其坚实的思想文化依据。而今，中国特色社会主义进入新时代，更需要以生态哲学的眼光来综合认识国家、民族以及个人的发展，为此，不仅需要实践创新，还需要理论更新，不仅需要马克思主义中国化的一切先进理论成果，还需要中国古代的生态哲学与儒道智慧。就中国哲学的研究而言，如何与习近平新时代中国特色社会主义思想形成有效的理论互动，亦是亟待解决的学术问题。

当前所讨论的生态问题，还原于中国古代哲学的语境之下，即天人关系问题。天人关系在儒家的哲学体系中，主要包括"天人合一"的宇宙观与"生生不息"的认识论。儒家所论之"天人合一"，并没有多少神秘主义的色彩，而是一个内涵丰富、层次分明的观念系统，其在逻辑上是自洽的，在结构上也是有序的。从哲学上讲，人既是认识的主体，也是实践的主体，包括动物、植物乃至整个生命世界、自然世界皆构成人的认识对象和实践对象。在这个意义上，可以说天、地、人三者是天然统一、不可分割的。于农事生产的层面讲，春耕、夏耘、秋收、冬藏乃"与日月合其明，与四时合其序"② 之结果；于生命绵延的层面讲，生、老、病、死是"与天地合其德""与鬼神合

---

① 习近平：《携手构建合作共赢、公平合理的气候变化治理机制——在气候变化巴黎大会开幕式上的讲话》，人民出版社，2015，第6页。

② （宋）朱熹：《周易本义》，中华书局，2009，第41页。

其吉凶"[1] 之结果；于道德修养的层面讲，"天行健，君子以自强不息""地势坤，君子以厚德载物"[2] 分别指向"天格"之自强不息与"地格"之厚德载物，旨在寻求天人德性的统一。宋儒后来讲"天人本无二，不必言合"[3]，与原始儒家一贯的"天人合一"观念已大为不同，之所以如此说，主要还是受到道家"天人一体"思想的影响。原始儒家言"合一"而不言"一体"，乃是基于人的道德主体性之立场。思孟学派认为，"合一"是一个可追求、可实现的结果，而这一结果的获得往往需要一个发展与努力的过程，这便是人的道德实践以及孟子所强调的"大丈夫"之道德承担，若是一味讲"一体"，那过程的意义必然会被消解。由此可见，在儒家的视域里，"和"与"合一"既是实然，又是"应然"，其事实中本就包含着价值，因此无论是出于事实判断还是价值判断，"人与自然和谐共生"理念都具有充分的正当性。儒家从孔子、孟子到荀子，一以贯之的观念有二，即"仁"与"和"，此二观念不仅作用于日用伦常层面，还作用于生态价值层面。孟子讲"君子之于物也，爱之而弗仁；于民也，仁之而弗亲。亲亲而仁民，仁民而爱物"[4]，乃是说儒家的"仁爱"本质上是一种由"亲亲"到"民"再到"物"的伦理关系。从结构上

---

① （宋）朱熹：《周易本义》，中华书局，2009，第 41 页。
② （宋）朱熹：《周易本义》，中华书局，2009，第 33、34 页。
③ （宋）程颢、程颐：《二程遗书》，上海古籍出版社，2000，第 132 页。
④ （宋）朱熹：《四书章句集注》，中华书局，1983，第 363 页。

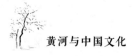

讲，它更似一个由圆心向外逐层展开的同心圆，只是这个圆心并非"我"，而是由"我"所构成的血缘共同体，因此，仅就道德实践的意义而论，儒家的"仁爱"要比墨家的"兼爱"更为切实、有效。"和"的观念亦如此，孔子谈"君子和而不同，小人同而不和"①，"礼之用，和为贵"②，即指向人伦关系层面；孟子谈"天时不如地利，地利不如人和"③、荀子谈"万物各得其和以生"④，即指向天人关系层面。可见，儒家的"和"，不仅有"和合"之意，还有"和生"之意。《国语》讲"和实生物，同则不继"⑤，《周易》讲"乾，天也，故称乎父；坤，地也，故称乎母"⑥，"天地之大德曰生"⑦，"生生之谓易"⑧，《中庸》讲"唯天下至诚为能尽其性；能尽其性，则能尽人之性；能尽人之性，则能尽物之性；能尽物之性，则可以赞天地之化育；赞天地之化育，则可以与天地参矣"⑨，《孟子》讲"不违农时，谷不可胜食也；数罟不入洿池，鱼鳖不可胜食也；斧斤以时入山林，材木不可胜用也"⑩，皆是说天地即

---

① （宋）朱熹：《四书章句集注》，中华书局，1983，第147页。
② （宋）朱熹：《四书章句集注》，中华书局，1983，第51页。
③ （宋）朱熹：《四书章句集注》，中华书局，1983，第241页。
④ （清）王先谦：《荀子集解》，中华书局，1988，第309页。
⑤ 徐元浩：《国语集解》，中华书局，2002，第470页。
⑥ （宋）朱熹：《周易本义》，中华书局，2009，第265页。
⑦ （宋）朱熹：《周易本义》，中华书局，2009，第245页。
⑧ （宋）朱熹：《周易本义》，中华书局，2009，第229页。
⑨ （清）阮元：《十三经注疏》，中华书局，2009，第229页。
⑩ （宋）朱熹：《四书章句集注》，中华书局，1983，第203页。

自然、生生不息之"仁德"即天地之基本特质。这就要求
人一方面在心灵上体认天性、敬畏自然、尊重生命，另一
方面在现实中修炼自我、扩充德性、承担责任。在儒家看
来，"君子"人格的养成与"圣人"之道的实现，最直接
的途径就是摆脱物质性、提升精神性。《周易》讲"生生"
之德，张载讲"为天地立心"，朱熹更讲"仁者，天地生
物之心"[①]，那么我们不禁要问：天地之心、自然之德何以
可能？从现实性的角度来讲，天地之心本质上还是人心，
亦由人心所显现，但此心非彼心。在孟子看来，人心的最
主要功能在于道德本性的无限扩充，人心既可以体认万物，
也可以包容万物，所谓"生生之德""天地生物之心"，主
要是就这一意义而言的。可见，儒家思想作为中华文化的
中流砥柱，始终具有浓烈的人道主义关怀，无论是在内在
道德与外在实践的路径探索上，还是在人与自然的关系追
问上。邵雍曰："学不际天人，不足谓之学。"[②] 可以说，
天人问题一直以来都是中国古代哲学的基本问题。无论是
主张"天人合一"的儒家，还是主张"天人一体"的道
家，皆以天人问题为根据而展开其理论系统。儒家认为天
人之间可互通、可对话，主要是基于人的道德主体意识以
及人道主义的价值立场；道家认为天人本就一体，并强调
人与生命万物具有先天的平等性，则主要是基于自我超越

---

① （宋）黎靖德：《朱子语类》，中华书局，1986，第 2440 页。
② （宋）邵雍：《邵雍集》，中华书局，2010，第 156 页。

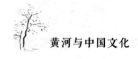

的普遍意识与自然主义的价值立场。

　　道家讲"天人一体"、讲万物平等，主要是基于《老子》与"道法自然"的思想。"自然"一词在《老子》中出现最多，内涵也最丰富。《老子》第二十五章云："人法地，地法天，天法道，道法自然。"王弼注曰："法谓法则也。人不违地，乃得全安，法地也。地不违天，乃得全载，法天也。天不违道，乃得全覆，法道也。道不违自然，乃得其性，法自然也。法自然者，在方而法方，在圆而法圆，于自然无所违也。自然者，无称之言，穷极之辞也。"① 就《老子》全书而言，"人法地，地法天，天法道，道法自然"无疑是对人与自然关系的最精妙概括，从逻辑上讲，老子最终要表达的思想即是"人法自然"。在老子看来，"道"乃宇宙万物之本原，"自然"则是宇宙运转、万物生息的最高价值，"道"是基于本体论与存在论意义而言的，"自然"则是基于认识论与工夫论意义而言的。"自然"之价值即无为而无不为，或曰不妄为、不做多余之处理、顺应自然之发展而发展。《老子》第五十一章又云："道生之，德畜之。长之、育之、亭之、毒之、养之、覆之。生而不有，为而不恃，长而不宰，是谓玄德。"在老子看来，"道"生万物而"德"育万物，其方式无非顺应自然而不干预，如此，则万事万物方能各秉其气、各安其性、各修

---

① （魏）王弼注，楼宇烈校释《老子道德经注校释》，中华书局，2008，第64页。

其命、自在自为。老子提出"自然"的价值之后，庄子又提出了"齐物"的思想。"齐物"即"天地与我并生，而万物与我为一"①，一方面强调万物的平等，另一方面又强调万物之间的和谐共处。庄子还在"齐物"的基础上延展出两种新的思想：一是"以道观之，物无贵贱"；二是"无用之大用"。《秋水》曰："以道观之，物无贵贱；以物观之，自贵而相贱；以俗观之，贵贱不在己。以差观之，因其所大而大之，则万物莫不大；因其所小而小之，则万物莫不小；知天地之为稊米也，知毫末之为丘山也，则差数睹矣。以功观之，因其所有而有之，则万物莫不有；因其所无而无之，则万物莫不无。"② 由此可见，"物无贵贱"思想背后所蕴含的其实是一种超越的相对主义价值，而唯有基于这一价值，才可以进一步推出"万物莫不大""万物莫不小""万物莫不有""万物莫不无"之结论。在庄子看来，所谓高低、大小之分别，皆由"物"的视角所产生，基于此视角所做出的判断往往是有局限性的，因此也是不准确的。庄子认为，唯有"道"的视角才是宏观的、无偏差的，在"道"的视域下，一切具体事物皆有残缺之处，换言之，与道的永恒性、无限性相比，万物也就不再有美丑、贵贱之分，既是"齐一"的，也是平等的。如果说"以道观之，物无贵贱"体现的是庄子价值论层面的思想，

① （清）郭庆藩：《庄子集释》，中华书局，1961，第79页。
② （清）郭庆藩：《庄子集释》，中华书局，1961，第577页。

那么"无用之大用"体现的便是庄子认识论层面的思想。《庄子·人间世》曰:"人皆知有用之用,而莫知无用之用也。"[①]"有用之用"指自然为人所用的那部分价值,"无用之用"指自然本身所内在具有的那部分价值。显然,较之自然的"有用之用",庄子更注重自然的"无用之用",也就是说,庄子基本上反对"利用自然",而主张"因任自然"。但在现实生活中,人们已然习惯用直观的经验和系统的知识去判断一个事物是否有用,从伦理学的角度讲,这正是功利主义和人类中心主义蔓延的表现。事实上,一味追求"有用之用",必然会造成两种后果:一是不断地改变自己以适应外界,最终导致自我意义的丧失;二是为达到各种目的而放逐"机巧之心",致使原来的生态平衡被破坏。在庄子看来,万物本质上是平等的,"大用""小用""有用""无用"等观念的形成,完全是人们的功利心、目的欲作祟的结果。庄子以为,只有在工夫境界上实现"无待",才能把握"物无贵贱""万物齐一"的真谛,也就是说,对物质实体的无所欲、无所待,乃是精神上实现自在逍遥的必要条件。

如果将中国古代的生态哲学看作一个整体,那么儒、道两家之思想无疑构成这一整体的二元。儒家以"人"为本位,用人伦解释"天"从而使"天"人格化,道家则以"自然"为本位,主张顺应自然并把握其自生、自为之内在

---

① (清)郭庆藩:《庄子集释》,中华书局,1961,第186页。

法则。儒家以人道主义为价值立场，主张将道德对象的范围不断扩大，即从人与人的社会关系领域一直扩展到人与万物的自然关系领域，道家则以自然主义为价值立场，主张从人与自然的对立状态回归到人与自然的一体状态。儒家哲学主要包括"天人合一"的宇宙观与"生生不息"的认识论，而道家哲学以"道法自然"为最高价值观念、以"天人一体"为最高精神境界。儒家讲"天人合一"是对生命世界的动态把握，道家讲"天人一体"则是对自然宇宙的静态判断，二者殊途同归，皆指向天道与人道的契合。而今，"天人合一"既是中国传统思想文化的核心观念之一，亦是中国古人在自然观、宇宙观层面的哲理典范。从学理上讲，这也是儒家、道家共同守护的结果。儒家的"亲亲而仁民，仁民而爱物"、道家的"道法自然""天人一体"皆可看作先秦哲人对于"天人合一"观念的捍卫与论证。秦汉以后，中国古人在处理人与自然、人类社会与自然世界的关系时即主要遵循"天人合一"的价值观念。

在"天人合一"观念的引导下，古代先民得以秉持对于天地、自然、江河的敬畏之心。作为中华文明摇篮的黄河文化，亦在这样的敬畏与守护中从古代走向近代，又从近代步入现代。中国社会由古及今的一个显著标志就是产业结构从农业主导型转向工商业主导型。我们知道，黄河文化之所以在中国古代社会备受推崇，主要是因为农耕文明的经久不衰。而一旦农业在整个国家产业结构中的根基地位发生动摇，那么黄河文化的影响力也需重新评估。过

去的一百年里，随着中国现代化进程的不断加快、城市化程度的不断加深，与之相伴的另外一番景象则是农具的退出、农民的缩减以及农田的流失、农业的没落。中国在现代化的道路上取得了巨大的历史成就，这是毋庸置疑的，但是与此同时，我们在生态领域也付出了不小的代价。如果仅从价值观念层面予以审视、反思，或许我们最应拥抱、最该回归的就是黄河文化。事实上，黄河文化的思想内涵中本就包含着"天人合一"的价值观念，而"天人合一""天人一体""道法自然""亲亲而仁民，仁民而爱物"等传统思想可谓中国古代生态哲学之核心表达。从中国古代生态哲学的视域下对"人与自然和谐共生"理念做深度之阐发与有效之推进，既有益于我们贯通古今生态智慧、进一步诠释和研究黄河文化，亦有助于我们发展出更深刻、更贴近中国文化土壤的生态伦理思想。

第六节　黄河的治理：从对抗到和解

　　无论是研究社会史还是研究自然史，一般情况下都有两种思路，一是由远及近，即从上古时期、夏商周三代谈起，探究中国古代文明形成、发展与流变的渊源与脉络；二是由近及远，即从距今一两百年的晚清、近代谈起，然后逐步向历史的纵深处推进，从而探究古代社会、近代社会、现代社会三个不同阶段的历史特征以及三者之间前后更迭演变的内在规律。在黄河文化的研究上，笔者总体上倾向于由远及近、由商周到明清的思路，因为文化层面的研究总是不可避免地导向更为抽象、普遍的领域，而中国文化的学术起源与思想基点无疑在于更为久远的先秦诸子哲学。但在诸多具体问题的分析与梳理上，笔者也不会排斥由近及远的探究思路，毕竟探究中国文化之百年转型亦有独特的价值与意义。

倘若回溯中华文明之历史，可知中国历来实行"以农为本"的治国之道，经济层面高度依赖传统农业。黄河流域耕地资源丰富，土壤肥沃，易于开垦，可谓具备发展农耕文明的一切便利条件。古代先民一方面沿河而居、依赖水源而生活，另一方面又要防止黄河泛滥、淹没农田和屋宅，于是在长期的探索与实践中，先民们逐渐掌握了筑造人工堤坝的技术。由于黄河下游洪水泛滥的风险较大，战国时期的齐国专门设置"水官"一职负责堤防的修建和守护。秦朝是中国历史上第一个大一统的帝国，有了强有力的国家机器与国家意志，即可大规模地调动资源、汇聚力量，在黄河流域修建大型水利工程。到了汉武帝时期，更是提出"治国必先治水"的发展理念，为了防止黄河决口甚至出动万名士兵。"治水和灌溉方面的原因，使黄河文化区的先民们，特别重视社会政治组织问题。也因为治水和灌溉是整个社会的共同利益之所系，联系着每一个人的生存需要，于是养成了人们关心社会公共事务亦即关心政治的文化心理，使黄河文化传统自古至今，政治色彩都非常鲜明。儒家学说就是在黄河农业文化的背景上形成的一种

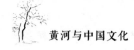

思想体系，它突出地显示了黄河文化的政治色彩。"① 这也就意味着在秦汉时期，国家力量的强大、国家意志的进入，致使黄河文化呈现出较强的政治性与宏观性，也使得黄河流域的发展具有更高的战略性与系统性。

黄河流域及其两岸的农业文明能以相对稳定的姿态发展三千多年，可以说有其深远的历史原因与文化原因。首先，无论政治上、时局上发生什么变化，黄河流域的文明形态总是相对稳定的，在黄河流域发展起来的农耕文化、中原文化、儒家文化等几种主要的文化形式不仅具有学理上、系统上的确定性，而且在遭遇外部文化"入侵"时具有极强的吸附性、同化性。其次，历代王朝都对黄河流域的治理、黄河文化的发展予以一定程度的重视，秦汉以来，"治黄""治河"的系统工程逐步得到夯实。每个时代都有几位胸怀天下、为国为民的有志之士，他们经受了各种不确定性因素的冲击，承受了来自外部世界的巨大压力，遭受了层层的阻碍与阶段性的挫败，但他们并未放弃，而是在方法上苦心孤诣、在技术上竭尽所能，心甘情愿地承担起了治理黄河的历史使命。

经过了相对太平安康的唐宋，到了明末清初，人与黄河之间的紧张关系开始凸显，黄河决口的频率达到历史之最，对国家的漕运事业和两岸民众的生活造成巨大影响。清代后期，为了固定河道、防御洪水，治河机构不断扩大、

---

① 李振宏、周雁：《黄河文化论纲》，《史学月刊》1997 年第 6 期。

治河人力日益增加，亦留下了丰富的黄河文化史料。"黄河
治理文献中包含着丰富的治河实践、治河方略、治河理论、
治河文化、治黄舆图、治黄人物、治黄政务、治黄工程，
积聚了大量黄河泛滥记录、水患情景记录、治水工程史料，
反映了人类与黄河从斗争走向和谐的历程。例如，现存的
大量明清时期治河文献专著《问水集》《河防一览》《黄河
图说》《治河方略》《行水金鉴》《续行水金鉴》《再续行
水金鉴》以及散见于正史、档案、奏疏、方志、碑石、类
书中大量黄河水利的散篇文献等，其内容涉及黄河水利、
水文、水情、水患、筑坝、疏水、工程、技术、人物、经
济、地理、环境等诸多方面。"① 然而令人遗憾的是，投入
与产出不成正比，清代治理黄河的效果并不理想。从历史的
整体视角来看，这既与彼时体制之僵化有关，又受财政之艰
难所限，未能像欧洲那样迎来产业革命与科技飞跃，也使得
近代国人在治理黄河时难免力不从心，这种无奈之感不仅体
现在工具、技术层面，而且体现在思维、方法层面。

俗语说："三十年河东，三十年河西。"一直都以为这
不过是两句玩笑话，只是人们对于世事变迁、人生无常的
主观感叹而已，但了解了黄河的发展史、演变史后，便知
此话其实大有深意，它向我们揭示了近代以来黄河河道变
化的若干现象及其背后的部分规律。清代大部分时间，黄

---

① 李景文：《黄河文献的保护与利用》，《河南图书馆学刊》2020 年第
8 期。

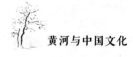

河河道都是偏于西侧的，虽然康熙年间一度东移，但很快又移回西侧。进入民国以后，黄河河道仍在西侧，直至1928年前后，河道开始逐渐东移，1932年改道直下潼关。总的来看，黄河居东的时间要比黄河西摆的时间长出一倍左右，这也就意味着设法维持目前的黄河河道无疑更为适宜。当然，在规划城市经济、城乡格局以及区域生态时，也需要考虑黄河再次向西迁移的潜在可能性。黄河下游河道的变迁，主要是由地质构造、地貌结构、河床演变等多种原因引起的。以山东地界为例，在平原的中部有一个黄河无法逾越的高地，它将华北平原分成南、北两大部分，从而使得黄河具有向东北方向流入渤海、向东南方向流入黄海两种可能性。因为有这样的情形存在，所以在治理黄河时就必然要考虑其特殊性。一般而言，黄河在行进中会天然地选择坡面最陡、距海最近的路径，然而由于泥沙的淤积，黄河从中游的峡谷河段进入下游平原地区，流速往往会有明显降低，方向往往也会发生变化。这时，如果下游河道的河槽较窄，即会造成泛滥的险情。要想解决黄河下游河道迁移的问题，大概还需从长计议，尤其要从黄河上游的生态环保抓起，因此解决问题的关键其实在于控制黄土高原的水土流失。西北这片土地古老而神奇，站在黄土高原上，我们仿佛可以看到先民们在黄土地上辛勤劳作的淳朴身影，那历经侵蚀之后的纵横沟壑，像极了父辈沧桑的面孔。先民们要在这片荒芜的大地上生存，就不得不开垦农田，然而农耕区域以及整个农耕活动的过度扩张，必然造成对原始植被的破坏。失去了绿野的庇护，水土流失的程度也就不断加剧。从黄土高原流下的泥沙，一部分淤积在下游河道，一部分随着黄河的泛滥而沉淀在下游平原，还有一部分随黄河之水一起被冲至河口、涌向大海。

从与黄河的"对抗"到与黄河的"和解"，为了实现这一目标，无数人付出了心血与生命。令人惊叹的是，在与黄河流域的交互中，人类文明逐步实现了自身的蜕变，人类所构建的治理黄河的系统工程也在这漫长的历史进程中悄然形成。仿佛在人与黄河之间，总有一种隐性的默契，总有一种微妙的尺度，也许是自然规律"无为而无不为"的某种内在调节，也许是人类社会一直以来都在追求的某种价值标准，毕竟人类从未想过消灭黄河，而黄河也无意淹没两岸的民众、农田与房屋，但小的玩笑、试探甚至小的摩擦、冲突总是不可避免的。黄河作为自然世界的代表，它需要适时地给人类一些警示，儒家所讲的"中庸""中和""中道"的意义即在于此，可以认识自然、利用自然、改造自然，但一定要注意分寸与尺度，人类从远古时代走到今天，与自然之间这样的默契基本上已经形成。对于今人而言，人生的核心意义不是生存而是生活，生活包含生存但远远超越生存之含义，生活意味着需要与自我和解、与他人和解、与社会和解、与自然世界和解。"天人合一"的观念也在现代中国的社会发展、经济建设中切实地显现出一定的理论指导意义。黄河流域所修建的诸多水利工程（如龙羊峡、刘家峡、三门峡、小浪底水利枢纽工程等）都

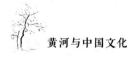

遵循了"天人合一"的哲学观念。治理黄河成为兴国安邦的重大事件,"黄河宁,天下平"成为不同历史时期中华儿女的共同心愿,一部黄河流域的治理史、开发史就是一部中华民族的进步史、奋斗史。

从黄土到黄河,从陆地到海洋,表面上看是大自然的命运、大自然的变化,但无论是黄土、黄河,还是黄海、渤海,它都与一代又一代中华儿女的生存状态、生活方式、生命历程连在一起,因此实质上这不仅是它们的命运、它们的变化,而且是我们的命运、我们的变化。顺从这样的命运与变化,还是在这样的命运与变化之下寻求突破与转型?这是我们这一代人需要回应和解决的问题,这里既有复杂的科学层面的技术问题,又有深刻的人文层面的思想问题。推动黄河流域生态保护和高质量发展,是"让黄河成为造福人民的幸福河"的必要条件。这一方面需要我们遵循"人与自然和谐共生"的新理念、牢牢抓住当前发展的新机遇,另一方面则需要我们回溯历史、以史为鉴、总结历史经验从而为今所用、为我所用。新中国成立以来,随着政治、经济、军事、文化的全面复苏,黄河的治理工作也取得了较为突出的成效。1960年三门峡水库的建成,可以说拉开了黄河流域现代化建设的序幕。1986年龙羊峡水库的建成,则意味着黄河流域的发展与当代中国的现代化、工业化、城市化建设在一定程度上实现了同步。而在过去的30年里,一方面中国的水资源管理制度不断完善、水资源优化机制不断成熟,另一方面中国的水沙调控、防

洪减淤、水土流失综合防治体系不断升级。在一代又一代
黄河人的辛勤钻研与全心付出下，黄河再无断流现象发生，
黄河的水质由中度污染变为轻度污染，黄河流域的生态环
境也得到了极大的改善。虽然黄河流域的发展情形是乐观
的，但黄河的治理任务仍是艰巨的。尤其在经济快速发展
而气候变化加剧的今天，黄河流域的水安全形势依然严峻，
这意味着"生态保护"理应成为当前黄河流域治理与发展
的重要目标，亦表明黄河流域的治理真正进入生态文明建
设的全新阶段。2019 年 9 月 18 日，习近平总书记在郑州主
持召开黄河流域生态保护和高质量发展座谈会并发表重要
讲话："治理黄河，重在保护，要在治理。要坚持山水林田
湖草综合治理、系统治理、源头治理，统筹推进各项工作，
加强协同配合，推动黄河流域高质量发展。要坚持绿水青
山就是金山银山的理念，坚持生态优先、绿色发展，以水
而定、量水而行，因地制宜、分类施策，上下游、干支流、
左右岸统筹谋划，共同抓好大保护，协同推进大治理，着
力加强生态保护治理、保障黄河长治久安、促进全流域高
质量发展、改善人民群众生活、保护传承弘扬黄河文化，
让黄河成为造福人民的幸福河。"① 习近平总书记的这一论
述深刻总结了中华民族治黄史，深入剖析了黄河治理的难
题症结，明确提出了黄河流域生态保护和高质量发展的目

---

① 习近平：《在黄河流域生态保护和高质量发展座谈会上的讲话》，《求
是》2019 年第 20 期。

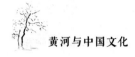

标任务并将其上升为重大国家战略，可以说为新时代黄河的治理工作开辟了全新的路径。

土生土长的中华儿女，在黄河流域长期的农耕实践中，深知天道酬勤、一分耕耘一分收获的道理，从而形成了勤劳务实、踏实努力的现世品格。与此同时，黄河沿岸的人民在与黄河抗争、共存的漫长过程中，也形成了自我调整、自我变革、自我发展的精神品质。大禹、郑国、贾让、欧阳修、司马光、林则徐等一批历史人物，在与黄河的深度接触中历练了自我、提升了自我、成就了自我，勤劳质朴、敢想敢干、求真务实、开拓创新的精神在他们的身上更是体现得无比充分，成为他们光辉人格与光彩生命的重要组成部分。在当代社会同样涌现出值得我们学习的时代楷模，如焦裕禄，他深知治灾先治沙的道理，于是在河南兰考工作期间，亲自带领当地群众造林防沙、育草封沙，通过多种方法治理兰考的风沙灾害。无论是古人还是今人，在认识黄河、治理黄河的过程中，他们一方面展现出了非凡的勇气与魄力，另一方面也显现出了理性的精神与诗意的气质。从文化上讲，面对黄河、面对自然世界，我们每个人的心胸在被一点点撑开，而在更大的意义上，黄河气象、黄河精神、黄河美学其实是给整个中华民族、中华大地赋予了一种前所未有的价值内涵。黄河既是比人类个体生命更大、更广、更深、更远的自然之物，又是穿行于天地之间、充满诗意气象与理性精神的自在之物。

第四章　黄河文化的现实指向

从定义与形质上讲，黄河固然是一条河，一条在中国大地上流淌的古老长河，但从文化与历史上讲，黄河是中华文明的重要构成，如同黄土地、黄种人一样，它是一种文化符号、精神象征，更是中华儿女心中的"母亲河"。在文化演进的历史过程中，黄河文化除了保持自身的格调与属性，融合中原文化、农耕文化、儒道文化、南北文化之外，还以较为开放、包容的姿态吸收了游牧文化、少数民族文化以及宗教文化等多种文化形态，这无疑使得黄河文化在拥有深刻而丰富的精神内涵的同时，也具有广泛而开阔的思想外延。中国从古至今都是一个多民族的国家，每个民族都有自己的历史、特色，各个民族在文化的长河中不断交流、相互融合，在如此兼收并蓄的精神氛围下，中国社会最终形成了多元一体的文化格局。

第一节　黄河文化的多元一体

黄河文化在某种程度上乃是中华文化的浓缩与凝结。

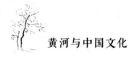

黄河文化的内涵是多元而丰富的，它每流经一个地域，即与该地域形成相互依存的关系。久而久之，在整个黄河流域上，便有不同的地域产业、不同的地域气象、不同的地域景观先后形成。

在更为抽象、普遍或曰更为广泛的意义上，可说黄河文化与北方文化、中原文化、农耕文化、儒家文化乃至道家文化都有相互交织的地方，它们连同长江文化、南方文化、边疆文化、游牧文化、佛家文化等多种文化形态共同构成中华文化之价值共同体与意义共同体。正如徐吉军所论，"从广义上来说，黄河文化是一个以上游三秦文化、中游中州文化、下游齐鲁文化为主体，包含诸如三晋文化、燕赵文化等亚文化层次而构成的庞大文化体系。当然这并不是说，凡是黄河干流和支流流经的地区，都应该纳入黄河文化的体系。这是因为，黄河文化是在黄河流域地方共同体中发现的文化规则的聚合"①。

在更为狭义的理解层面，可说黄河文化乃与黄河精神、黄河气象连在一起，亦与黄土地、黄种人连在一起，更与乡土文化、城市文化连在一起。因为无论是强调血缘关系、宗族制度与家国观念的古典人文时期，还是强调现代化、城市化与契约精神的后工业时代与信息时代，黄河与黄河文化都以较为自洽的方式参与其中。它既是历史演进、时

---

① 徐吉军：《论黄河文化的概念与黄河文化区的划分》，《浙江学刊》1999 年第 6 期。

代变迁的见证者，也是文化延展、文明推进的参与者；既融摄了"民为邦本""天人合一"的传统哲学思想，涵盖了贵和持中、兼收并蓄的民族文化精神，又不乏激扬生命、自我革新的内在动力。由此可说黄河之水流向哪里，华夏文明的脚步就会迈向哪里。

黄河文化因内涵丰富而呈现出多元一体的形态特征。所谓多元一体，即意味着和而不同、同中有异。在此，我们不讲同化而讲兼容，不求合并而求共存。《国语》"和则生物，同则不继"所传达的"和而不同"的价值观念对中国古人的影响极大。从哲学上讲，它一方面强调在追求和谐共生的同时保持自身的优良特质，另一方面判定保持自身的优良特质客观上亦有利于和谐共生。"和而不同"的价值观念不仅适用于人与人之间、自我与他者之间，而且适用于人类社会与自然世界之间。如今，我们讲文化自信与弘扬传统，就是要从古典的思想宝库中找到有益于当代中国发展的文化内容与理论学说。"和而不同"的价值观念即是此中之典范，我们既可从伦理、政治的层面去解读它、应用它，亦可从生态哲学、人类命运共同体的维度去领会它的意涵、转化它的义理。抛开儒家还是道家、经学还是子学、汉学还是宋学这样的立场分歧，单就文化的根性而言，可知"和而不同"与黄河文化的基本精神是内在一致的，既强调对事情自身规定性的本质把握，又主张对他者优点的积极吸收。因为文化的形式是自在的、包容的、宽厚的，所以内容的表达与呈现才能够不拘一格、百花齐放。

自秦汉至唐宋，中华文化总体呈现"多元一体"的态势。其间，黄河文化无疑起到支撑、贯穿与连接的作用。一方面，黄河文化坚守着农耕文明与农业伦理的价值阵地，为中国古代社会的政治、经济稳定发展夯实了观念的根基；另一方面，黄河文化在坚持稳定、和谐、厚重之精神基调的同时，也展现出其精神气质中激扬、开放、变革的一面。它将自身置于中华文明的宏观境域之下，不仅有效地接受、吸取北方游牧民族的独特文化，而且积极寻求与长江文化乃至南方文化的交流与互补。这既丰富了黄河文化本身的精神价值、提升了黄河文化本身的历史意义，又深化了中华优秀传统文化的理论内涵、整合了中华优秀传统文化的思想资源。正如《黄河文化论纲》所言，"黄河为中华民族注入了内敛友善的心灵底色。中华民族多元一体格局的形成过程，既是历时的，也是共时的。中华文明出场、演化、发展的空间地理格局的一体性，生产生活方式的多元多样性，特别是农耕与游牧两种历史力量相生相激、角逐竞合，犹如历史的碾盘和巨锤，濡养和铸造了中华文明和中华民族多元一体、开放包容的共同体意识"①。

文化体系的形成，往往基于多种文化要素的交融与助推。在一个文化体系内部，各个文化要素绝不是孤立、彼此割裂的，它们之间的逻辑关系往往十分复杂、纵横交错。甚至很多时候，在一个文化体系内部还会形成特定的脉络

①　任慧、李静、肖怀德等：《黄河文化论纲》，《艺术学研究》2021年第1期。

与结构，其由某一占据主导地位的主流文化牵引从而获得长远的发展。在"多元一体"的中华文化体系中，黄河文化居于主导地位，这种主导地位不仅不会带来态度上的傲慢，反而还会激发出某种历史性进而承载中华文化的真精神、真品格。黄河文化对于其他文化而言具有极强的吸引力，这种吸引力能使其他文化扬弃自身的传统，从而合乎情理地融入黄河文化的脉络与结构之中。在悠悠千年的中华历史中，黄河文化始终面临北方游牧文化的冲击，但它从未丧失其精神与品格。它总是默默地承受、缓缓地吸纳，只在民族危难之际发出振聋发聩的声音，警醒世人要自强不息而勿要自甘堕落。黄河文化之所以绵延至今、经久不衰，是因为它与中原文化、农耕文化、北方文化结成了一个圆融的文化整体，一路下来兼收并蓄、自我完善，因而较之同时代的其他文化形态更为自足、更为明朗、更为先进。人类文化的发展历史，总是符合越是先进的文化其辐射范围越大、同化能力越强的规律，所以黄河文化才能不断地将少数民族文化融入自身的文化圈层之中，进而展现出文化的多样性与厚重性。就连本是游牧民族政权的元朝，也不得不直面这样的文化现实，推行一系列的汉化政策，将原先的游牧文明转为更加先进的农耕文明。正如《元史》所载："世祖度量弘广，知人善任使，信用儒术，用能以夏变夷，立经陈纪，所以为一代之制者，规模宏远矣。"①

---

① （明）宋濂：《元史》，中华书局，1976，第 377 页。

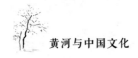

　　黄河文化因意义之深远与价值之多元而成为中华文明的"摇篮"，对中华上下五千年的文化积累与文化发展产生了举足轻重的影响。"黄河九曲，夭矫如龙，幅员辽阔，其内部由多元的地理、人文格局组成——关陇之地、表里山河、风雨中州和齐鲁平川，统统被包纳进黄河的巨大母体之中。它们是黄河文化的多副面孔，没有这种多元与多样，就没有所谓的黄河文化。"① 如今研究黄河文化，一方面是要追寻中华文化之渊源，探索黄河文化的思想内涵与精神要义，为国人增添文化自信；另一方面则是要从黄河文化的思想宝库中汲取智慧、获得真谛，从而打造新时代的黄河文化与黄河精神。黄河文化在漫长的历史发展过程中，经历过诸子百家的飞速成长时期，经历过万国来朝的辉煌鼎盛时期，也经历过屈辱求全的衰落停滞时期。进入新时代，随着中国经济、社会的全面发展，作为古老中华文化之主体的黄河文化也应"乘风而上"，为现代化建设注入独有的思想能量。黄河文化拥有足够强大的精神生命与深厚的思想底蕴，故可重拾旧日之荣光，在新时代发挥作用，成为中华民族的精神支柱。今日研究黄河文化，当取求真的学术态度、求实的价值立场，坚持文献研究与实地考察相结合，旨在构建一个适应时代性与现代化、平衡本土性与多元化、兼具科学性与审美化的全新的黄河文化体系，

---

　　① 任慧、李静、肖怀德等：《黄河文化论纲》，《艺术学研究》2021 年第1 期。

并使之作用于今日中华民族的文化表达、文化建设与文化发展。

黄河文化与中原文化在某种程度上具有同构性。成语"逐鹿中原"出自《史记·淮阴侯列传》，即"秦失其鹿，天下共逐之"[①]。后人用"逐鹿中原"指代豪杰并起、争夺天下。从中国古人传统的造词范式中就可看出，谁夺得了中原，谁就有资格统领天下。"逐鹿中原"所隐含的意思其实是中原即天下之中央、中国之中心，而滋养中原地区的文化形态便是黄河文化，这也就意味着中原文化之正统即黄河文化之正统。而与黄河文化、中原文化相关的，还有农耕文化与儒家文化。虽说先秦诸子百家皆从黄河文化的源头处汲取了不同的精神养分，但真正将黄河文化的核心精神纳入自家学术体系并使之形上化、典范化的只有儒家。儒家将黄河文化从自然领域、人与自然的交互层面转移到了人文领域、自我与他者的交往层面，并借由《尚书》为黄河文化注入了深刻的历史性，通过《诗经》为黄河文化注入了生动的情感性。因此，在先秦诸子百家的思想原创阶段，儒家学派与黄河文化的联系最为紧密，作为原始儒学阶段之代表人物的孔子、孟子在揭示黄河文化的精神内涵时着力最多、用心亦最多。《论语》有云，"道之以政，齐之以刑，民免而无耻。道之以德，齐之以礼，有耻且格"[②]；《孟子》则

---

① （汉）司马迁：《史记》（点校修订本），中华书局，2013，第2314页。
② （宋）朱熹：《四书章句集注》，中华书局，1983，第54页。

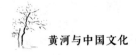

言，"穷则独善其身，达则兼善天下"①，其中即有政治化、道德化的价值追求与精神指向，当然也包含"华夷之辩"的文化观念。儒家在强调农耕文化、中原文化、黄河文化之正统性、先进性、优越性的同时，也深深意识到农耕文化、中原文化、黄河文化在与少数民族文化、外邦文化的交互过程中，只有经历痛苦的挣扎和反复的调整，才能适应新的时代、迎接新的变化、走向新的转机。由此可见，黄河文化博大精深、兼容并包的精神气质，其实是在一次又一次狂风暴雨的历史洗礼中养成的、练就的，所以它大多数时候是无言的、无声的，像一个充满悲悯情怀的老者目睹历史的发生。黄河之水只是偶尔显出任性的一面，仿佛一下子返老还童却又盛气凌人，给人类一个偌大的教训，告诫人类敬畏自然、珍视生命。

纵观数千年的中华文明史，可知中国古代最有影响力的思想学说大多诞生于黄河流域。孔子在黄河下游的齐鲁大地开创儒家学派、推广礼乐教化，后因汉武帝、董仲舒"罢黜百家，独尊儒术"之思想意志的推行，儒家学说得以从黄河流域推广到整个中国社会。老子所开创的道家学派，发端于黄河流域的河洛地区，并率先在黄河沿线诸国流传开来，进而发扬至荆楚之地以及广大的南方地区。佛学在汉明帝时传入洛阳，承载佛教文化与佛教艺术的敦煌莫高窟、麦积山石窟、云冈石窟、龙门石窟等均分布于黄河流

---

① （宋）朱熹：《四书章句集注》，中华书局，1983，第351页。

域。从魏晋到唐宋，儒、释、道三家学说不断走向合流，从此奠定了中国传统文化的发展方向，而这一切主要发生于黄河流域。从地域上看，山东的齐鲁文化、河北的燕赵文化、山西的晋文化、陕西的秦文化、河南的河洛文化等不同特色、不同内容的地域文化，也都是在黄河的孕育下得以生成的。唐宋以前，黄河流域长期作为中华民族的政治、经济、社会、军事、文化活动中心，造就了洛阳、西安、郑州、开封、安阳等历史古都，开显了中华文明的广阔气象。唐宋之后，虽然中国的经济重心不断南移，但黄河流域仍然在政治上、文化上牢牢占据话语权与主动权，元、明、清三代定都北京，更是为当代中国的政治格局与文化形态的塑成奠定了重要的历史基础。

今天，当我们回顾中华文化的发展历程时，必须牢牢把握黄河文化这一抓手，因为黄河流域所催生的物质文化与精神文化是使中国成其为中国的内在缘由，黄河文化即是中华文化的核心表达，黄河精神即是中华文化的核心精神，黄河气象即是中华文化的核心气象。党的十八大以来，习近平总书记反复强调国内国际两个"大局"，即统筹中华民族伟大复兴战略全局和世界百年未有之大变局。当前，经济全球化遭遇逆流，国际环境日趋复杂，面对困难与挑战，我们必须积极调整、主动适应，要在不稳定不确定的世界大局中谋求自身的发展。换言之，当今世界的演进之势不会停止，"变"将是很长时间内的常态，而在这世界百年未有之大变局中，中华民族伟大复兴则是我们"不变"

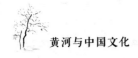

的信念、"不变"的目标、"不变"的事业。中华民族伟大复兴是基于世界百年未有之大变局的整体而开显出的中国智慧、中国方略，世界百年未有之大变局提供给中华民族伟大复兴以巨大的历史契机。从黄河文化的多元一体视域出发，围绕中华民族伟大复兴这一信念、目标与事业，中国社会方能团结各方、凝聚人心，乘风破浪、披荆斩棘；从黄河文化的多元一体视域出发，把握世界百年未有之大变局，亦将使中国在与世界各个国家、各个民族的交流、交往、交互中激活中华文明已有的思想资源、价值观念与实践方法，在与世界的同步交织、相互激荡、并肩前行的过程中不断推动人类命运共同体的构建。如果说黄河的复兴与黄河文化的复兴是一个整体，那么中国的复兴与中国文化的复兴也是一个整体。中华民族伟大复兴之意义与福祉不仅关乎中国，而且关乎世界，因此无论过去、现在还是未来，中华民族伟大复兴都是世界百年未有之大变局的重要组成部分，都与世界和平发展与人类进步事业天然地结成一个整体。黄河文化的多元一体在观念上、视域上为我们的前行提供了依据与方向，有助于我们"谋定而后动""厚积而薄发"，不断突破困局，取得历史性与现代性的成就。

第二节　黄河的集体记忆与文化联想

　　黄河流域以及与之相连的黄河文化，可谓中华民族的集体记忆。记忆关乎自我、关乎个人，但记忆指向的并不只有个人，还有他者以及个人和他者所构成的共同体，即便是指向个人的那部分记忆，也仍然连带着个人身后的家庭、圈层与集体，毕竟个人的身份、意义与观念是在集体、共同体或曰社会关系中建构出来的。这也就意味着纯粹个人的、私人的、自我的记忆是不可能存在的，所谓的记忆实质上是指被时间、空间限定了的某一历史片段，它的主体似乎不是某个孤立的个人，而是个人背后的集体与共同体。这也解释了为什么有的人面对黄河时可以看到其背后的历史、精神与文化，有的人面对黄河时可以看到自己的国家、乡土与童年。

黄河作为一种文化意象、精神象征，通过集体记忆的形式将我们与我们的上一代以及我们的下一代联系在一起，通过集体记忆的形式将同在中华大地上生活的不同地域、不同民族的人联结在一起，所以集体记忆所连接的不仅是时间意义上的、纵向的人，而且是空间意义上的、横向的人。今天，社会发展的脚步不断向前，新鲜的事物不断涌现，新的技术正在掀起一场生活的革命，日益加深的全球化现象正在对传统的社会概念和固有的时空观念发起巨大的冲击，每个人都在这样高压与变奏的现实境域中试图尽快确立自己在周遭世界的角色与位置、努力在新世界中寻找过去生活的影子或挖掘头脑中残缺不全的记忆碎片、重构自己的思维方式与生活方式。当这巨大的无助、困惑与不解完全地降落在我们的身上时，我们终于不得不停下脚

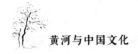

步去探寻这一切的缘由。面对奔流不息的黄河、面对"天地有大美而无言"的自然界，我们躁动不安的心灵获得了暂时的平静，我们陷入深思并不断发问：人生的意义到底是什么？生命的真谛究竟是什么？这个世界何以看起来既熟悉又陌生？这瞬息万变的世界还有什么是我们可以真正把握的，还有什么是我们能够予以确定的？这既是普遍的、抽象的、宏观的哲学问题，也是具体的、生动的、细微的生活问题，它关乎每一个平凡的个体，更关乎个体背后的集体与共同体。黄河让我们回想起自己的过去以及与之相关的一个家庭的过去、一个圈层的过去以及一个国家的过去。这种种的过去叠加在一起，既是真实的历史，也是历史的真实。所以说集体记忆的唤起，对于文化意象、精神象征的确认才是关键的。对于国人而言，黄河无疑就是最好的文化意象与精神象征，它见证了我们的过去和当下，还将陪伴我们走向光明的未来。

理解"我"与黄河的关系，归根到底是要理解"人"与自然、"人"与世界的关系。海明威创作《老人与海》亦是如此，除了探究人自身的精神属性外，更为重要的思想主题乃是探究人与海洋、人与动物、人与自然世界的复杂关系。海明威从文学创作的角度提出了重要的"八分之一冰山"理论，他认为"冰山在海里移动很是威严壮观，这是因为它只有八分之一露出水面，而作家依靠的是思想感情，即水面以下的八分之七，这并不是让作家把这八分之七和盘托出，相反，要把它深藏在水里，以加强那八分之一的基础"①。文学创作视角下的"八分之一冰山"理论，对于我们从哲学、美学维度理解海洋、河流乃至自然世界的万事万物具有直接的启示。这个世界是可以被认识的吗？在什么意义上我们可以说我们理解了这个世界？我们的认识能力是有限的还是无限的？我们认识事物的基础和标准是什么？我们在面对黄河与黄河文化时，何以能够形成一定的情感共鸣、思想共振，产生一定的文化联想？当我们的精神世界通过这些情感共鸣、思想共振与文化联想被连接起来时，是不是意味着我们超越了自身的主观性而进入了一种更为深远的普遍性之中？这些问题都是值得深思的，且只有在哲学的视域下才能获得有效的解答。

因为黄河的博大、广阔、古老、悠远以及它背后的历史性、文化性、情感性、生命性，所以当"我"面对黄河时，"我"往往面对的是整个世界。"我"与黄河的关系背后，乃是"我"与世界的关系。就"我"与世界的关系而言，其实至少有两种理解方式。其一，世界与"我"无关，"世界"并不因我的存在或离开而发生改变。在这个意义上，"一代人正老去，但总有人正年轻"的说法是可以被接受的，因为"我"在或不在，地球都还在转，这个世界该如何还是如何。其二，世界与"我"紧密相连，世界的变化影响着"我"，世界也因为"我"的存在、发声或作为而有所不同、有所改变。即便这不同与改变很多时候看起

---

① 董衡巽编选《海明威谈创作》，中国社会科学出版社，1980，第6页。

来那么微不足道，但不可否认的是，"我"是世界的一部分，"我"不在了，这个世界也将因为"我"的离开而黯淡些许，甚至在更为主观与自我的意义上讲，"我"若不在，"我"眼中的世界也将不复存在，在抽象的意义上，亦可说"我"牵动着这个世界，"我"到来则世界存在，"我"离开则世界随之消散，如果我们对此有所共鸣，大概也就可以理解王阳明所说的"汝未看此花时，此花与汝心同归于寂；汝来看此花时，此花颜色一时明白起来"①。阳明心学的结论是"此花不在汝心之外"而在"我"心之内，这就印证了世界与"我"紧密相连的思想观念。同理，当"我"面对黄河时，黄河即进入我的视野、我的心灵、我的思维之中。"我"的身体因为黄河之水的涌动而激发出某种本能的生命冲动，"我"的精神因为黄河之水所袭来的历史感而表现出某种超越现实的张力。前者乃是我的此在体验，后者则是我的文化体验。

第三节　黄河文化与地域文化

如果我们将黄河文化看作一个文化系统，那么河湟文化、河套文化、关中文化、河洛文化、齐鲁文化可谓黄河文化这一系统的五种主要构成。从考古学的角度来看，河湟文化、河套文化、关中文化、河洛文化、齐鲁文化等地

---

①　陆永胜译注《传习录》，中华书局，2017，第635页。

域文化又可追溯至上古文化，即仰韶文化、齐家文化、龙山文化和大汶口文化。"从地域来看，齐家文化主要分布在黄河上游地区，仰韶文化主要分布在黄河上中游地区，龙山文化主要分布在黄河中下游地区，大汶口文化主要分布在黄河下游地区。这四类文化虽同属黄河文化，但由于地理、气候、生产、生活情况的不同，它们相互间仍有差异。这四类文化共同催生并助推了黄河文化，但从人口的密集程度、文化的繁荣程度、经济政治社会的发展程度来分析，仰韶文化和龙山文化是黄河文化的主体，而且仰韶文化还是黄河文化的源头和主导。"① 由此可见，黄河文化的多元一体格局，其实指向形态多样、意义多维的地域文化。2019 年 9 月 18 日，习近平总书记在黄河流域生态保护和高质量发展座谈会上明确指出："在我国 5000 多年文明史上，黄河流域有 3000 多年是全国政治、经济、文化中心，孕育了河湟文化、河洛文化、关中文化、齐鲁文化等，分布有郑州、西安、洛阳、开封等古都，诞生了'四大发明'和《诗经》、《老子》、《史记》等经典著作。九曲黄河，奔腾向前，以百折不挠的磅礴气势塑造了中华民族自强不息的民族品格，是中华民族坚定文化自信的重要根基。"②

所谓河湟文化，即围绕黄河及其支流湟水河、大通河而出现的文化现象、形成的文化氛围，从地域上看，主要

---

① 徐光春：《黄帝文化与黄河文化》，《中华文化论坛》2016 年第 7 期。
② 习近平：《在黄河流域生态保护和高质量发展座谈会上的讲话》，《求是》2019 年第 20 期。

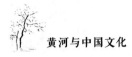

存在于青海东部以及甘肃西部。河湟文化的特点在于农耕
文化与游牧文化的融合、合流，汉族与藏族、回族、土族
等少数民族的共存、共生。花儿、皮影即河湟流域最具代
表性的非物质文化遗产，花儿改良了当地的民歌，皮影改
造了当地的戏剧，它们共同引导并推动河湟地区民间文化
的发展。从考古的角度讲，马家窑文化即是河湟文化的早
期代表，一些彩陶上所出现的蛙类图纹，亦反映了中国古
代先民的图腾崇拜与祖先崇拜。"蛙"同"娃""娲"，前
者有生殖崇拜的意味，后者则有创世神话的气象，这充分
表明河湟文化的演进过程较为悠长、历史影响也更为深远。
如果说河湟文化是以农耕文化为主、游牧文化为辅的，那
么河套文化便是以游牧文化为主、农耕文化为辅的。

河湟文化在地域上基本处于西北，而河套文化在地域
上总体处于华北。"河套"的称谓大约是从唐代开始出现
的，但河套文化早在先秦时期就已形成。河套地区的形成
有三个重要的自然因素，即黄河、草原与阴山。在地形上，
阴山是北方草原与中原大地的天然屏障，而阴山、黄河与
草原的组合搭配，更使河套地区在地理位置上占据优势，
成为兵家必争之地。阴山在地理上分隔了北方草原和中原
大地，但却未能阻断二者在文化上的联系与交融。从匈奴
的崛起到两汉的兴衰，再到宋、元、辽、金的战争与和解，
这一切使得各个民族的独立自存、孤立发展不再可能，而
纷纷进入一种多元文化有机交融的文化演变系统之中。河
套地区也不例外，游牧民族的激情与农耕民族的温润相交

会，草原文化与黄河文化相融合，这既是自然世界的交互共存，又是人文世界的和谐共生，既展露出华夏文明的普遍性一面，又呈现出河套文化的独特性一面。其间，黄河文化再次起到了观念连接、文明镶嵌的中介功能，凸显了河套文化的敞开性与卓越性，会通了佛、道、基督、伊斯兰四大宗教的救世精神，使得马背上的民族能够兼具激情与理性，亦使得巴彦淖尔恐龙化石、贺兰山岩画、阴山赵长城等文化遗产得以穿越波澜壮阔的历史留存至今。

在五种文化形态中，若论中原文化之博大精深，首推关中文化。关中地区具有得天独厚的地理优势，故而成为华夏文明的早期发源地之一。在上古神话与历史人物的谱系之中，炎帝（神农氏）是陕西宝鸡人，黄帝（轩辕氏）是陕西延安人，教人种植粮食的后稷是陕西杨陵人，创立文字的仓颉是陕西白水人，这从侧面说明了关中文化之于早期华夏文明的根基性与初创性。历史学家汤因比晚年提出"挑战—应战"理论，他认为人群对于外部挑战的应战乃是文明兴衰之关键所在。[①] 汤因比认为，没有外部挑战，或对于外部挑战的应战不足，都会在一定程度上导致文明的衰落，反之，如果有足够的智慧与勇气回应挑战，则不仅可以成功抵御一切外在的危机，而且可以通过对危机的回应与转化从而实现自我的重组与升级。在中华文化内部，

---

① 参见〔英〕阿诺德·汤因比《历史研究》，郭小凌、王皖强、杜庭广等译，上海世纪出版集团，2010，第 204 ~ 206 页。

最能体现汤因比"挑战—应战"理论的当数关中文化。纵观中华民族发展之历史，无论是面对大灾大难，还是戎狄夷蛮，关中地区的将领、士大夫与民众往往能够表现出正义凛然、勇敢无畏的刚健气质，仿佛他们的精神意志已经饱受考验而无坚不摧，仿佛他们的血肉之躯早已历经磨难而刀枪不入。关中文化令人惊叹的地方在于，关中地区的将领、士大夫与民众在"挑战—应战"的动态关系中不仅展现出过人的精神意志，而且迸发出卓越的创造能力。一次又一次的应战成功，并没有让关中的将领、士大夫与民众变得自负，相反，从一次抗争到另一次抗争、从一个困境到另一个困境，人们的精神自觉性不断提升、自我进化力亦不断加强。汤因比"挑战—应战"理论的要义还在于，推动文明生长的动力往往来自那些赋有卓越创造力的少数人，我们习惯将这部分少数人称作"英雄"，并视他们为我们生命养成之典范。我们固然不会认同汤因比所谓少数的卓越之人推动历史发展与文明进程的结论，但这一观点给予我们的启示仍有意义，那就是引导我们去反思、去追问：我们的文化与文明是如何定义英雄的？英雄人物、光辉人物之于中华文化的形成与发展而言又意味着什么？中华文化不仅重"理"，而且重"情"，所以在现代学术思想的境域下，我们既讲"理本体"，也讲"情本体"，在英雄的问题上也是如此。何平导演的《双旗镇刀客》就是一部讲述黄河古镇、关中儿女的现代武侠电影。大漠孤烟直，长河落日圆。风沙簌簌，被人唤作"孩哥"的少年，为了寻找自己的媳妇,孤身闯入双旗镇,不料撞上了沙漠里的"恶鬼"——名曰"一刀仙"的贼匪。有冤报冤,有仇报仇,好一个快意江湖。他忘不了他那性情乖张的小媳妇,那个走路大步流星、端着尿盆一个趔趄摔倒在地的"好妹"。只见他手起刀落,血光四溅,贼人纷纷倒在血泊中。影片里,"孩哥"在荒芜的沙地里策马前行,苍茫的西北风貌尽收眼底,无尽凄美与壮阔,"孩哥"徜徉在一片曼妙的黄色里,仿佛上空之云彩、地上之野草、近旁的黄河也跟着一起欢腾、舞动。他誓死不忘保护他的小媳妇,对恋人的捍卫成为他心中庄严的誓愿,即使付出生命也要带她还家。这就是黄河古镇、关中儿女的豪气、志气与英雄气。从关中文化到黄河文化,从黄河文化再到中华文化,每个时代、每个重要的历史时刻,都会有卓越的、大无畏的、富有挑战气质与牺牲精神的英雄人物、光辉人物自觉地走向潮头,从汹涌人潮中脱颖而出。与西方世界的超级英雄不同,东方式的英雄人物、古往今来的光辉人物往往在大是大非面前表现出不卑不亢、张弛有度、法天贵真的精神气质,倘若探究其背后之价值渊源,则可说是受到儒家文化与道家文化的共同影响。发出"为天地立心,为生民立命,为往圣继绝学,为万世开太平"这般振聋发聩之思想先声的理学家张载,既是两宋时期儒家的杰出代表,亦是彼时关中地区的文化巨擘。张载身上所体现出的精神气质,我们在司马迁、李广、苏武、王昌龄、孟浩然、白居易等诸多关中人士的身上亦可洞见。据此,可说关中文化的精神内核

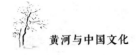

其实在于强韧之气质、刚毅之品格与仁智之风骨，作为黄河文化、中原文化的重要组成部分，其为华夏民族在精神意志上注入了一针强心剂。

中原文化与黄河文化的另一重要组成部分乃是河洛文化。河洛文化，顾名思义，即围绕黄河、洛水以及周边地区所形成的文化形态。河洛文化之所以能在中国古代思想文化史上占据重要地位，主要得益于两大因素：一是黄河的孕育；二是政治力量的加持。商代的都城殷地、周代的都城洛邑、东汉的都城洛阳、北宋的都城开封均属于河洛地区，这表明河洛文化在政治层面其实有其向心力与凝聚力。于希贤、陈梧桐认为，"透过历史的天际线，去考察那些依稀可辨的踪迹，就会发现黄河文化发展的每一个时期，其文化特质与内涵都集中体现在城市，特别是国都的建设上。中国传统的城市都以形、数、理、气、象相统一，集中体现了黄河文化的精髓"①。杨海中、杨曦亦认为，"我国有文字记载且现在仍存遗迹或旧貌的历史古都有八座，分别是郑州、安阳、洛阳、西安、开封、杭州、南京和北京。其中位于黄河流域的有五座，分别是西安、洛阳、郑州、开封和安阳，它们是黄河文化物质文明的典型标识，不仅代表着不同历史时期黄河文明的成就，也是数千年中国王朝文化的缩影与载体。要认识远古文化、先秦文化、

---

① 于希贤、陈梧桐：《黄河文化：一个自强不息的伟大生命》，《北京大学学报》（哲学社会科学版）1994年第6期。

汉魏文化、唐宋文化，要认识中华民族的形成与发展，要了解黄河流域的物质文明与精神文明成就，只要读懂了这几个古都，便一目了然"[①]。从西安到郑州、安阳、洛阳、开封，从关中到河洛，既构成了中国古代政治的中轴线，又构成了中原文化的基本脉络。这些都城的确立与发展，与中原地区所孕育的农耕文明有关，更与黄河流域所提供的生命滋养有关。黄河中游的洛水，发源于陕西而主要流经河南。洛水支流繁多、水量充足，为河南境内的平原和盆地提供了优良的水源和生态环境。《史记·周本纪》曰："此天下之中，四方入贡道里均。"《史记集解》引刘熙曰："帝王所都为中，故曰中国。"[②] 以洛阳以及河洛地区为王朝之中心，早在商周时期就已成为王侯将相之共识，故司马迁判定"昔三代之居皆在河洛之间"。由此可知，我们现今称河南为"中州"、称我国为"中国"，其实是有迹可循的，此种称谓的约定俗成与黄河文化尤其是河洛文化的源远流长无疑有着直接的关系。

第四节　黄河文化之齐鲁文化

若论黄河文化与地域文化相融合、相会通所生发的思想效力之深远、绵长，无疑首推齐鲁文化。论及黄河文化，

---

① 杨海中、杨曦：《黄河文化的标识与家国情怀》，《地域文化研究》2021 年第 2 期。

② （汉）司马迁：《史记》（点校修订本），中华书局，2013，第 137 页。

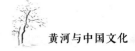

人们总是第一时间想到河南、陕西等省份抑或洛阳、西安
等城市，总是最先追问黄河的源头在哪里，而较少关注黄
河最终流向哪里、通向何处。作为黄河入海的最后一站，
齐鲁大地所蕴含的思想文化内容其实远远超乎我们的想象。
齐鲁文化不仅包含儒家文化与泰山文化，还包含黄河文化
与海洋文化。我们讨论黄河文化，不能仅仅围绕黄河本身
展开，还要注重黄河流域之延伸内容，如黄河与渤海的交
汇，如此重要的地理事件、自然事件即发生在齐鲁大地，
齐鲁文化之于黄河文化的独特性与不可替代性亦体现于此。

　　黄河文化与齐鲁文化交互的思想产物主要是《禹贡》
的"九州"观念、邹衍的"大小九州"学说。《禹贡》首
次提出"九州"的说法，将当时的"天下"也就是整个中
华大地分为了九个区域，即冀、兖、青、徐、扬、荆、豫、
梁、雍九州。《禹贡》对每一州的土地、河流、山脉、物
产、交通等状况都做了具体的介绍，如豫州之水先流入洛
河后流入黄河，兖州草木茂盛，扬州泥土潮湿，梁州黑土
疏松，雍州则多黄土等。《禹贡》以山脉、河流划定"天
下"，这对阴阳家代表人物邹衍及其"大小九州"学说的
问世产生了直接的影响。较之《禹贡》的"九州"观念，
邹衍的"大小九州"学说视野更广、立意更大。如果说
《禹贡》更多是对华夏地域的描绘与记述，则可说邹衍更多
是对世界图景的推测与勾勒，前者主要立足于客观、经验
的层面，后者主要立足于宏观、抽象的层面。邹衍从"小
九州"的地理方位出发，由近及远地勾勒出整个世界的大

致轮廓，这便有了"大九州"的构想。邹衍"大小九州"学说的大体内容是：中国名为"赤县神州"，这就是《禹贡》所说的"九州"，此为"小九州"。"大九州"指向世界版图，"大九州"之外还有更大的"瀛海"环绕。"瀛海"的边际被称为"八极"，可谓天地的尽头。按照邹衍的"大小九州"学说，赤县神州不过是天下的八十一分之一。在历史上，邹衍的"大小九州"学说打破了"中国即天下，天下唯有中国"的传统观念，把"中国"和"天下"两个概念区分开来，大大开阔了人们的眼界。在邹衍的构想中，"大小九州"作为一个整体构成了偌大的陆地世界，瀛海将它围在中间，也将一些怪兽远远隔开，从而使得人类过上安定的生活。邹衍"大小九州"学说所提出的"州外有州、海外有海"在先秦时期是十分超前的，亦可说这样的观念中蕴含着一定的科学思维。春秋战国时期，人们对于海洋的了解和把握几乎为零，尤其是深居内陆的六国民众，因此邹衍"大小九州"学说的阐发，对彼时人们的已有认知所造成的冲击是巨大的。

邹衍的"大小九州"学说是从黄河文化延伸至海洋文化的一次观念性尝试。邹衍能够提出"大小九州"学说，主要与他所处的客观环境以及他在稷下学宫的经历有关。邹衍一生大部分时间都在齐国，而齐国恰恰临近海洋。史书记载，齐国重视工商业的发展以及与周边各国的贸易往来、文化交流。如此一来，无论是齐国的官员还是民众都极大地开阔了视野。视野一旦打开，一些不同寻常的想法

很快就会产生，邹衍的"大小九州"学说即是如此，这里面既有想象力的充分发挥，也有对地理环境的客观考察。从本质上讲，邹衍的"大小九州"学说乃是对整个世界图景的描绘与勾勒，像这种视野极其开阔、主题极为宏大的学说与构想，在秦国等其他六国的学者、官员乃至民众那里是难以想象的，但对于临近海洋的齐国名士而言则是可能成立的。"大小九州"学说的出现，表明了那个时候的航海事业或许已经有了一定的发展。齐国是一个滨海国家，齐国民众不断出海，接触外部世界，带回海外奇闻。人们对这些海外奇闻加以演绎，就得出了天外有天的猜想，判定在我们居住的领域之外可能还有更大的世界。因此，"大小九州"学说不大可能出现在赵国、秦国这样的内陆国家，这些国家的人可能连海洋都没见过，不大可能产生这样的思想。这样的学说只能出现于有海洋文化的国家，而在彼时的中国大地上，仅有齐国民众知晓黄河流入渤海一事。所以我们认为"大小九州"学说乃至阴阳家的若干观念，既是对齐鲁文化的创造性转化，又是从黄河文化到海洋文化的思想性拓展。

　　诞生在黄河流域与齐鲁大地上的"大小九州"学说，改变了彼时的"天下"观念，突破了彼时的地理观念，对"徐福东渡"等历史事件的发生产生了直接影响。众所周知，徐福率领三千童男童女东渡日本，造就了中日文化交流史上的一段佳话。那么究竟是什么因素、什么观念促使他想要走出本土、一路东渡呢？从思想史的角度讲，其实就与黄河文化、海洋文化有直接的关系。按照《后汉书》《三国志》的记载，可知徐福大约到了"澶洲"海岛，此岛位于中国的东南方向，而当时的"倭国"、今天的日本就在这个方位。《日本国史略》亦有徐福携三千秦人东渡的文字记载，还有一些说法更加夸张，认为徐福不仅到了日本，还到了琉球群岛、济州岛。那么回到我们一开始的问题：徐福为什么就确信在中国的版图之外一定有海岛、有他国、有外族呢？这是基于怎样的一种观念呢？这里我们不仅要假设徐福的动机，还要假设秦始皇的动机，也许东渡的真正目的在于扩张领土，而不是获取长生不老的仙药。《吕氏春秋》就曾透露出秦始皇的雄心与抱负，所谓"北至大夏，南至北户，西至三危，东至扶木，不敢乱矣"[1]。那么这样的动机与目的有没有理论的支撑呢？答案是肯定的，那便是邹衍基于黄河文化、海洋文化之交互、拓展而提出的"大小九州"学说。战国后期，邹衍已经明确指出中国之外还有他国、中国的海域之外还有其他海岛、中国所处的大洲之外还有其他大洲，进一步讲，世界的版图之大，远远超出世人的想象。由此可知，除了儒家文化、泰山文化的交相辉映，黄河文化与海洋文化的交互、拓展亦是齐鲁文化至关重要的组成部分。

黄河文化流经山东，与齐鲁大地兼收并蓄的人文精神、思想学说会通为一。人的生命是有限的，但思想的生命是

---

① 许维遹：《吕氏春秋集释》，中华书局，2009，第532~533页。

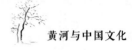

无限的，对于两千多年以前的文化盛况，我们今人自然是
无缘见到的，但这不妨碍我们去回味它、解读它、还原它。
在齐鲁大地上，我们的人文精神至今延绵不绝、生生不息，
古人虽然不在，但古时的黄河还在，它是那一伟大思想时
代、那一恢宏思想浪潮的"见证者""参与者"。先秦时期
的齐鲁文化，以稷下争鸣的思想事件最为引人注目。我们
常说"百家争鸣"，但依司马谈、司马迁父子留下的文字材
料来看，参与学术争鸣、思想论辩并形成一定历史影响力
的主要是儒、墨、道、法、名、阴阳之六家。这六家中，
儒家、墨家、阴阳家的形成与发展主要是在齐鲁大地上，
儒家形成于春秋晚期，墨家诞生于战国初期，而阴阳家兴
起于战国后期。

　　先秦时期的百家争鸣以春秋战国之际的儒墨论战为开
端，以战国中后期的名辩思潮为高峰，其间起到过渡与助
推作用的则是齐国的稷下之学。稷下学宫的出现，首先与
战国时期养士之风的盛行以及"士"阶层的崛起有关。
"士"乃古代"四民"（士、农、工、商）之一，商代与西
周时期地位颇低。春秋战国之际，诸侯争霸、战乱不息，
周王室与贵族势力日益衰落，宗族制度遭到严重破坏。为
巩固已有之政治地位与伦理体系，王室与贵族亟须招揽人
才以出谋划策，这便形成了养士之风，"士"阶层亦借此机
会一跃而起，成为先秦时期社会变革之重要力量。

　　稷下学宫的产生，亦与黄河流域以及齐鲁大地的"强
齐"格局有关。齐国自姜太公始，就有富国强兵之愿景。

《史记·齐太公世家》记载："太公至国，修政，因其俗，简其礼，通商工之业，便鱼盐之利，而人民多归齐，齐为大国。"[1] 这为齐国之强盛与崛起奠定了良好的基础。齐桓公时，管仲辅政，冶铁制具、兴修水利、伐林开荒、煮海制盐，农业、商业、手工业全面发展，都城临淄可谓四衢八街、欣欣向荣、盛况空前。田氏代齐以后，齐国的经济、军事、社会之发展依旧方兴未艾。《史记·苏秦列传》载曰："齐南有泰山，东有琅邪，西有清河，北有渤海，此所谓四塞之国也。齐地方二千余里，带甲数十万，粟如丘山。三军之良，五家之兵，进如锋矢，战如雷霆，解如风雨。即有军役，未尝倍泰山，绝清河，涉渤海也。临菑之中七万户，臣窃度之，不下户三男子，三七二十一万，不待发于远县，而临菑之卒固已二十一万矣。临菑甚富而实，其民无不吹竽鼓瑟，弹琴击筑，斗鸡走狗，六博蹋鞠者。临菑之涂，车毂击，人肩摩，连衽成帷，举袂成幕，挥汗成雨，家殷人足，志高气扬。夫以大王之贤与齐之疆，天下莫能当。"[2] 若说经济、军事、社会之持续发展乃治国之常规，那么借助思想、文化之力量巩固其政治权力之合法性与正当性，对初露峥嵘的田齐政权而言便可说是当务之急。而思想、文化层面之崛起，最有效之方式莫过于学术争鸣与论辩。稷下学宫，位于齐国都城临淄（今山东淄博）稷

---

① （汉）司马迁：《史记》（点校修订本），中华书局，2013，第 1480 页。
② （汉）司马迁：《史记》（点校修订本），中华书局，2013，第 2752 页。

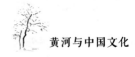

门附近。公元前 374 年，齐桓公田午创立稷下学宫，将其作为田齐政权之学术思想阵地。自此，稷下学宫成为齐国之官办学府，以会集贤才、谈辩议政、争鸣学术、著书立说为主要宗旨。作为战国时期最为著名的学术争鸣平台与思想论辩场所，稷下学宫吸引了儒、墨、道、法、名、阴阳等各家思想人物的到来。稷下学宫在齐宣王时达到鼎盛。《史记·田敬仲完世家》有云："宣王喜文学游说之士，自如邹衍、淳于髡、田骈、接予、慎到、环渊之徒七十六人，皆赐列第，为上大夫，不治而议论。是以齐稷下之士复盛，且数百千人。"① 田齐承袭春秋以来的养士之风，将天下众多才智之士招至稷下，并给予显赫的地位与优厚的待遇，这为百家争鸣的发生与名辩思潮的兴起提供了充足的现实条件。稷下学宫经常举办"期会"活动，"期会"的主要形式就是辩论，淳于髡、兒说、田巴等人即以出众的辩才与精湛的思维于云云辩者中脱颖而出。《史记·孟子荀卿列传》载曰："邹衍之述迂大而闳辩，奭也文具难施；淳于髡久与处，时有得善言。故齐人颂曰：'谈天衍，雕龙奭，炙毂过髡。'"② "谈天""雕龙"之名乃指邹衍、邹奭二人之口若悬河、能言善辩，"炙毂过"（通"輠"，古时车上盛油之器皿）则指淳于髡之思维与口齿像被加热了车油的车马那般灵敏、流利，"天口"之称更是对田骈杰出辩才的充

---

① （汉）司马迁：《史记》（点校修订本），中华书局，2013，第 1564 页。
② （汉）司马迁：《史记》（点校修订本），中华书局，2013，第 4981 页。

分肯定。就稷下辩者所谈论之内容来看，一部分玩弄语词、触及抽象问题，另一部分言说政治、关注现实困境。作为诸子百家各思想学派之代表人物，孟子、淳于髡、田巴、儿说、鲁仲连、邹衍、邹奭、田骈、慎到、申不害、接子、季真、环渊、彭蒙、尹文子、荀子等人皆与稷下学宫有极为密切之思想联系，一些以游说、访学为主要途径（如孟子、邹衍），一些以著书、立说为主要方式（如管子学派、黄老学派），荀子曾在稷下学宫"三为祭酒"，淳于髡、田巴、儿说、邹奭、鲁仲连更在稷下学宫赢得辩者之名。白奚进一步指出，《太史公自序》所概括的六家学术，在稷下学宫皆有代表人物："儒家有荀子、鲁仲连；道家有田骈、慎到、彭蒙、接子、环渊；墨家有宋钘；名家有尹文、田巴；阴阳家有邹衍、邹奭；法家思想则有《管子》可窥；淳于髡学无所主、兼容多家之术；告子兼治儒墨之道，难以确定其学派之归属。"[1] 稷下学宫历经齐桓公、齐威王、齐宣王、齐湣王四代君王之撑持，在长达七十余年的时间里，其百家争鸣之中心位置始终未曾撼动。

从文化学的角度来讲，稷下学宫兼收并蓄的思想风格、齐鲁人士能言善辩的聪明才智，乃与山东大地、黄河之水的孕育滋养密不可分。据《艺文志》统计，稷下先生著述颇丰，除《环子》十三篇、《接子》二篇、《邹子》四十九

---

[1]　白奚：《稷下学研究：中国古代的思想自由与百家争鸣》，生活·读书·新知三联书店，1998，第 67 页。

篇、《邹奭子》十二篇、《慎子》四十二篇、《尹文子》一篇、《宋子》十八篇外，还包括《荀子》三十三篇。荀子的思想创造在稷下时期最为活跃，因而《荀子》既被视为稷下学宫的集大成之作，也被视为百家争鸣时代的集大成之作。稷下学宫也在荀子"三为祭酒"时期迎来了最后的辉煌。盛极必衰，桓宽《盐铁论·论儒》记载："及湣王，奋二世之余烈，南举楚淮，北并巨宋、苞十二国，西摧三晋，却强秦，五国宾从，邹鲁之君、泗上诸侯皆入臣。矜功不休，百姓不堪，诸儒谏不从，各分散。慎到、接子亡去，田骈如薛，而孙卿适楚。"① 公元前 286 年，齐湣王灭宋，引起燕、赵、韩、魏、秦五国的强烈不满。公元前 284年，乐毅率领五国联军先在济西之地击溃齐军，后又攻占齐都临淄。湣王被杀，田齐几近亡国，稷下诸子与辩者群体自此离散、各奔东西。公元前 279 年，齐将田单以火牛阵击退燕军，收复失地，迎齐襄王复国，稷下学宫重获生机，奈何"夕阳无限好，只是近黄昏"。公元前 238 年，荀子去世，葬于兰陵。公元前 221 年，秦国灭齐，稷下学宫彻底退出历史舞台。作为战国时期百家争鸣、名士论辩之主阵地，稷下学宫可谓聚集了儒、墨、道、法、名、阴阳等各大学术流派。各家之门人、后学基于不同的政治立场、学术背景与思维方式，在同一场域中著书立说、品学论理、针锋相对、取长补短，不同的学术思想互相渗透、彼此融

---

① （汉）桓宽：《盐铁论》，中华书局，2015，第 111 页。

会，由此形成了学术差异化、理论多元化之思想格局，亦产生了新的学术思潮与思想领域。从学术发展史的角度讲，若无孟子、荀子等儒家思想人物的参与，稷下之学的光彩必将黯淡不少，而若无稷下学宫之学术场所，儒家与名、墨、道、法等其他各家的思想交锋与理论融合则无实现之可能。稷下学宫兼具学术性与论辩性，其自由开放、兼容并包的学术风气以及稷下辩者各抒己见、以理服人的争鸣精神，直接推动了百家争鸣与名辩思潮的发展。稷下之学在齐鲁大地与黄河流域产生，并与齐鲁大地的厚重风格、黄河之水的雄浑气质融为一体，从而成为中华文化的重要组成部分。

进入近代，齐鲁大地与黄河流域的关联更为紧密，齐鲁文化与黄河文化的交融亦更为充分，在刘鹗的小说《老残游记》中，我们即可感受到这两种文化的奇妙相遇。《老残游记》记述了冬季黄河渡口冰封河面的真实景象，这在追求美感与写意的中国古典文学中十分少见。《老残游记》第十二回的回目是"寒风冻塞黄河水，暖气催成白雪辞"，足见刘鹗对黄河冰凌这一奇特自然现象的关注。文中写道："老残洗完了脸，把行李铺好，把房门锁上，也出来步到河堤上看，见那黄河从西南上下来，到此却正是个湾子，过此便向正东去了，河面不甚宽，两岸相距不到二里。若以此刻河水而论，也不过百把丈宽的光景，只是面前的冰，插的重重叠叠的，高出水面有七八寸厚。再望上游走了一二百步，只见那上流的冰，还一块一块的漫漫价来，到此

地，被前头的拦住，走不动就站住了。那后来的冰赶上他，只挤得'嗤嗤'价响。后冰被这溜水逼的紧了，就窜到前冰上头去；前冰被压，就渐渐低下去了。看那河身不过百十丈宽，当中大溜约莫不过二三十丈，两边俱是平水。这平水之上早已有冰结满，冰面却是平的，被吹来的尘土盖住，却像沙滩一般。中间的一道大溜，却仍然奔腾澎湃，有声有势，将那走不过去的冰挤的两边乱窜。那两边平水上的冰，被当中乱冰挤破了，往岸上跑，那冰能挤到岸上有五六尺远。许多碎冰被挤的站起来，像个小插屏似的。看了有点把钟工夫，这一截子的冰又挤死不动了。老残复行往下游走去，过了原来的地方，再往下走，只见有两只船。船上有十来个人都拿着木杵打冰，望前打些时，又望后打。河的对岸，也有两只船，也是这么打。看看天色渐渐昏了，打算回店。再看那堤上柳树，一棵一棵的影子，都已照在地下，一丝一丝的摇动，原来月光已经放出光亮来了。"① 黄河冰凌又称黄河凌汛，一般发生于冬春季节，受冷空气影响，黄河干流、支流会有不同程度的冰情出现。山东地处黄河下游，历来受凌汛的自然影响不小。刘鹗创作《老残游记》即以山东济南为地域背景，对济南的风土人情、地理现象做了细腻、真实的描述。人们并不知道刘鹗来到济南之目的并非游历山水、感受生活，而是研究地理、治理黄河。清光绪年间，郑州黄河段决口，河道断流，

---

① 刘鹗：《老残游记》，人民文学出版社，1957，第118页。

多地被淹，于是朝廷命刘鹗、冯光远、董毓琦三人分别前往山东、河南、直隶三省实地测量、考察，最后测绘完成《豫直鲁三省黄河地图》。《豫直鲁三省黄河地图》共计5册150篇，是近代中国黄河治理的重要文献资料。治理黄河的前提在于了解黄河，在此期间，刘鹗既深切感受到了黄河的气势磅礴、大浪滔滔，也意识到了人与黄河之间恒久而复杂的关联。在治理黄河的漫长过程中，刘鹗逐渐打开了想象与联想的天窗，从地理王国一步步通向文学王国、从具象的现实世界一步步通向抽象的精神世界，这便有了《老残游记》。在这个意义上，可以说《老残游记》既是刘鹗的个人生活史，也是他观念转变的心灵史，既是济南人的生活史、济南这座城市的发展史，也是近代先民与黄河流域的交互史、文化史。《老残游记》成为刘鹗与齐鲁大地、黄河文化结缘的文本见证。透过黄河这一宏大而又充满历史感的自然意象，刘鹗也对世界的样貌、现世的命运有了更为深刻的理解。

第五节　黄河文化之陇原文化

什么是黄河文化？从广义上讲，不仅包含黄河流域这一物质实在本身，而且包含从古至今生活在黄河流域的人、存在于黄河流域的物、发生于黄河流域的事，只不过这里所指的人、物、事更多指向抽象的文化层面。但凡称得上某种文化的，一定是经得起历史检验的，对于人类的物质

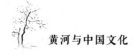

文明与精神文明有所影响、有所贡献的，如生活方式、价值观念、社会规范、文明范式等。当然，我们所讲的文化往往需要借助一定的载体才能留存，这便有了物质文化、非物质文化之分，前者如黄河岸边的羊皮筏子以及黄土高原的窑洞、土炕，后者如陇原大地上的临洮"花儿"、"道情"皮影。

黄河文化最具魅力的内容之一，乃是黄河流域与处于黄河中上游的黄土大地所共同缔造的马家窑文化与大地湾文化。黄土大地赋予黄河最为鲜明、独特的地域颜色，黄河则为黄土大地带来了最为恒久、厚重的农耕文明。马家窑文化与大地湾文化即是黄河文化、西北文化与农耕文明的集中体现。马家窑遗址位于甘肃临洮，于 1923 年首次发现，因彩陶而闻名于世。马家窑的彩陶制作工艺高超、器型丰富多彩、风格典雅而绚丽、气象宽厚而爽朗，具有非凡的文化价值、历史价值与艺术价值，代表了中国文化艺术起源阶段的最高水平，亦折射出黄河文化与农耕文明交互下人类智慧之高明、超前。大地湾遗址位于甘肃秦安，自 1978 年以来，出土陶、石、玉、骨等文物近万件，发掘房、坑、灶、穴、窑、墓等数百处，这不仅对西北地区的建筑、艺术、文字、宗教等相关领域的研究大有助益，而且对我国史前文明、黄河流域新石器文化的探索具有无比重要的意义。

黄河文化之于甘肃的意义是深远的，黄河文化之于甘肃的价值也是无穷的。黄河甘肃段干流全长 913 千米，受多元地貌之影响，甘肃境内的黄河一半浑浊、一半清澈。除了省会兰州，甘肃其他市县也不同程度地受到黄河文化的影响，如永靖与临夏。我们总说长江三峡，事实上黄河亦有三峡，即炳灵峡、刘家峡、盐锅峡，皆在甘肃永靖境内。而今，刘家峡水库、炳灵寺石窟已然成为永靖乃至甘肃颇为著名的旅游景点，自然景致与人文地标的相互搭配、相互映衬，使得我们对黄河文化有了更为直观的体认。如果说永靖与黄河文化的结合更多呈现为优美的自然景观，则可说临夏与黄河文化的结合更多呈现为独特的民族艺术。

黄河文化助推了临夏地区的民族风情，增添了临夏地区的地域色彩。2009 年，作为地方民歌的甘肃"花儿"被联合国教科文组织列入人类非物质文化遗产名录，成为甘肃第一个世界级"非遗"项目。而在甘肃"花儿"的演唱体系中，最为杰出的代表即是临夏"花儿"。临夏"花儿"历史悠久，明清时期就已十分流行，曲调、唱词延续至今。临夏地区每年都会举办规模盛大的莲花山"花儿"会，成千上万的"花儿"歌手参与其中，氛围无比欢畅。临夏地区的少数民族较多，如回族、东乡族、撒拉族、保安族等，他们大多能歌善舞，因而一年一度的"花儿"会成为他们展现自我的绝佳舞台。临夏地区的"花儿"歌手创作的曲调、歌词之所以悠扬、动听，在很大程度上与黄河文化的熏陶、浸染有关。通过《中国花儿曲令全集》《中国"花儿"学史纲》《花儿源流考》等相关著作，可知"花儿"歌手在艺术创作的过程中，会将对恋人的爱、对家乡的爱、对民族的爱借由黄河的意象表达出来，并填成词、谱成曲，最终以"花儿"的形式演绎出来。在大型音乐剧《花儿与少年》中，"花儿"歌手展示出了他们鲜明而浓烈的文化情怀与艺术特性，民族性与地域性、黄河文化与农耕文明皆在他们的演绎中得到了生动的体现。

在陇原大地上，最能体现黄河文化与农耕文化之交互特点的，当数陇东地区。黄河流域与陇东大地共同孕育了独具特色的陇东文化。陇东地处黄河中游，属黄土高原沟壑区，位于甘肃最东边。陇东地势南低北高，高原风貌可谓雄浑，有世界上面积最大、土层最厚、保存最完整的黄土塬。陇东属于温带大陆性气候，冬季常刮西北风，地表较为干旱。陇东是中华早期农耕文明的发祥地之一，中国"第一块旧石器"即出土于此。陇东也是中医药文化的发源地，中医鼻祖岐伯出生于此，"中华医学四大经典之首"的《黄帝内经》亦创作于此。陇东的民俗文化在甘肃乃至整个西北地区可谓独树一帜、独具一格，形成了香包、刺绣、剪纸等极具代表性的民俗文化产品。陇东文化作为一种文化形态，乃指"在漫长的历史发展过程中形成的以子午岭和六盘山为东西界，因在历史上相沿和传承的行政管辖关系，在文化上形成了诸多具有同质性和内聚力的地域性文化"①。

从思想史的角度讲，地域文化得以形成、发展的一大特征就是孕育出了伟大的思想人物与思想作品，这也就意

---

① 许尔忠、刘治立：《陇东文化研究归述》，《人民论坛》2014 年第 29 期。

味着，如果我们想将农耕文化、岐黄文化、民俗文化纳入陇东地区的整体文化体系中，就必然要诉诸蕴含厚重历史性与深刻思想性的经典文本。对于陇东文化而言，王符的《潜夫论》即是连接各个文化侧面的思想焦点。《潜夫论》是东汉思想家王符的代表作，共 36 篇，内容涉及彼时之政治、经济、法律、军事、教育等多个方面。通过《潜夫论》之文字内容，可见王符在政治哲学与文化哲学领域的深度分析与自在运思。王符，字节信，陇东镇原人。史料记载，王符与彼时之大学者马融、张衡颇有交情，然而他不苟于俗、不愿求人引荐，因此难获升迁。无法通过正当的途径获得认可与重用，王符可谓愤懑不已，于是隐居家乡镇原著书立说，终生不仕。"特殊的人生机遇，造就了王符正直孤傲的特性。"① 虽然王符半生隐居，但他与现实世界并未完全割裂，就性情而言，王符也是"眼冷故是非不管；心肠热故感慨无端"② 之人。王符在《潜夫论》中不仅论述历史，而且针砭时弊，对于彼时之政治状况、社会问题亦有直接之回应、敏锐之解读。

从地缘的角度讲，在王符整个生命轨迹的展开过程中、在《潜夫论》整个思想内容的书写历程中，所流露出的厚重、深沉与耿直、畅快的思想性格与精神气质，即得益于陇原大地的塑造与黄河文化的熏陶。王符人生大部分时间

---

① 宋洪兵：《王符〈潜夫论〉与"韩学"》，《国学学刊》2016 年第 4 期。
② （清）胡文英：《庄子独见》，华东师范大学出版社，2011，第 6 页。

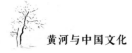

都居于家乡镇原，生于兹、长于兹、逝于兹，无论是他的身体、他的命运，还是他的思想、他的著作，都与这片土地深深地连在了一起。《后汉书·王符传》对王符其人其书的评价是："以讥当时失得，不欲章显其名"，"其指讦时短，讨谪物情，足以观见当时风政"①。这表明王符的思想既具有极强的批判性，又具有充分的现实性。王符承继诸子遗风，正如汪继培在《〈潜夫论〉笺自序》中所述，"折中孔子，而复涉猎于申、商刑名，韩子杂说"②。后世对王符及其哲学乃有不同定位，《隋书·经籍志》将其看作"儒家"，《文心雕龙》则将其归入"诸子"序列。总体而言，王符乃持儒家之价值立场，但在其书其文中，亦可见申不害、商鞅、韩非子等刑名法术思想之色彩，基于体用关系之角度，我们可将王符的思想形态概括为"以儒为体、以法为用"。需要强调的一点是，这里的"法"不仅指先秦法家，还指先秦道家尤其是黄老道家。透过《管子》《黄帝四经》《史记·老子韩非列传》等文献资料，可知"道""法"结合的思想趋势自战国中后期开始，到西汉初期达到高峰，这对两汉的经学、哲学、美学、文学乃至整个思想文化领域产生了直接的影响，王符及其《潜夫论》也不例外。

王符哲学的独特性在于，一方面整合了先秦以来以儒、

---

① （南朝·宋）范晔：《后汉书》，中华书局，1965，第1630页。
② 彭铎校正《潜夫论笺校正》，中华书局，1985，第487页。

墨、道、法为代表的诸子百家之思想资源，另一方面又汲
取了黄河文化、陇东文化朴拙、淳厚之精神气象。"以儒为
体、以法为用"的思想特征，表明王符哲学在学术精神上
是自由的、自在的、畅快的。我们知道，自汉武帝采纳董
仲舒"罢黜百家，独尊儒术"的思想主张以来，整个汉代
的思想氛围总体上是严肃的、压抑的，而反观王符隐居之
后所创作的《潜夫论》，可以说基本上摆脱了汉代政治儒学
及其冷峻氛围的影响，从思想史的角度讲，我们几乎可以
说王符及其《潜夫论》是逆时代潮流而行的，甚至可以说
王符的哲学在精神气质上超越了其所处的时代。如前所论，
王符及其《潜夫论》之所以凸显出如此独特的精神气质，
恰与其所生长的陇东大地、其所承载的陇东文化有关。王
符推崇"遂道术而崇德义"之文章，强调作文之关键在于
言事、明理、传道。王符对彼时兴起的"骈俪之文"与
"虚无之风"十分反感，其在《潜夫论》中对此种文风、
此种导向进行了猛烈的批评。王符在文字创作、思想书写
的过程中，亦始终践行着他本人所提出的"遂道术而崇德
义"的价值观念。虽然在文章的形式上，王符的《潜夫
论》顺应了东汉后期政论散文的骈化趋势，但在内容的表
达上，王符的《潜夫论》可谓惊世骇俗。王符主张"邪不
伐正"，反对迷信之说与谶纬之学，这与陇东民众身上所流
露出的耿直之气十分契合。在《潜夫论》中，王符明确提
出"夫为国者，以富民为本，以正学为基"的政治主张与
教育理念，这是对自孔子以来的先秦儒学的传承与发展。

王符虽然终身不仕，但他仍旧倡导士大夫的担当责任，认为"国以贤兴"而"以谄衰"，强调"尚贤"的必要性，这又是对墨家政治哲学的吸收与发展。基于现代性的眼光，可以说王符《潜夫论》与陇东文化、黄河文化构成了一种共情、共振、共通的关系。黄河流域、陇原大地朴拙、淳厚的精神气象牵引出了王符其人其书，而今我们透过王符其人其书诠释陇东文化的思想基因、挖掘黄河文化的基本内涵，既是人与自然的交互，又是人与历史的重构。

如果说当前基于"一带一路"视域发展陇东文化可以王符《潜夫论》为哲学基点，那么作为陇东文化三个主要组成部分的农耕文化、岐黄文化、民俗文化，无疑将是我们在"一带一路"视域下寻求陇东文化进一步转化的现实资源。在王符的《潜夫论》中，我们感受到了陇东文化的精神内核：朴拙、淳厚的地域气象，陇上学人"遂道术而崇德义"的价值观念，自由、自在、畅快的求学精神，言事、明理、传道的行文宗旨。从文化诠释的角度来看，对一种文化形态的发展可以反身向后，往历史的纵深处去寻觅，也可以立足当下，对承载这一文化形态的经典文本做现代性的解读，这即是我们从王符《潜夫论》中所获得的价值与意义。这还不够，我们还需要让文化面向未来，寻求文化形态、文化资源的不断转换，从而涌现其更多、更大的现实可能性。那么，我们如何借由农耕文化、岐黄文化、民俗文化、黄河文化等文化资源的转换进而完成陇东文化的转化呢？这是摆在我们面前的又一个难题。

　　事实上，对于陇东地区各个市县而言，最大的转化机遇正是国家"一带一路"建设。2020 年 5 月，庆阳市人民政府发布了《新时代庆阳融入"一带一路"建设打造文化枢纽信息生态制高点实施方案》。该方案提出要将庆阳市建设成为文化遗产研究保护、传承弘扬、创新利用的新高地，使农耕文化、岐黄文化、民俗文化成为"一带一路"文化重要标志和优秀代表。那么如何实现文化资源的创新利用呢？那便是引导整个文化产业、文化旅游业从"观光消费型"向"综合效益型"转化。从经济学的层面讲，即是从追求数量的增长转向追求质量的提高。从哲学的层面讲，即是从追求单一化发展转向追求多元化发展。这也就意味着农耕文化、岐黄文化、民俗文化这三者不再是孤立的文化品牌，而是要纳入陇东文化的整体产业结构中去。那么，如何才能实现整体性的产业化发展呢？这就需要我们从"一带一路"的视域出发，借助"丝绸之路文化产业带"这一重要接续区，不断推出富有陇东文化独特内涵的文化产品，如民俗文化范畴下的香包、剪纸、皮影等。那么，何谓"文化产业带"呢？从概念的内涵上讲，即文化产业的空间布局突破传统的区域环状分布而代之以线性带状分布，将文化产业的诸多要素进行有机的市场化配置与整合，从而促进文化产业发展的共赢。由此可知，"丝绸之路文化产业带"或乃陇东文化及其文化产品、文化产业不断转化的枢纽所在。从国家战略层面来看，"丝绸之路文化产业带"可谓"丝绸之路经济带"的延伸与拓展，但对于陇东

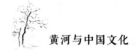

文化及其文化产品、文化产业的转化而言，前者的意义要远远大于后者。有了"丝绸之路文化产业带"这一载体与通道，陇东文化以及脱胎自陇东地区的文化产品可以一路西去，通过香包、剪纸、皮影等文化品牌的输出进而达到文化交流乃至经济交互的目的。从方法论的角度讲，这是典型的以点带面、由线到片的文化产业发展模式。当然，机遇与挑战总是并存的，"丝绸之路文化产业带"一旦形成，就意味着我们所输出的文化产品必须是精良的、精妙的、精细的，我们所打造的文化产业必须是成熟的、高阶的、完整的，因为只有这样，我们才能在充分开放的文化交流的国际环境中赢得尊重、获得认同，从而完成文化资源的转化、实现文化产业的振兴。那么，如何保证文化产品输出的精良化、优质化呢？这首先需要我们具有文化创新的动力与文化转化的活力。如今，但凡论及陇东文化，必然指向我们引以为傲的农耕文化、岐黄文化与民俗文化，但事实上，除了周祖陵景区、农耕文化产业园、《黄帝内经》千家碑林、中医药文化生态园以及香包、刺绣、剪纸等文化地标与文化产品外，我们在过去的十年里再未推出更加新颖、更为前沿的文化品牌，这一方面说明我们对陇东的传统文化资源的汲取与挖掘有待加强，另一方面则说明我们在思维上、观念上、方法上需要不断地转换、充分地优化。

基于"一带一路"的视域，尤其是透过"丝绸之路文化产业带"这一通道与载体来看，我们不得不承认，香包、刺绣、剪纸等民俗产品在文化输出时所承载的文化含量要相对有限一些，相反，作为甘肃独有传统戏曲艺术的"道情"皮影，在当前这样一个影像引领生活的时代，或可发挥更大的文化传播作用。与王符的《潜夫论》一样，作为地方民俗文化代表的"道情"皮影在陇原大地上亦有重要的地位、悠久的历史。《潜夫论》出自陇东镇原，而"道情"皮影出自陇东环县。唐宋时期，戏曲开始由宫廷流向民间，演出形式逐渐简捷化、表演内容逐渐通俗化，久而久之，"道情"皮影戏这一表演艺术得以形成。"道情"皮影戏在风格上偏向硬朗、粗犷，唱腔高亢激昂，声线质朴淳厚，跟陇东大地、黄河流域的精神气质内在一致。新中国成立以后，甘肃省文化部门多次组织戏曲工作者对"道情"的剧本、唱段、曲牌、乐谱进行整理，于1963年汇编完成《陇东道情》《陇东道情年考谱系表》等重要资料。而今，"道情"的演出形式主要有两种，一是以皮影戏的方式进行表演，二是一般由真人在台前进行传统戏曲表演，如京剧、秦腔等。这里需要突出介绍的是皮影戏的表演，一方面从皮影本身的镂空、彩绘、装饰手法，到皮影戏表演的造型、动态、细节，构成了一种十分独特的场景美学；另一方面它的整个表演充满张力，高亢、悲壮的人声配唱与细致、精妙的皮影演绎相得益彰，给观者以若即若离、似真似幻的审美体验。在黄河岸边，在黄土地上，枕着羊皮筏子，口中哼唱"黄河谣"，看一场皮影戏的表演，那是何等的自在、惬意！在未来的文化产业发展中，我们即可

借助"道情"皮影唯美、独特的表演形式,将承载陇东文化、黄河文化的人物、事件以戏曲与影像相结合的方式加以再现,这不仅能够提升"道情"皮影等诸多地方非物质文化遗产本身的艺术特质与精神内涵,而且能够促进陇东文化、西北文化乃至黄河文化的创造性转化、创新性发展。

第六节　黄河文化之金城兰州

城市是现代文明的象征,黄河文化见证、参与了中国社会从古代到近代,再到现代的文明演变,城市化、现代化也反过来促进了黄河文化的自身转型与内在突破。在祖辈心中,黄河是与乡村、乡土连在一起的,然而对于我们这代人而言,黄河更多是与现代化、城市化连在一起的。在鲁迅的笔下,乡土总是令人感到温馨的、愉快的,而都市让人感到彷徨、焦躁,但事实上,让人回想起来觉得温馨、愉快的并非乡土本身而是童年时光。在城市中成长的孩子也有他们的童年趣味,而对于早已成家立业、上有老下有小的中年人来说,恐怕无论生活在哪里都需要直面生活的压力与挑战,在这个意义上,城市提供给我们的安全感与可能性还比乡村更大一些。从古至今,人类建造城市的目的往往在于聚集,因人数、力量的聚集而形成体能上、智慧上的合力。有了合力、有了集团优势,就可以更好地抵御外敌、保护自我。到后来人们发现,光有城池并不足够,还需有护城河的加持。城池与护城河的组合,可谓人类早期军事防御与战略体系的雏形。由于护城河多为人工修建，为了降低难度、节约成本，人们在城市的选址上开始更多地考虑河流、水源充足之地域。天然之河，意味着它的战略防御效果也是自成一体的。回顾中华历史可知，很多都城的修建乃与黄河的流向、流量有着直接关系。若干座千年古城不断实现自我发展、自我革新的过程，也是与之相关的历史遗迹、文化印痕通过文化载体和人类的集体记忆被保留下来的过程。这些文化遗存、精神象征、历史符号穿过古代社会来到当代中国，即成为我们读取历史记忆、破译文明密码的主要资料与核心素材。

作家冯骥才曾说："城市中重要的文化遗产，纵向地记载着城市的史脉和传承，横向地展示着城市宽广深厚的阅历，并在纵横之间交织出城市独有的个性。"① 中国地大物博，各个民族在不同的地域上生活，由于受到特定地理、自然环境和历史文化的综合影响，必然会形成不同的城市风貌、建筑形式与文化习俗。这样的一些风貌、形式与习俗不仅体现在城市的发展与历史的演进之中，而且体现于城市的文化传统、文化遗存、文化象征之中。例如，黄河文化所蕴含的反求诸己的伦理思想、天人合一的精神追求、道法自然的价值观念，既与中华文明形成以来所确立的哲学、文学、美学的核心表达有关，亦与具体、生动、特殊的城市文脉、城市风情、城市性格有关。例如，兰州这座

---

① 冯骥才：《城市为什么需要记忆？》，《人民日报》2006 年 10 月 18 日。

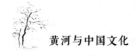

城市的文脉、风情、性格，即与整个西北大地的文化底蕴、精神底色一起融入黄河文化的深层主旨之中，从而凝聚兰州人的现实感受与生命认知、展现兰州人的人文精神与审美意识、表达兰州人的生活方式和思维习惯、传递兰州人的境界追求和人生旨趣。相对于北京的大气、深圳的现代和上海的时尚，兰州无疑是一座朴实的城市。朴实的兰州被誉为"黄河之都"，无论是黄河人还是黄河之水都为这座城市注入了朴实的气质。每天清晨，迎着初升的太阳，循着黄河水面的粼粼波光，开始崭新的生活，傍晚时分，沿着黄河边跑步，与黄河一同感受西北的空气和风，夜深人静，枕着黄河的涛声入睡，归于沉沉的梦中，这一切对于兰州这座城市以及这座城市的人而言是何等幸运、何等美妙。

一座城市的整体景观往往由自然景观和人文景观两方面构成，然而无论人文景观如何发展，总是不可避免地受到城市特定的自然环境的制约，因此可说自然环境其实是一座城市寻求个性发展与整体提升的客观基础。对于兰州而言，黄河穿城而过即是绝佳的自然环境优势。兰州是唯一一个黄河穿城而过的省会城市，这是十分难得的，这既体现了黄河作为"母亲河"的地位，又彰显了"金城"兰州的特色。黄河记录了兰州的变迁和发展，见证了这座城市从黄土高原上拔地而起、高楼林立，尤其是过去十年，兰州在黄河两岸的城关、安宁、七里河地区建造了大量的精品建筑、打造了知名的城市地标。倘若我们登上兰山的三台阁，俯视整个市区，一定会惊叹于兰州的夜景之美。

黄河像一条黄色的巨龙将这座城市分为南北两边，并且头部连着城关、尾部接着西固，只有目睹这壮美的景观，才知西北城市气象之迥然不同，亦断不可能再用"荒凉""闭塞"之类的语词形容兰州。如果说兰州这座城市是有底蕴、有灵魂的，则可说这底蕴与灵魂大半来自黄河。黄河的气象、黄河的精神、黄河的文化既为兰州这座城市奠定了传统与根基，也为兰州这座城市注入了生机和活力。黄河就像一部"活"的史书，它以一种最为天然的方式记录了兰州这座城市的诞生与崛起，它也以"无为而无不为"以及"道法自然"的姿态指引着兰州这座城市的发展。对于兰州而言，黄河不仅是一条自然河流、一幅历史画卷，还是一条文化长廊，它以润物细无声的方式帮助这座城市的守护者、建设者提炼兰州的城市特色、规划兰州的城市形态、解读兰州的城市精神、提升兰州的城市气象，这也就意味着，研究黄河文化的发展历程是传承和复兴整个城市历史文脉的关键要素。

"两山夹一河"以及处于青藏高原、黄土高原、内蒙古高原的交会地带，既是"金城"兰州的地理特征，也是黄河文化参与兰州城市化进程的历史证据。作为黄河流域上游的城市代表，兰州可谓我国陆域版图的几何中心，曾被孙中山先生称为"陆都"，就整个西北大地而言，兰州的政治功能、经济地位、文化属性并不亚于西安。与中国其他省会城市相比，兰州的地理构成其实较为丰富，乍一看是南北窄、东西长的带状城市，但细看之下，有高原、有河

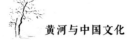

谷、有山、有水，不仅环境宜居、有优美的城市景观、适合发展旅游业，而且气候宜人，有避暑之养生功能。作为一座黄河穿城而过的西北古城，兰州在水文环境、空气湿度方面与中国西南、东南的许多城市相比虽无优势可言，但在缺水少雨、极度干旱的西北大地上，既能汲取群山之灵，又能蕴含黄河之势，坐拥如此气象者，除了兰州再无他者。"两山夹一河"的空间形态也为兰州城市景观的建设与地方旅游的发展带来了得天独厚的优势。经过多年的考察、设计与实践，兰州的守护者、建设者逐渐形成了围绕黄河文化建构自身城市文化与旅游文化的发展方案。例如，在黄河沿岸自西向东打造"黄河百里风情线"，链接中山桥、白塔山、金城关、水车园、羊皮筏子、黄河游轮等旅游资源，宣传黄河石、泥塑、陶器、刻葫芦、水车模型等工艺制品。截至 2020 年，兰州已连续举办十届黄河文化旅游节，以"览黄河风情，品精致兰州"为主题，以"白塔层峦""黄河前横""铁桥飞虹"为景点，力求依托黄河文化将兰州打造成"丝绸之路经济带"上最具影响力、美誉度的旅游文化名城。

在现代性的视域下，黄河同人的关系更多指向生态与文化层面。无论是乡村还是城市，人们沿河而居，房屋、高楼亦沿河而建。就兰州而言，围绕黄河所形成的建筑群、生态圈可谓独具特色，中山桥、白塔山、羊皮筏子、黄河水构成了"金城"的独特风景。黄河水养人，一代又一代的兰州人喝着黄河水长大。他们浑身散发着淳朴、耿直、宽厚、坦诚的精神气质，这与黄河的文化属性可谓内在契合。西北常年干旱，光照强而雨水少，古往今来，百姓的生活大多过得辛苦，在阳光的暴晒下，人们的皮肤黄中带黑，难以褪去的高原红也成为西北人的面部符号。虽然生活极苦，但兰州人的家园感极强；虽然内心常有悲感，但兰州人直面生活的勇气极大。兰州人不忧不惧、以苦为乐、自力更生、辛勤耕耘，与奔涌的黄河之水、足下的黄土大地结下了深厚的情感，也创造了几代人的城市记忆与奋斗历史。黄河文化内在地具有一种悠远、绵长的悲感，这种悲感并不消极，它主要体现为悲壮、悲悯、悲愤，此中既有物的自然性，又有人的生命性，它依附于人与自然、人与环境的关系，蕴含着无穷无尽的动力与能量，它是西北文化、北方文化乃至中国文化颇为重要的一种精神属性，它由黄河流域延伸开来，遍及整个黄土大地，构成一种独特的"悲感"美学。

"传统"与"现代"是对立的吗？自然世界与人文世界是对立的吗？当然不是。中华文化的每一次裂变、拓展、转向，无一不在黄河的天然视角下发生。黄河就像一位沉默不语却又洞悉一切的老者，见证着时代的变迁，感受着事物的流转，一方面提醒我们回望过去、回首历史、以古为鉴，另一方面又引导我们直抵心灵的深处、直面现实与未来、将特殊之小我与普遍之大我融为一体。所以对于我们而言，黄河以及黄河所蕴含的文化精神既是古老的又是现代的，既是自然的又是人文的。与中华文化一样，黄河文化也是连续的、未曾中断的。中华文化在每一个历史阶段都有新的表现形式，都会迎来新的拓展与转向，黄河文化也是如此。无论是城市还是乡村，只要它们处于黄河流域，就不可避免地受到黄河文化的影响，"金城"兰州即是如此。羊皮筏子、黄河水车、黄河铁桥与黄河之水共同参与了兰州这座城市的文化构建，对于黄河文化自身而言，这也是它得以与地域文化、城市文化以及现代文化融合的生动体现。

若要通过地域文化、城市文化理解黄河文化的现代转型，还需借助若干具象的符号，毕竟抽象的意义总是藏于具象的符号之后并且等待我们揭晓。格尔兹在《文化的解释》中说道："文化是一种通过符号在历史上代代相传的意义模式，它将传承的观念表现于象征形式之中。通过文化的符号体系，人与人得以相互沟通、绵延传续，并发展出对人生的知识及对生命的态度。"[1] 当我们讨论中华文化时，我们第一时间找到了"黄河"这一载体，而当我们想要进一步理解黄河文化时，则不得不借助更为具象的符号，如"黄河石""黄河谣""黄河水车""黄河铁桥"等。符号作为研究对象始于语言学，故而符号学的发展亦得益于语言学的内部突破。从索绪尔到罗兰·巴特，现代西方的语言学家不断细化语言的逻辑，并由此展开了关于"能指"与"所指"的概念讨论。而在"能指"与"所指"、语言

---

① 〔美〕克利福德·格尔兹：《文化的解释》，纳日碧力戈等译，王铭铭校，上海人民出版社，1999，第103页。

与对象之间，符号往往充当理解的中介，帮助人们进一步明晰虚构与真实、过去与现实、表象与本质的关系。从语言学的角度讲，符号本身就承担着一定的"所指"功能。例如，作为语言命题的"一块石头""一条鱼""一座桥"，其自身亦有意义之指向，只不过因为没有其他内容的界定或修饰，其所指之内容往往较为单一、所指之内涵通常较为有限，在罗兰·巴特的多重"能指"系统中，这被称为"直接意指层"。从文化学的角度来看，符号则更多作为代言者替它身后的人、事、物"发声"，这便是罗兰·巴特多重"能指"系统中的"含蓄意指层"，即当我们讨论特定的文化话题时，处于这一话题域的符号（文字、图像或声音）具有其基本指向、直接意指以外的更高的、更为抽象的内涵指向。例如，在黄河穿城而过的兰州，我们看到的"黄河石""黄河鲤鱼""黄河水车""黄河铁桥"，我们听到的"黄河谣""黄河故事""黄河号子"，就是抵达"含蓄意指层"的文化符号。处于文化学视域下的"石""鱼""桥"不再是孤立的个别对象，而是与作为文化整体的"黄河"相连。例如，位于兰州西关的"黄河铁桥"（亦称"中山桥"），因黄河与"铁桥"的交互而获得了自身的历史意义，也获得了其在兰州这座城市的独特定位。铁桥与黄河一起成为"金城"兰州百年巨变的见证者，铁桥的"静"与黄河的"动"也构成了西北风景线上最美的城市图景。

在距离兰州 100 余千米的景泰，有一个黄河石林。汽

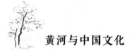

车穿过盘山公路，驶入龙湾镇，就可看到高耸的柱峰。行至一个岔路口，有一个盘龙洞，可以看到坚挺的石柱。出了洞，进入视野的是菩萨庙以及庙前的两蹲石狮。行至景区，可见黄河边停靠着诸多羊皮筏子，有老人自称"龙湾第一专业歌手"，于是歌声伴着长桨划动的水声一齐袭入耳朵。石林很大，步行是走不完的，可搭乘当地的农用三轮车上山。爬上观景台，心中不免惊叹，这简直是自然界之奇观！两旁的山峰像天神一般伫立着，仿佛整个世界都被封闭其中，构成一个孤立的天地。黄河水如蛟龙般奔腾不息，强烈的光照在河面上灿烂无比，与两岸的高岩石柱交相辉映，呈现出赤黄的古镇风光。夕阳西下之时，两旁的石林宛如谢幕的演员，露出了松弛的神态。坐在驴车中间，看着涌动的黄河水层层推进，拍打起阵阵水花，直溅得岸边的五彩石更具光泽。再看高耸的石林安静的伫立着，壮美而又神秘，二三百万年的沉淀，终于换来了今日"独立群峰之崖，傲居诸林之巅"的盛景。黄河水滔滔而去时声声传诵的大河之音，既是历史的声音、文明的声音，也是自然世界呼应黄河儿女的天籁。

第五章　黄河文化的现代诠释

探究黄河文化的精神性、历史性，既要有宏观的时间观念与高度的空间观念，又要关注细微的生活场景与动人的生命细节，如果说前者更多与哲学、历史有关，则可说后者更多与文学、美学有关。从美学上讲，黄河所展开的雄浑、壮阔之场域乃是一种实体性、实质性的存在，而这场域的背后则是黄河之水所延伸出来的精神性、文化性，因此也就有了"两个黄河"的形象。前者是我们视觉中的、对象化的黄河，后者则是我们观念中的、心灵中的黄河。

第一节　黄河美学何以可能

研究黄河，美学的视角不可或缺。美学一端连着文学、艺术，另一端则连着哲学。借由黄河美学，我们不仅可以深入了解黄河、黄河文化以及人与黄河的关系，而且可以透过黄河以及黄河流域反观自我以及人类自身。

当前学界对于黄河文化的关注与研究，多从历史学、

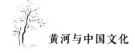

政治学、地理学的角度切入，将其置于中国古代历史、中国古代政治、中国古代地理的图景之中，从而考察其自然形态与人文形态的"变"与"不变"。这类研究的优点在于拉近了人类社会与黄河文化的关系，使得人们对黄河文化有了更为强烈的情感体认。透过学者们的表述，我们感受到了黄河的伟大，因为它见证、参与并且影响了中国古代的政治变革、中原大地的地理变化以及华夏民族的历史演进。但这类研究的缺点也是十分明显的，那就是弱化了对于黄河以及黄河文化自身特质的挖掘，容易使人们产生黄河文化完全等同于中华文化、中原文化、农耕文化的观念性误解。我们只有从黄河美学的角度来看待黄河，才能够理解为何人们能从黄河的直观审美中产生超越的意识、获得普遍的观念。

黄河的审美何以可能？美学作为一门学科，发端于西方，后来逐渐成为哲学的分支学科。鲍姆加登在1750年第一次使用"美学"这个术语，然而关于"美"的讨论与研究却是由来已久，在西方可追溯至柏拉图，在中国可回归到先秦诸子百家。在人类早期的哲学著作、历史文献以及一些文论、画论、书论、乐论中，我们可以看到许多与"美""审美""美育"有关的思想内容，它们是美学以及美学理论产生的基础。与西方哲学一样，西方美学同样发端于古希腊。在古希腊自然哲学阶段，泰勒斯强调"水"的流动性、易变性、可塑性，赫拉克利特强调"火"之于自然世界与生命世界的本原性、神秘性与创造性。毕达哥拉斯从数学、数理的角度出发，强调一种合乎"数"之秩序与"理"之内在规定性的形式之美、协调之美、和谐之美。恩培多克勒从水、火、土、气之"四根说"出发，强调客观世界起始之美、根源之美与多元之美。德谟克利特将"原子"作为物质世界生成之基本单位、将"虚空"作为原子之间发生碰撞进而生成万物的空间场域，对宇宙之美、世界之美、客体之美做了更为场景化、动态化的描述与勾勒。

自然哲学阶段之后，人们逐渐将关注的焦点从自然世界与客观对象转向人类社会与人类自身。普罗泰戈拉提出"人是万物的尺度"这一观点，苏格拉底更进一步将人类从蒙昧的非理性状态中唤醒，使得理性主义、人文主义、道德主义的光芒逐渐照射在古希腊的大地上。对于人类的审美与文艺活动，苏格拉底不仅给予了前所未有的肯定与赞赏，还为"美"插上了"真"与"善"的翅膀，这使得人类的艺术审美不再是独立的精神活动，而成为与周遭环境、生活世界相连的合乎情理、合乎德性、合乎风尚的自由之举。苏格拉底之后，柏拉图真正开启了古希腊哲学的观念论与先验论之传统。柏拉图强调一个永恒不变的"理念"，认为整个现实世界不过是对"理念世界"的模仿而已，同理，在人类的审美活动中亦有一个永恒不变的"美"的理念。柏拉图说道："它只是永恒地自存自在，以形式的整一永与它自身同一；一切美的事物都以它为泉源，有了它，那一切美的事物才成其为美，但是那些美的事物时而生，

时而灭，而它却毫不因之有所增，有所减。"① 柏拉图的
"洞穴"隐喻区分了现象世界与本体世界，阐明了表象之虚
幻与本质之真实。柏拉图认为，画家笔下的桌子是对现实
世界的桌子的模仿，而现实世界的桌子又是对理念世界的
桌子的模仿。柏拉图借由"模仿"学说强调了理念的本真
性与现象世界的非本真性，换言之，唯有理念是真的，现
实之物作为理念的表象则是非真实的，模仿现实之物而成
的艺术作品随即成为次阶的虚幻产物。柏拉图将"美"的
问题第一次与"真"所指向的真实、真知、真相、真理联
系在一起。在《理想国》《会饮》《裴洞》诸篇中，柏拉图
以对话的形式讨论了政治、正义以及美、道德、爱情等问
题，关于美、美学以及审美问题的审思也理所当然地成为
其形而上学观念论体系中的重要组成部分。

　　与古希腊美学相比，中世纪美学的特征在于对形式主
义的推崇与表现。事实上，从柏拉图所强调的比例之美、
和谐之美、结构之美，到普罗提诺与新柏拉图主义所阐发
的"流溢""太一"诸论，其间形式主义的美学倾向已有
流露。到了中世纪，奥古斯丁、阿奎那为了论证上帝与造
物主存在之绝对性，将神学、哲学、美学的进路合而为一。
奥古斯丁认为，无论是真理、理念，还是作为理性基础的
数、作为感性基础的美，都从更为根本、更为本原的上帝

---

① 〔古希腊〕柏拉图：《文艺对话集》，朱光潜译，人民文学出版社，
　　1963，第 272 ~ 273 页。

与神灵那里诞生，由此可说，唯有在上帝与神灵的统摄下，一切的秩序、形式、规则才能真正获得创造性与美的效果。与奥古斯丁相比，阿奎那对"数"与"形式"的审视与追求更胜一筹。阿奎那认为，美是对称的、形式的艺术，美是神性的折射与象征。

近代西方美学的浪潮与文艺复兴的发生直接相关，最值得关注的乃是但丁的诗歌理论、莎士比亚的戏剧理论与达·芬奇的绘画理论。但丁通过《神曲》将诗歌置于文学之最高地位，并认为人类文明史上那些展现光辉人性的伟大诗歌足以媲美《圣经》。与但丁相比，莎士比亚对人的主体性的宣扬与讴歌更为充分，如果说中世纪的神学与美学总体上更强调灵与肉、神灵与信徒的二分，则可说莎士比亚的文学与美学整体上更强调人与人所建构的生活世界及其意义的整体相连。莎士比亚认为人性是自由的，而自由的人性又是崇高的，因此文学、艺术的本质在于书写、刻画崇高而自由的人性。达·芬奇的绘画理论最引人注目的地方在于，他借由绘画这一艺术形式勾勒客观之物、承载自然之理，从而极大地提升了艺术的地位、肯定了艺术创作的意义。达·芬奇通过他的作品向我们表明，艺术通过自身的手段、方式可以直接或间接地反映客观世界，其中最重要的部分乃是人的主观创造性与自主的思想力量，而这主观创造性与思想力量既依赖有效的知识与可靠的经验，又基于对人类自身以及客观世界的观察与洞悉。

如果说西方古典美学更关注人类的审美经验、感性判

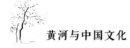

断、感觉认识，则可说中国古典美学更强调生命本身、生命的流动性以及生命的超越性。而在对象化的审美活动中，黄河及其背后的黄河气象、黄河精神、黄河文化即成为激发中国古人审美意识的独特存在。意大利学者克罗齐在《美学原理》中一方面尝试将美学原理融入美学史之脉络中，另一方面又基于一定的美学理论对东西方美学史上的人物、作品与流派予以评价，如他认为古代中国以及东方诸国虽无美学学科却有美学思想，此类评价对现代中国美学、文学、文艺学等领域的学者、学人回溯中国古典的文化艺术传统具有较为直接的影响。李泽厚在《美学四讲》中分别论述了美学、美、美感和艺术四个部分的理论内容，可说代表了当代中国美学学者关于美学理论及其机构的一般看法。美学作为一种学问、一门学科，既有它的学术发展史、理论发展史，又有它的文本发展史、作品发展史，如果说前者关乎哲学，则可说后者关乎文学、艺术学，这意味着研究美学，一方面需要立足美学的对象、文本与作品，另一方面需要透过美学的对象、文本与作品洞悉其背后的美学观念、美学意识与审美结构、审美机制。

至此，现当代的西方美学家们大体总结出了四种论"美"的模式，足以帮助我们建立关于黄河美学的分析框架。

第一种模式认为，美主要见于客观功能与外在形式。就黄河而言，即考察黄河之于人类社会生活的价值、功能。

第二种模式认为，美主要见于人的生理层面与心理层面。这一理论受到以弗洛伊德为代表的精神分析美学的影响，强调人的无意识和本能冲动在艺术创造与审美活动中的重要作用。这似乎意味着创作者与审美主体在面对黄河时，如果有一些丰富而复杂的情感、情绪、情思产生，那么可解释为黄河透过感官进而对人的自我意识、自由意志造成冲击。

第三种模式认为美不在现象，而在现象背后的本质。柏拉图区分了"美"和"美的事物"，强调了"抽象之美"与"具体之美"的差异，康德的"纯粹理性"、黑格尔的"绝对精神"也都指向本体层面的"抽象之美"。我们面对黄河这一审美对象时，也会透过具体的景观之美获得更为深远的意义之美，亦如我们透过若干具体的历史事件获得更为普遍的历史性，二者是一样的道理。为什么一般人会认为《花样年华》里的张曼玉比网络世界里的凤姐更具美感？这一问题看似指向美的表征，但要论说清楚，就必然触及美的本质。康德在《判断力批判》中指出，美是人的一种主观的普遍性感知。这意味着审美在一定程度上是主观的，康德肯定人的主动性，但与此同时，审美也具有一定的共性，审美也有它共通的、普遍必然性的一面，是人们主观的普遍同意。比如，玫瑰丛和垃圾堆，人们一般会认为前者是美的而后者不是美的，因为玫瑰的花香使人身心舒畅、精神愉悦，而垃圾堆充满腐烂的味道使人浑身难受，所以美丑的界定似乎源于人的身心感受。那么紧接着我们要问：玫瑰本身是香的吗？垃圾本身是臭的吗？它们的香和臭是一种客观存在吗？似乎也不是。在康德看来，

香和臭是人类的主观识别，因为清香使人愉悦而舒服所以人们选择趋近它，而腐臭使人身体生病难受所以人们选择远离它，因此所谓香和臭是人类生存演化过程中的主动识别和自主选择，进化带来的识别机制使人类获得了对于美的普遍性认知。另外，文化联想也使我们获得了关于美的普遍性认知，比如，当我们看到古代文人画中的江南服饰与现代最炫民族风氛围下的红配绿的棉袄棉裤时，我们会不自觉地联想到它们背后不同的文化内容，前者如林黛玉、薛宝钗，后者如东北二人转、乡间广场舞天团，基于不同的文化联想，我们习惯性地认为前者更美。这里肯定有人反驳了，不是说劳动者最美吗？难道只有文人士大夫才能创造美吗？但就文明的发展来看，美学范式总体上遵循自上而下逐渐流行的规律，如欧洲很长时期内都是平民模仿贵族，而贵族模仿国王。中国古代亦是如此，老百姓喝茶的精致茶具、茶艺，室内挂八骏图、插花等高雅艺术形式，皆是来自门阀氏族、文人士大夫的审美偏好。这些审美活动在演化过程中也遵循着一定的原则，如低饱和度原则、简约原则、抽象原则等，从中即可感受到人类自身所涌现出的两种精神，一是作为本能的酒神精神，二是作为理性的日神精神。理性要建立秩序，就必须解决其与本能的冲突，所以在现代性的表达中，对感性、本能与理性、克制的中和、平衡变成艺术审美的中心话题。

第四种模式认为美是主客体之间的关系，美在生活之中。狄德罗主张"美在关系"，认为美只有放在人类社会生活中才能得到理解。车尔尼雪夫斯基也推崇"生活之美"，认为世上最可爱的就是生活本身。这一模式与人们当前的审美机制、审美意识最为接近。基于这一审美模式，可说理解黄河的关键在于理解与黄河有关的社会生活，这里又涉及"自然之美"与"社会之美"的区分。人类在自我进化的过程中不断提升认识能力，对于江河、山岭、动物、植物的界定也越发清楚，与此同时，人们不断扩大社会生活的范围，越来越多的自然之物进入人们的生活视域甚至融入人类的社会生活之中，在这个意义上，作为华夏文明重要组成部分的黄河流域也就同时具有了"自然之美"与"社会之美"的双重审美属性。在审美问题上，马克思更加关注"劳动"这一因素，他认为劳动带来美，劳动也创造了能够欣赏美的人，而人与人在劳动中结成关系是人们能够在社会层面形成审美共识的现实基础。在现代社会，我们时常听到部分年轻人说"劳动很苦""劳动很累"，但在我们祖辈看来，"年轻人若是不劳动，这人生还有什么希望"？显然他们是赞美劳动的，劳动也是他们最主要的生存方式与生活方式。如果我们将"劳动"这一因素置于农耕文化、中原文化以及黄河文化的历史背景下，无疑会增强社会现实层面之解释力。通过劳动，人们与土地建立了更为密切的关系，解决生存问题的同时还开发了自身的行动力与创造力，丰富的情感、自由的诗意、审美的旨趣也在平稳的劳动生活中培养起来。因为劳动，人们对水、对河流多了几分敬意、多了几分情结，对于北方的民众而言，

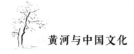

黄河也就有了"母亲河"的意味。华夏文明不断向前发展的同时,黄河文化的外延也得到不断拓展。对于国人而言,黄河乃是天然的、不言而喻的审美对象,黄河流域亦是蕴含农耕文化、中原文化、儒家文化、北方文化等多种华夏文化基因的审美环境,这也就意味着探究黄河美学,其实是在探究国人在黄河文化的传统与氛围中所形成的审美心理、审美机制与审美共识。在审美的意义上、在黄河美学的视域中,我们仿佛找到了超越时空、与古代先民进行对话从而理解古代思想观念的一把钥匙,当然它既可以是一条古老的河,也可以是一支乡间的歌、一首手抄的诗、一段长辈的录音。我们希望借由它激发我们的审美灵感、提升我们的审美意识、完善我们的审美系统。

　　正如对于中华文化的理解随着历史的演进不断加深一样,人们对于黄河美学的把握也有一个从"特殊"到"普遍"、从"具象"到"抽象"的过程。曾几何时,我们就像柏拉图"洞穴"隐喻所描述的"洞中人"一般,居住在一个狭小的空间里,明明听得到黄河的流水声,却因为身体与手脚被铁链锁住而无法回头,只能面壁。借由长长的通道以及身后熊熊的火光,我们在洞壁上看到了黄河以及外部世界的光影,由于不能转身,我们便以为洞壁上的黄河、洞壁上的花花世界是真实的存在。突然有一天,某人挣脱锁链,跑出洞外,看到了真正的黄河、真正的外部世界,他便意识到那才是真实的存在,而洞内的人们仍然自以为是、自我麻痹。柏拉图的"洞穴"隐喻告诉我们,感觉经验不一定是可靠的，唯有智慧和思想才能帮助我们不断切近这个世界的真相。在探寻黄河文化及其内涵的过程中，我们也应该有这样的认识：虽然我们伸手可感的、目光可见的黄河是具象的景观、局部的流域、有限的客体，但它背后有抽象的意义、整全的文明、无限的精神，当我们能够对后者有所领会、有所体认时，也就意味着我们把握住了黄河文化的历史性、超越性与审美性。

在黄河美学的思想视域下，我们不禁会思考："有黄河的世界"和"没有黄河的世界"对于每个中国人而言，究竟有没有什么不同？进一步讲，对于"我"而言，从"身处黄河流域"到"远离黄河流域"，"我"是否会感受到一种处境的变化、一种身份的失落？如果我们对于时间的流逝、空间的变迁足够敏感的话，大概也会出现赫拉克利特"人不能两次踏入同一条河流"的困惑："我"在变，"黄河"亦在变，此刻的我已非彼刻的我，此时的黄河已非彼时的黄河，如果万物皆变，那么还有什么是我们可以真正把握的？如果万物皆变，我们该如何寻求这个世界的确定性？如果万物皆变，"我"与黄河所建立的关系岂不是也是短暂而不确定的？那么"我"所面对的黄河以及整个对象世界究竟是真切的现实还是虚幻的梦境？那个"我"永远都不能抵达的地方、那个黄河永远不会流过的世界于"我"而言又意味着什么？如果它与"我"、与黄河没有文化上、地理上的关系，我们是否可以质疑它的客观性？无论是文学创作还是艺术创作，想象与联想总是不可或缺的因素。

想象力的获得依赖人类自身的经验积累，却又总是超越现实经验。想象力不是凭空而来的，是需要被唤醒的，对于文学家、音乐家、书画家而言，黄河即是自然世界里最能唤醒他们想象力、最能激发他们艺术天分的伟大"魔法师"之一。在黄河的场域下，我们既可以面对自然、面对自我，也可以想象出一个对话的他者、想象出一个生命的彼岸。康德美学的一大重点即在于对崇高之美的肯定与强调。康德认为，只有崇高可以联结人与人之间的情理结构，抵达人类社会生活的共通感，唤发人类心灵深处的自由感。人类精神世界的共通感与自由感难以通过逻辑的方式予以揭示，唯有在对崇高之美的追求与认同中才能展现，这足以解释为何我们面对阿尔卑斯山以及江河湖海时常有无限之澎湃心情与壮阔感受。

康德认为，要想形成有效的审美判断，首先需要建立一定的审美趣味，既不同于形而上学层面的先验判断、逻辑判断，也不同于伦理学层面的道德判断、价值判断，审美趣味与审美判断本质上是基于自由与非功利至上的美的观照，且康德美学在艺术观念上指向"对象的合目的性的形式"①，于是形成了一种"无目的的合目的性"的美学观。康德认为，审美活动区别于一般的实践活动，其宗旨不在推动人的发展与现实世界的进步，而在基于理性的人

---

① 〔德〕康德：《判断力批判》上卷，宗白华译，商务印书馆，1964，第245页。

的自由创造，如果说一定要有一个目的，则目的即在于此，而非某种结果导向型的功利主义。在审美问题上，康德沿用了自己在哲学层面的"统觉"观念，并将其描述为想象力与理解力的统一与升华，一方面用感性直观的方式将生活世界中所获得的多种感觉融合在一起，另一方面又用理性思辨将现象世界中的诸多表象整合为一个综合性的对象，从而使我们的审美趣味的建立与审美判断的形成得以可能。显然，在康德那里，审美是一种先天原则。审美与人的想象力有关，而想象力的发挥即受到先验的纯粹统觉、纯粹自我意识的支配。审美虽然是人先天所具备的一种能力，但这并不意味着我们能够轻而易举地基于某种可靠的规范、某些确切的方法来把握审美对象。

　　如果哲学从古希腊以来就被理解为形而上学意义上的"元物理学"，那么美学在当代亦可被称为"元艺术学"[1]。"元"即根本，因此"元物理学""元艺术学"不同于具体的物理学科、艺术门类，它的重点不在于解决具体的物理学问题、不在于体会具体的艺术学作品，而在于探究物理学、艺术学背后的根本性原则、普遍性观念。一种当代境域下的"元艺术学"的美学与一种西方形而上学传统下"元物理学"的哲学，二者最大的不同在于，前者关注的更多是生活世界，后者关注的往往是自然世界。尤其在科学时代到来以后，哲学的独立性与指引性进一步被削弱，我

---

　　[1]　叶秀山：《美的哲学》，北京联合出版公司，2016，第3页。

们的研究越来越趋向于主客二元对立的技术模式，"世界"俨然成为我们冷静观察的对象与客体。但在当代美学的视域下，我们并不接受主客二元对立的思维范式，无论是东方还是西方，对于技术的反思、对于人文的呼吁，使得我们还留有非对象化的思想方式以及综合性的思考方法，这对于我们处理美学、文学、艺术学等人文社会科学领域之内容无疑具有更大的助益。

倘若回到"元艺术学"、回到美学的话题本身，便知美学视域下的"人"，并非笛卡尔"我思故我在"意义上的冰冷的、静观的思维主体，而是生活世界里的活生生的人。具有审美意识和审美能力的"人"，既不是盲目的、更多依靠本能行事的动物，也不是不食五谷、超然物外的神仙，既不是纯物质的也不是纯精神的，而是既有物质的一面又有精神的一面，此二者融会于真切的生活之中、交错于现实的生活场景之中。例如黄河，它之于"我"及其"我"所存在的生活世界而言是真切的，之于"我"以及"我"之前的历史世界而言也是真切的，不同之处在于，前者是具体的、可经验的，而后者是抽象的、可追溯的，对于未来之人而言，这一逻辑同样适用，对于古人而言，这一逻辑则变为当下之具体与未来之抽象。在这个意义上，我们又可以说审美活动其实还有一种"唤醒"的功能，它使"我"意识到自己是具体的人、是处于具体时空中的人，它使"我"意识到此时此刻，"我"所生活的世界是有"美"可言的、是充满意义的，只不过很多时候我们被过去的阴影所支配、被未来的幻觉所牵引，反而"遗忘"了正在真实发生着的、尚未完成且具有多种可能性的当下世界。当我们翻开中国古典文本时，会惊叹于古人对于黄河之美的发现，《山海经·西山经》载曰"昆仑之丘……河水出焉"①，《汉书·沟洫志》载曰"中国川原以百数，莫著于四渎，而河为宗"②，古人在彼时彼刻对于黄河之美的"发现"与"书写"，如今看来依然是鲜活的、生动的。中国古人基于"诗""史"传统，将思想之"真"、伦理之"善"蕴含在对黄河之"美"的追寻中，这便留给后世极大的想象空间与运思可能。

　　从个人之黄河到时代之黄河，从气象之黄河到历史之黄河，可知黄河不仅关乎美，而且关乎真与善，它关联着人类历史的动态演变，仿佛还指向某种深刻的历史规律与历史哲学。黑格尔在美学领域所思考的问题即在于此，他将其辩证哲学与历史哲学的思路迁移过来，从而展开了对于康德哲学与康德美学的反思与批判。在黑格尔眼中，康德哲学总体上是对世界之现象、图景做静态的结构分析，所以《纯粹理性批判》在形而上学层面强调人的先天的认识能力与认识图式，《判断力批判》在美学层面强调人的先天的审美能力与审美机制，但问题在于，我们所面对的这个世界并非供人静态观察的模型，而是真实、动态、发展

---

① （清）郝懿行：《山海经笺疏》，中华书局，2021，第43~44页。
② （汉）班固：《汉书》，中华书局，1962，第1326页。

着的蕴含历史性、内在规定性的包罗万象的整全实体。基于此，黑格尔提出了他的经典论断："凡是现实的都是合乎理性的，凡是合乎理性的都是现实的。"① 在黑格尔看来，一切物只有符合自己之内在规定性才是合理的，我们才能正视它的存在。进一步讲，无论是自然世界还是人类的社会历史，基本都遵循自身之内在逻辑而发展，过去如此，现在、未来亦如此，在这个意义上，又可说黑格尔在批判康德的同时，也受到了康德哲学的影响，黑格尔认为感性世界与理性世界本质上是统一的，这与康德哲学并无二致。康德哲学谈到了感性、知性、理性，认为感性帮助我们获得知识之质料与素材，知性帮助我们形成有效之知识，理性使我们的知识成为体系，在知识与知识体系的形成过程中，我们不仅需要"范畴"，还需要"理念"。与柏拉图、康德一样，黑格尔也关注"理念"问题，也以"理念"来统摄感性世界与理性世界，但较之柏拉图、康德，黑格尔在《美学》中对"理念"的界定显然更为晦涩、抽象，他说道："理念就是概念与客观存在的统一。"② 黑格尔哲学中的"理念"即无限的、至上的绝对精神，它是主观精神与客观精神的完美统一，在黑格尔看来，我们所生活的世界乃是绝对精神的显现，艺术、宗教与哲学亦以各自的方式尝试着通向绝对精神。因此在审美问题上，黑格尔主要强调美

---

① 〔德〕黑格尔：《小逻辑》，贺麟译，商务印书馆，1980，第43页。
② 〔德〕黑格尔：《美学》，朱光潜译，商务印书馆，1981，第137页。

对于理念以及更高的绝对精神的显现，相较于哲学，美学层面的理念显现与绝对精神之涌现更多以感性的方式展开。

黑格尔在《美学》中明确指出："美就是理念的感性显现。"① 换言之，美的本质即是理念，审美艺术即是感性与理性的生动统一。在审美层面，黑格尔将辩证法的思维方式融于其中，他十分强调内容与形式、个性与共性的统一，在这个意义上，可说黑格尔的美学与哲学是相通的，黑格尔关于美与真的论述也是相连的，一切美的事物必符合真的内涵，一切真的事物也都具备美的特质。黑格尔认为，我们可依据过往历史之内在规律从而推断出当下与未来之人类历史、人类命运的发展趋势，同理，在人类的审美活动上，亦可基于某一美学传统及其背后的文化传统、社会传统把握一般性的审美原则、审美观念与审美机制。与黑格尔同时代的谢林也以自己的方式重解柏拉图的"理念"之说，他认为艺术审美将无限的理念体现在有限的对象之上，这已然在最大限度上体现了主观与客观的"统一"，相较而言，美学所展现出的"统一"性远远高于科学、伦理学。谢林在哲学上、美学上尤其强调"统一"，即人的主观意识与物的客观存在相"统一"、人的精神与物之自然相"统一"。谢林认为，绝对的"统一"不仅指向人的思维与实践，而且指向人的审美。

如果说康德的美学关乎人的自由意志与审美能力何以

---

① 〔德〕黑格尔：《美学》，朱光潜译，商务印书馆，1981，第142页。

可能，黑格尔的美学重在探究美与人类社会生活之间的内在联系、美的主观性与客观性何以"统一"，则可说"美"的问题在叔本华的哲学体系中更多指向艺术审美之直观以及天分、想象力的涌现。在叔本华的美学视域下，艺术家是真正的天才，天才也是真正的艺术家，而理念往往蕴含于真正的艺术作品中，因此认识理念的方式与认识艺术的方式本质上是一致的，即一种最为直观的方式。正如他在《作为意志和表象的世界》中指出："天才作为天才，他的对象就是永恒的理念，是这世界及其一切现象恒存的、基本的形式，而认识理念却又必然是直观的而不是抽象的。"[1]叔本华认为，天才、艺术家所代表的纯粹的认识主体，能够轻而易举地认识到万事万物背后的具有本质性的理念，尤其是艺术家，其不仅能够认识到理念、把理念从现实中剥离出来，而且能够在自己的作品中复制出真正的理念，这复制的结果便是艺术作品。在现实生活中，一般的个体也能欣赏艺术作品，他们对于艺术也有不同程度的感受力，那么试问：一般的个体是否具有认识和把握艺术背后的本质或曰理念的能力？对此，叔本华认为，人们只是"暂时撇开自己本人的能力"[2]，换言之，一般个体并不是不能认识理念，而是他们认识理念的能力很多时候被遮蔽了，这

---

[1] 〔德〕叔本华：《作为意志和表象的世界》，石冲白译，杨一之校，商务印书馆，1982，第260页。

[2] 〔德〕叔本华：《作为意志和表象的世界》，石冲白译，杨一之校，商务印书馆，1982，第272页。

才造成了他们与天才、艺术家之间的巨大差距。由于一般个体并不具有天才与艺术家的天分和想象力，对他们来说，要想认识和把握理念，只能通过"去蔽"的方式。那么，如何"去蔽"呢？叔本华跳出哲学的论域，为一般个体打开了方便之门。《作为意志和表象的世界》谈道："自然的丰富多彩，在它每次一下子就展开于我们眼前时，为时虽只在几瞬间，然而几乎总是成功地使我们摆脱了主观性，摆脱了为意志服务的奴役而转入纯粹认识的状况。"① 在叔本华看来，通过"自然"之门，一般个体虽不能马上化身为天才或艺术家，但只要敞开心胸一览自然之风光，即会获得一种奇妙的力量，这力量可短暂地化解他们在财富、权力、声名等方面的欲求无法满足的痛苦，当一般个体"在那一瞬间摆脱了欲求而委心于纯粹无意志的认识"②，便可说是完成了"去蔽"的任务，从而使自身原本所具有的那一纯粹的认识理念的能力得以开显。

叔本华认为，一般个体至少在此时此刻成了纯粹的认识主体，也短暂地拥有了天才的天分与艺术家的非凡想象力。从这一视角来看，叔本华进一步对人的本质做了哲学性的规定，《作为意志和表象的世界》说道："人一方面是欲求的激烈而盲目的冲动（由生殖器这一极作为其焦点而

---

① 〔德〕叔本华：《作为意志和表象的世界》，石冲白译，杨一之校，商务印书馆，1982，第275页。

② 〔德〕叔本华：《作为意志和表象的世界》，石冲白译，杨一之校，商务印书馆，1982，第276页。

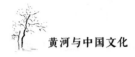

标志出来的），同时在另一方面又是纯粹认识永恒的、自由的、开朗的主体（由大脑这一极标志出来）。"① 叔本华还指出："人比其他一切都要美，而显示人的本质就是艺术的最高目的。人的体态、人的表情是造型艺术最重要的对象，犹如人的行为是文艺的最重要对象一样。不过任何一物仍然各有其独特的美。"② 在叔本华那里，人与物都显示理念，尤其是艺术品，即便是那些不好的、不美的、不成功的难以称为真正的艺术品的建筑物、景物，理念在它们身上也有微弱的显现而不是完全消失。当"我"以一种高超的审美眼光观察这些建筑物、景物时，"我"所认识的并非某一物，而是某一物的理念。在叔本华看来，具有高超的审美眼光的人，便是拥有天分的天才或者拥有非凡想象力的艺术家，只有这样的纯粹的认识主体，才能拨开时间与空间的迷雾，抓取与之相应的纯粹的理念，这纯粹的理念既是内在于一切事物的本质，也是人在观念上理应追寻与探求的本质，它与天分、想象力等非理性的因素有关，与音乐、绘画、戏剧、诗歌等艺术形式有关。在这些非理性的认识活动中，人超越了主观，以最直观的方式把握对象，如此一来，反而实现了一种纯粹的客观，对于认识主体而言，抵达了纯粹的客观或曰客观性，也就意味着把握住了最高

① 〔德〕叔本华：《作为意志和表象的世界》，石冲白译，杨一之校，商务印书馆，1982，第 233 页。
② 〔德〕叔本华：《作为意志和表象的世界》，石冲白译，杨一之校，商务印书馆，1982，第 293 页。

形式的理念、把握住了超越一般意志之上的自由意志，在叔本华的哲学视域下，这便是超越了世俗层面的欲求和痛苦而进入"无欲"之境。

叔本华在美学上为人们提供了自愈的途径与方式，然而不可否认的是，其在哲学上仍然立足于人生无意义之悲观基调。叔本华在《作为意志和表象的世界》中说道："人生是在痛苦和无聊之间像钟摆一样的来回摆动着，事实上痛苦和无聊两者也就是人生的两种最后成分。"① 这是一个经典的"钟摆"隐喻，暗示人生在一个欲求无法满足的痛苦与另一个欲求无从开启的无聊之间不断循环，因此叔本华哲学的基调是人生无意义。同样是唯意志主义，尼采却有不一样的看法，他认为人生虽无意义，但寻找人生意义的过程是有意义的。这就扭转了叔本华的悲观主义看法，使一个看起来了无生趣的生命话题一下子变得生机勃勃、充满可能。很多人喜欢看黄河，是因为黄河"无声胜有声"，有一种化悲愤为力量的神奇功效。我们可以设想，如果《荷马史诗》中被天神惩罚、推巨石上山顶的西西弗斯看到黄河，他那被悲剧性笼罩的生命观会不会有所改变？面对黄河的片刻，往往是我们理解自我、理解生命的绝佳时机。我们的人生有顺境、逆境两种状况，古老的黄河亦有激荡与沉静两种状态，人的命运在不断变化，黄河的命

---

① 〔德〕叔本华：《作为意志和表象的世界》，石冲白译，杨一之校，商务印书馆，1982，第427页。

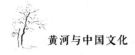

运也在不断变化，不同的人在生命的不同时刻与处于不同状态的黄河发生交会，所获得的感受亦有不同。但无论如何，透过黄河博大精深的气象，人们仍旧可以感受到黄河文化的无穷底蕴，尤其对于中国古人而言，它有一种内在的吸引力与天然的亲近感。

人在面对黄河时所获得的审美意识、超越感受，还可从现象学的角度加以解释。当人不再作为个别意义上的人而作为普遍意义上、一般意义上的获得人类有史以来的认识经验和认识能力的人去认识某一物象时，这一物象呈现于人的认识之中的本质与这一物象本身就形成了一种同构的关系，这便是胡塞尔的现象学。在现象学的视域下，胡塞尔区分了经验层面的意识与先验的纯粹意识。比如，我们思念一个人或想念一个物，是因为这个人和这个物已经存在于我们的经验之中，这是经验层面的意识。而先验的纯粹意识就像一束光，它照亮的那一刻，对象自会显现出来。现象学主张"回到事物本身"，主要指向的就是先验的纯粹意识，"回到事物本身"的方式便是将人们以往的经验认知、一切自然科学的知识、任何的主观偏见与片面因素统统悬置，甚至连笛卡尔"我思故我在"意义上"我"唯一可以确信的、那个此时此刻正在思考的思维主体也加以悬置，从而进入先验意识的领域、用纯粹的意识去认识纯粹的对象。当我们身处黄河流域、直面黄河气象时，我们亦需要放下主客二元对立的认知偏狭，尽可能地让自己进入一种纯粹而直观的审美境域，只有这样才能够获得对于黄河意象、黄河文化、黄河精神的本真理解。

如果说胡塞尔的现象学更关注对象以及认识活动本身，则可说海德格尔的存在主义更关注"人"这一存在者以及"存在"这一境域本身。海德格尔认为，存在的意义在于时间，因此对于"人"这样的存在者而言，也就有了抛置态、沉沦态、生存态三种方式。抛置态指向过去，即面对既定状态的焦虑或恐惧；沉沦态指向现在，即以言说的方式解释过去、理解将来，更多是对世界的一种归顺；生存态指向未来，即对处境加以抉择，要么等待、观望，要么设定计划、寻求改变。与克尔凯郭尔一样，海德格尔的"存在"观念也强调选择对于个人的意义，这对于我们理解生命、寻求更好的生命选择或有启发。海德格尔后期的哲学呈现了一个"天—地—人—神"的世界结构，"天"象征明亮，"地"象征隐匿，"人"象征生存之域，"神"象征神秘之域。"天—地—人—神"世界结构中的"天"所代表的世界是充分敞开的，而"地"所代表的世界之部分却是需要被唤醒的隐秘性的存在，海德格尔直面"天"与"地"之间的张力，并认为艺术之功能即在于揭示这一切、调和这一切并使这一切以合乎自身、合乎真理的方式存在。海德格尔在《林中路》中指出："美乃是作为无蔽的真理的一种现身方式。"① 换言之，艺术审美即是真理的一种发生方

---

① 〔德〕马丁·海德格尔：《林中路》，孙周兴译，上海译文出版社，1997，第40页。

式与展开形式。海德格尔认为，所谓"存在"不过是对真理的敞开，因而其常常发生在"遮蔽"与"去蔽"之间，艺术创造的意义即在于弥合真理发生过程中所产生的裂痕与间隙，诗人、艺术家与才华横溢的创作者们通过自己的匠心独运、巧夺天工为真理与"存在"勾画出一个又一个生动的形象，使之可以关联陷入虚无主义深渊的存在者们。

海德格尔认为，能够真正表达思想的语言是诗的语言。海德格尔欣赏荷尔德林，认为他的诗表达了"天"和"地"的意义，而与"艺术"对立的存在的显现方式是"技术"。海德格尔十分推崇艺术审美，他认为伟大的艺术作品中总是显露出创作者敏锐的才思与非凡的想象。海德格尔关于"天—地—人—神"世界结构以及"存在"的哲学诠释对很多现代作家、现代艺术家具有直接的观念性启示。一些国内的诗人、画家、音乐家在理解家园、土地、河流等意象时，即延续了海德格尔的存在主义进路，如面对黄河，"我"如何借由"我"的语言、图画、音符传达"我"对于黄河以及整个自然世界的理解其实变得更为重要，因为每一种理解都是一次交互，一次"我"与黄河的交互，一次"我"与世界的交互。每一种理解、每一次交互也是"我"尝试解释世界、建构"我"与世界之间关系的过程。因此，理解、对话与解释并不是平白无故的心理揣测，而是"我"向世界展开"我"自己的思想过程、审美过程，也是世界通过这样那样的方式向我们敞开它自身、延展它自身的过程。我们讨论黄河文化、探究黄河美学也是如此，通过这两种学术进路，我们可以在人与黄河之间建立一种"交往"关系。对于黄河文化、黄河美学而言，理解、对话与解释的过程，也会变成一个创造的过程，一个黄河气象、黄河精神在意义上、内涵上无限延伸的过程。换言之，借由黄河文化与黄河美学的进路，我们或许可以让黄河这位穿越历史、贯通古今的"老者"以其最自在的方式、最自由的状态"开口说话"。

从胡塞尔到海德格尔，西方哲学的视域逐渐从本体论转向存在论、从抽象世界转向生活世界。相较而言，胡塞尔的现象学主要关注的是"先验的还原"，而海德格尔更为关注的是"存在"的哲学问题。海德格尔说"我在世界中"，其实是在告诫人们"我不在世界之外"。我们无法冷眼旁观，因为置身其中乃是我们与世界的关系之必然，换言之，"世界"不是我们静观的对象，而是人与人、物与物"交往""交互""共生"的场域。"我"与他人、他物乃至世界是一种相邻、相伴的关系，而不是谁主宰谁、谁支配谁的关系。从价值上讲，"人改变着物，物也改变着人，本是相互的、对等的、平等的，世界不是坚硬的、封闭的，但也不是百依百顺的，人可以改造世界，但必须按照一定的尺度来改造它"[①]。人与黄河的关系也是如此，此时此刻能够真挚感受一切的那个具体的"我"与黄河共同存在于现实的生活世界，而那个抽象的、共同的、作为整体而存

---

① 叶秀山：《美的哲学》，北京联合出版公司，2016，第32页。

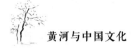

在的、人文化成意义上的"大我"则与被我们书写、记录下来的黄河共同存在于历史的生活世界，此二者无论是在哲学上还是在美学上皆有深远的意义。

人类的审美活动何以可能？人对他者、他物的理解何以可能？这是 20 世纪以来人文社会科学领域的公共话题。若论对此类话题的回应，可说伽达默尔的诠释学传统最具代表性。过去几十年，伽达默尔的诠释学被越来越多的中国人文学者所接受。那么，伽达默尔诠释学的意义、价值与贡献究竟体现在哪里？它对于我们理解黄河文化有何观念上、方法上的助益？伽达默尔的诠释学有三个关键词：对话、真理、视域融合。从学术渊源上讲，伽达默尔的诠释学主要受到胡塞尔、海德格尔现象学传统的影响，诠释学与现象学在理论进路上固然有本质差别，但不可否认的是，伽达默尔诠释学体系下的对话、真理以及视域融合问题，皆与胡塞尔、海德格尔的哲学有直接联系。伽达默尔在古典语言学领域有极高的造诣，对希腊语的研究更是其专长所在，而我们知道，但凡研究古典语言学、研究古希腊的语言文本，就不能不关注哲学与语言学的关系问题，例如，处理古希腊的诗歌、戏剧以及哲学著作时，语言学和哲学的内在张力是十分明显的，伽达默尔在其学术研究的起始阶段即注意到了这一点。

在伽达默尔的诠释学视域下，无论是意义的还原，还是意义的拓展与转向，其实质皆在于"对话"。换言之，诠释的基础就是"对话"，即人对文本的诠释、对世界的理解，既不是自说自话、自得其乐，也不是主客对立、二元冲突，而是要建立对话之通道、寻求理解之可能、达到诠释之目的。在伽达默尔看来，西方一直以来所强调的"逻各斯"（理性）中心主义很多时候妨碍了我们对于文本的生动诠释以及对于世界的有效理解。伽达默尔认为，人有语言，亦有思想，并且人是在"语言"的形式中建立并展开"思想"的。然而人的生命是有限的，古代社会并没有录音笔、留声机，语言所表达的思想只能通过文字这一载体记录下来进而流传开来，这也就意味着，要想获取古代哲人的"思想"，最直接的方法就是理解其文字、诠释其文本。伽达默尔诠释学的逻辑还在于，每一部经典文本的形成，都是作者与自我的头脑、心体、灵魂的"对话"，若无此深邃之运思与转化过程，便不可谓经典文本，因此对于今日之读者而言，阅读古典文本即是与文本背后的作者乃至作者的头脑、心体、灵魂进行"对话"，这就是诠释学的初衷。诠释学得以在西方形成学术传统，主要是因为它有较为系统的哲学论证以及较为成熟的理论方法，并且它在很大程度上获得了应用与推广。伽达默尔诠释学所论之"真理"，亦只有在"对话"关系中才能被唤醒。在伽达默尔看来，作为读者的"我"在面对文本时，总是不可避免地带有一定的前理解，在这个意义上，当"我"开始阅读文本时，与其说是"我"与文本在对话，倒不如说"我"的思想通过文本与作者的思想建立了联系、产生了呼应。通过阅读文本、通过与文本背后的作者进行"对话"，

"我"的前理解、"我"的知识记忆不断被调动、被洗涤、被抬升，直至新的意义生发而出，这整个过程就是文本诠释与思想理解的过程，"真理"的味道就飘散在这整个过程之中。

伽达默尔诠释学的最后一个关键词是"视域融合"，从哲学的角度讲，这是一种极具新意的思维方法。在伽达默尔看来，不仅读者阅读观赏作品的过程可谓诠释之过程，就连作者进行艺术创作之过程、艺术家为作品赋予象征意义之过程，亦可谓诠释之过程。伽达默尔指出："一件文本向诠释者诉说真实的意义，并不只依赖于作者及其原始公众所特有的偶然因素。因为文本的意义总是由诠释者的历史情境共同规定，因而也就是为整个历史的客观进程所共同规定。"[①] 伽达默尔认为，无论是文本的作者，还是作为文本读者与认识主体的"我"，在面对文本、感知世界时所关联的视角与眼光总是有限的，总是不可避免地受到个人所处境域的时空限制，我们可将这样的限制称为具体的历史的限制。那么如何才能突破或者跨越这样的限制呢？在伽达默尔看来，唯有通过不同视域的融合。"视域融合"既不是回到彼时之历史境域，亦非基于此刻之当下视野，而是要从一种充分敞开的、跨越时空的视域出发进而诠释文本、理解思想、研究问题。当然，"视域融合"也有它的挑

---

① 〔德〕汉斯－格奥尔格·伽达默尔：《真理与方法》，洪汉鼎译，商务印书馆，2007，第 419 页。

战与困境，那就是在理解、诠释历史文本以及历史文本中所记载的历史事件、历史人物、历史问题时，又要注意与历史保持一定的距离。在伽达默尔看来，保持一定的距离，乃是突破或跨越限制的必要条件，这亦是视域得以融合、诠释得以可能的关键所在。

在伽达默尔的诠释学中，审美与文学作品、艺术创造紧密相连。在《真理与方法》中，伽达默尔将诠释学视为哲学研究乃至人文社会科学研究的基本方法，并认为哲学家与人文学者们可以通过诠释学的方法获得蕴藏于经典文学文本与伟大艺术作品背后的普遍性与真理观。在伽达默尔的诠释学体系中，语言、科学与艺术乃是人类真理观最为重要的三种承载形式与展现方式，换言之，人类世界自诞生以来所确立的文明观、所阐发的真理观、所蕴含的普遍性，往往存在于兼具历史性与当下性的艺术形式与审美内容中，科学、语言层面的承载与展现亦是如此。那么，艺术何以承载真理性与普遍性的意义呢？在伽达默尔看来，艺术家通过声音、动作以及文字、图像等形式来表现自己对于现实世界的某个侧面的理解，整个艺术表现的过程其实也是艺术家本人自我意识与自由意志涌现的过程，艺术家通过自我表现给予了作品或文本丰富的情感性、思想性与生命力，从而创作了非凡的音乐、舞蹈、诗歌、绘画。在伽达默尔看来，不仅读者阅读或观赏作品的过程可谓诠释之过程，就连作者进行艺术创作之过程、艺术家为作品赋予象征意义之过程，亦可谓诠释之过程。

时代在发展，哲学、文化在发展，作为人文学科的美学亦在发展。与鲍姆嘉通将美学理解为"感性学"有所不同，康德提出美学的主观性、普遍性两大原则并将美学界定为"审美学"，之后谢林又旗帜鲜明地提出"艺术哲学"的范式来重估美学。如今，关于美学以及审美活动、审美心理、审美机制的讨论，基本是从美学的对象、文本、作品出发的，而最终无一例外地回归哲学层面之深度诠释，由此可说今时今日之美学研究俨然是关于"美的哲学"的研究。"美的哲学"即追问美是什么，分析美的本质是什么。从柏拉图到黑格尔，诸多西方先哲皆尝试回应并解决这一问题，而要想在根源处解答该问题，则必须将"美"视作一个系统概念来加以审思，如此一来，美的本质问题也就变成了深刻的哲学问题。卡西尔从文化哲学的视角出发，认为但凡被冠以文化之名的人、事、物都不可避免地被注入了理性主义的色彩，然而审美活动及其背后所关联的审美文化却是较为特殊的，人类的审美文化可说在理性主义的色彩之外仍保留着浓郁的感性因素，进一步讲，人类文化史、文明史上的伟大美学作品往往是非凡的感性与充分之理性高度结合、融会的产物。

20世纪以来，概念式的追问开始转向符号式的解读与逻辑式的分析，久而久之，现代西方学界形成了一个美学研究流派，就其学术之追求、研究之路径、思考之旨趣来看，或可称其为符号美学与分析美学。苏珊·朗格认为，表现、创造、符号、意义、直觉、生命力和有机形式[①]，构成了人们进驻美学领域、理解审美活动的关键词。布洛克则指出："美学涉及的，乃是我们一般情况下思考和谈论艺术的方式，它围绕着下述字眼如模仿、写实、再现、表现、内容与形式、直觉、意图、艺术品等去考虑艺术概念的问题，并且试图去理解和阐明艺术的概念和上述种种术语。"[②]今时今日之社会思潮总体呈现为多元化态势，于是无论是在生活领域还是在学术领域，人们关于真、善、美的判定也展现出多样化、多维度特点。基于对外部世界的关注以及对自我的反省、审视，中外学者将美学的范畴、范围、范式逐步拓展，使得审美的问题与政治、伦理、文化之关联更为紧密，于是便涌现出环境美学、身体美学、实践美学、生命美学、生活美学、意境美学、意象美学等直面现代性、折射现代性的现代美学内容与具体美学分支。

　　较之西方哲学、西方美学，古代中国虽无全面系统之诠释学理论与多元之美学范式，却有诠释"美"之观念。例如，《孟子》文本中的"以意逆志"[③]，强调读者在解读文本时，当以自己的心意去碰撞文本以及文本背后的作者旨趣，从而达到理解的可能乃至诠释的升级，其在方法上与伽达默尔诠释学所强调的"对话"与"视域融合"是相

---

① 参见〔美〕苏珊·朗格《情感与形式》，刘大基、傅志强、周发祥译，中国社会科学出版社，1986，第3页。

② 〔美〕布洛克：《现代艺术哲学》，滕守尧译，四川人民出版社，1998，第9~10页。

③ （宋）朱熹：《四书章句集注》，中华书局，1983，第306页。

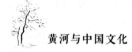

近的。如今，我们研究黄河文化或可从诠释学的视角出发，整合与黄河文化有关的文献资料，厘清黄河文化的发展脉络，探析黄河文化的还原、拓展与转向，揭示黄河文化在不同历史时期的理论形态与思想特征。

对于中华文化而言，"黄河"既是一种精神符号、价值归宿，也是一种艺术对象、生命意象。精神性的"真"、伦理性的"善"与艺术性的"美"在黄河之水那里获得了较好的统合。很多时候，人们过于愿意相信"黄河是黄的"这样一种事实性的判断，对"黄河是美的"这样一种价值性的判定则充满质疑，人们"理所当然"地认为"黄"作为一种颜色属性是可验证的、客观的，而认为"美"作为一种感受性的存在具有较强的私人性、主观性。实质上，"属性是客观的、无我的，而价值是主观的、有我的，这是一种比较表面的说法，价值固然与人的主体性、主观性有关，但属性又何尝不是科学的主体性、主观性的一种表现？"① 科学对于宏观的宇宙世界、微观的物质世界的认知判断，虽然立足于客观性，但在其观念系统内部，其实一直都为主体性、主观性留下了一定的空间，正如黄河的治理，既需要研究科学、发展技术、探索机制，也需要观照历史、考察文化、兼顾审美。人类的审美活动既是主观的也是普遍的。这意味着审美活动虽然是对生活世界的本真性揭示，但往往也需借由个人的体验、感受而展开，反之亦然，"黄河是美的"虽

① 叶秀山：《美的哲学》，北京联合出版公司，2016，第68页。

然是带有个体主观性的私语，但作为一种体验、感受，它是可以传达、延伸的。如同发出"黄河之水天上来，奔流到海不复回"之惊世咏叹的诗人李白，只要我们承认并且接受我们共同处于生活世界的当下这一存在境域，我们每个人都有可能成为"黄河之美"的体验者、感受者、见证者。

第二节　黄河文化的现代性思考

人们总是质问深居简出的学者们：哲学有什么用？哲学的用处大概就在于教人如何思考从而明理。从时间上讲，一辈子都不放弃思考；从空间上讲，到哪儿都不放弃思考；从内容上讲，一切都可以拿来思考，大到天地宇宙、小到花鸟鱼虫，既可以思考万事万物的客观道理，也可以思考与自我乃至与人的政治、伦理相关的整个生活世界的问题；从方法上讲，既要正向思考，又要反向逆向思考，既可以是逻辑式的理性的演绎或归纳，也可以是宗教学或美学意义上的终极关怀与价值判断。总之，我们所面对的一切都与哲学有关，都蕴含着哲学问题，如前面提到的《水浒传》，有8个字可谓触目惊心：劫富济贫、替天行道。这里面可咀嚼的东西其实很多，比如，不追问贫富分化的深层缘由，不考察贫富差距的具体境况，而只将富人的钱财劫来给了穷人，不一定真的有效果有意义，不一定完全公平正义。再说替天行道，替的哪个天，行的什么道？梁山好

汉、朝廷命官、天下百姓乃至后世读者对此未必真的有清
楚而确定的理解。这里面有没有"神道设教"的意味？这
些问题仍是需要我们研究解答的。在我们的生活中，固然
可以产生一些哲学的思考，但这只可说是一些哲学的碎片
或含有哲思的灵感，还不能称为哲学问题，要想找到真正
的哲学问题并试图论证它、解决它，我们必然要回到哲学
史、回到哲学的文本中去。

倘若要对黄河文化进行一番哲学性的反思，最好的方
式乃是从若干具有代表性的现代理论出发，重新审视人与
黄河、人与自然世界的交互关系。1943 年，马斯洛在《人
类激励理论》中提出，人类的需求从低到高可分为五个层
次：生理需求、安全需求、爱的需求、获得尊重的需求、
自我实现的需求。[①] 可以说，人类的这些需求，本质上是与
人的幸福、快乐有关的，这既关乎人的欲望，又涉及人的
目标；既体现出求真的潜能，又体现出向善的趋势。对于
中国古人而言，要想满足这些需求，必须具备两个条件：
一是人类社会的充分交互，二是自然世界的无尽馈赠。人
的生理需求是生存层面的需求，黄河之所以被称为"母亲
河"，即是因为它满足了人们对水的需求。口渴时，我们需
要喝水；肚子饿了而无食物可吃时，同样需要喝水。显然，
在生活、生存层面，水既可以"救命"，让我们活下来，也

---

① 参见〔美〕马斯洛《马斯洛人本哲学》，唐译编译，吉林出版集团有
限责任公司，2013，第 7 页。

可以让我们活得更好、活得更有尊严。阴阳家的代表人物邹衍在战国后期提出"大小九州"学说，认为"水"所指向的河流、海洋将各个陆地板块隔绝开来，将人类世界与不可控、不可知的鬼怪世界隔绝开来，可谓在很大程度上保证了人类生命的安全与文明样态的完整。这就涉及了安全需求、爱的需求与获得尊重的需求。

在"爱"的层面，无论是男女之爱还是血缘亲情之爱，在中国古人的生活图景中都借由特定的场域来展开，如乡土、田园、黄河、山川。以黄河为背景、以黄河为意象而生成的爱情寓言、亲情故事在中国古典文学著作中可谓比比皆是、层出不穷。黄河之"水""生"人，黄河之"水""养"人，黄河之"水"亦"成"人。如果"生"指向人的生理需求、安全需求，"养"指向爱的需求以及获得尊重的需求，那么"成"即主要指向自我实现的需求。一个人渴望拥有爱人的自由和被爱的快乐，这是十分正当的，但在中国古人的生活图景中，无论是亲情还是爱情，"爱"所指向的主要是一个"熟人"社会，而不是我们今天这样的陌生人社会、社交网络所连接的虚拟社会，所以中国古人对"爱"的需求以及"爱"的范围都是有限的，中国古人在情感上、心灵上的慰藉其实更多来自他者的尊重、社会的尊重。某位公子读书多、写字好、才华高、名声广，如果他生在某个边陲小镇，那么整个小镇的人都会认识他、夸赞他，如果他生在京城，他也会迅速"走红"，获得极大的尊重、认可与关注。这里面既包括他者的尊重，也包括

社会的尊重。唐宋时期，诗歌盛行，山水诗兴起，吟诵黄河的名诗佳句成百上千、不胜枚举，放眼望去，可说黄河之水成就了众多山水诗人！当然，在更深更广的意义上，亦可说山水诗之卓然乃是人与自然环境的互相尊重、互相成全。

由此延伸下去，必然进入人的需求的最高层次，即人的自我实现的需求。如果说"生"人、"养"人尚处于可见、可知、可感的现实层面，则可说"成"人乃处于现实转向未来、有限通往无限的超越层面。因此，"成"人即意味着要不断地追求"至真""至善""至美"，它既可以是个人对自我的超越，也可以是个人对时代的超越。如果我们将自我实现的主体进一步扩大，便知"黄河"以及它所承载的文化基因与精神属性在某一时间节点、历史瞬间乃有超越它所处之时代的可能性。倘若人类的思想、心灵在某一历史阶段暂时性地处于蒙昧、幽暗状态，那么彼时之"河"将显示出它对于彼时之人的超越，因为它坚守了真善美的永恒品质，以它独有的方式保留了被人们所遗忘了的价值观念，这亦是黄河作为主体性存在实现自我、超越自我的终极路径。

一个人的一生，可以构成一部私人史；一个群体的演变，则可书写一部社会史。历史的书写需要被见证，对于华夏民族而言，黄河以及黄河文化既是历史事件的静态见证者，又是历史进程的动态参与者。正如麦金太尔在《追寻美德：道德理论研究》中所说的，"我的生活故事始终内嵌在那些我由之获得自身身份的共同体的故事之中"[1]。感性地讲，我们每个人都是与众不同的，都是不一样的烟火，但理性地讲，我们又都生活在这样或那样的场域与环境之中，这使得我们与我们所生活的场域和环境之间其实构成了精神意义上的、文化意义上的乃至生命意义上的共同体关系。通过共同体的连接，我们不断确证自己、不断调整自己、不断反思自己。在我们赖以生存的场域与环境下，我们逐渐明晰自己的角色、身份、位置，一方面，我们是我们自身，我们是自在、自由的；另一方面，我们又是我们所在共同体的一员、一分子。对于中华民族与古代先民而言，黄河既是场域与环境，也是象征与载体。古人在黄河的见证下书写了一代又一代、一朝又一朝的历史，这些历史通过正史、野史与传世文献、出土文献以及图像、器物相佐证之方式流传了下来，并延伸出荡气回肠、丰富多彩的文化故事。借由这些文化故事，我们既看到了他者，也看到了自我，更看到了连接他者与自我的一些存在，如作为历史见证者与参与者的黄河、作为中国古代思想与中华传统文明之承载者的黄河文化。这些文化故事告诉我们，一味追求普遍性的原理、强调整全性的轮廓，往往也会遮蔽个体的努力与光彩，所以历史其实是需要被打开、被细化、被分析的，只有这样，《清明上河图》中的1600个人

---

[1]　〔美〕阿拉斯戴尔·麦金太尔：《追寻美德：道德理论研究》，宋继杰译，译林出版社，2003，第280页。

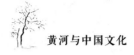

物才能被看见，那些牛、骡、马匹、船只、桥梁、河流才能被看见，那些穿行在时光里的、艰辛地过着生活的、形形色色的自我才能被看见。

从现代性的角度来看，理解和把握黄河文化、黄河气象、黄河精神的方式、方法其实是多元的、多维的。首先，我们可以身临其境，去一些城市和乡村，亲自感受人与黄河的关系，看看不同地域的民众如何沿河而居、如何围绕黄河打造自身的城市文化与乡村文化。比如兰州，沿黄河打造出了"黄河百里风情线"，黄河沿岸可见水车、铁路、白塔、群山等景观，这些景观因黄河的存在而互相映衬，构成了"金城"的旅游群像。其次，黄河文化、黄河气象、黄河精神可以被视觉化、艺术化，透过与黄河有关的纪录片、影视剧以及音乐、绘画作品，我们同样可以感受黄河文化的独特魅力。中国美术馆几乎每年都会展出大量黄河题材的绘画作品、雕塑作品，有些是古典背景，有些则是现代背景，有的是对传统文化的追寻与接续，有的则是对现代文化的拓展与转化，如傅抱石的国画《黄河清》、钟涵的油画《黄河初醒》、杜键的油画《在激流中前进》等，不同的作品呈现出的黄河文化的面向有所不同，揭示出的人与黄河的关系亦有所不同。这对于观赏者、思考者而言其实是一件好事，借由艺术的表现与再现，我们可以在脑海中、在心灵里重构人与黄河的情感关系、文化关系乃至生命关系。无论是面对实景中的黄河，还是面对作品中的黄河，作为情感主体、道德主体、思维主体、行动主体、存在主体的人，其实更多时候是在面对黄河的文化、黄河的气象、黄河的精神，是在面对包含着无数个自我的人类社会，是在面对包含着江河湖海、山川原野、虫鱼鸟兽、草木瓦石的自然世界，也是在面对人类社会与自然世界的奇妙关联。因为我们是中国人，我们生活在中国的大地上，我们接续了中华文化的传统，所以我们与黄河之间，既有客观的物质层面的关联，又有主观的精神层面的关联，并且这种关联是深远而悠长的。

从现代性的角度来看，"我"与"我"的祖辈、父辈在黄河流域所经历的一切、在黄河文化的整体氛围下所感知的一切，既构成了"我"个人的成长史、发展史、心灵史，也构成了"我"宗族的成长史、发展史、心灵史。在余光中的文学世界里，黄河是乡土与家园的象征符号，一旦绕开黄河，本真性、纯粹性的叙事与抒情便不再可能。对于余光中而言，黄河与黄河文化既是其感知中华与中华文化的绝佳通道，也是连接他个人情感与家国情愫的绝妙中介。余光中在《黄河一掬》中说道："古老的黄河，绕河套、撞龙门、过英雄进进出出的潼关一路朝山东奔来，从斛律金的牧歌李白的乐府里日夜流来，你饮过多少英雄的血、难民的泪，改过多少次道啊发过多少次泛滥，二十四史，哪一页没有你浊浪的回声？几曾见天下太平啊让河水终于澄清？流到我手边你已经奔波了几亿年了，那么长的生命我不过触到你一息的脉搏。"[①]

---

① 《余光中集》第三卷，百花文艺出版社，2004，第63~64页。

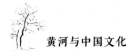

2001年4月初，余光中应邀到山东大学演讲，其间与家人观览了黄河。年过七旬的余光中站在岸边看着早春的黄河，沉积内心多年的情感在那一瞬间迸发了出来，那是游子重回母亲怀抱的深沉情致，那是分别多年重又相聚的爱意流露。黄河对于每个中国人而言，好像胎记一般不可磨灭。很多人年轻时离开家园，在他乡奋斗、拼搏，再次回归故土时，却已两鬓斑白。余光中对于黄河的眷恋，亦包含着对于家乡、故土的眷恋，那是一种只有游子才能深刻体会的永久乡愁。笔者的创作与研究落于此处时，也是早春的4月。傍晚时分，漫步黄河之滨，借一缕余光中的乡愁，在河上铺开一面回忆的镜子，年少时听奶奶讲故事的景象即刻浮现眼前，泪水亦禁不住从眼角缓缓流下。那是一个美妙的夜晚，在兰州黄河景观的感染下、在余光中《黄河一掬》的烘托下，笔者隐藏多年的情感得以释放。透过余光中的视角，我们又一次回到齐鲁大地，感受黄河入海的独特气势。

　　总体说来，山东令人惊叹之处有二：一是黄河入海，二是圣人群像。三年前走进曲阜、走近孔子，圆了多年的一个梦想。山东历来群贤辈出，也是名副其实的文化大省。孟子出自邹城，墨子出自滕州，稷下之《管子》出自淄博，而文化意义之最盛者，莫过于曲阜，因为曲阜诞生了孔子。孔子生于此，立于此，终于此，开坛讲学、弘扬儒家思想亦于此。曲阜既有孔府、孔庙、孔林（统称"三孔"），又有尼山、泗水。孔庙主要承担祭祀之功能，看上去恢宏大气，又有巨碑林立，颇有几许故宫的气象。孔府据说建于宋代，是孔子嫡系子孙居住之地，与孔庙毗邻。孔林乃安葬孔子及其后人之地，我的恩师之一徐兆寿先生曾于孔子墓前行跪拜之礼，情之所至，泪流满面，我未曾亲历，但仍感同身受。尼山的孔子巨像，远远望去，给人的视觉冲击极大，而越往近处去，却越是中正平和，许是圣人的感召力起了作用。"生民未有""德侔天地""万世师表"皆可说是对孔子地位的中肯评价，毕竟没有孔子，便没有儒家，没有儒家，中国人之精神气质便不可想象。没有孔子所立之道德范式，没有仁、义、礼、智、信，没有《诗》《书》《礼》《易》《春秋》，中国文化之生命力便要折损大半。如果说老庄之道家对于中国古代之形而上学贡献较大，则可说孔孟之儒家对于中国古代之德性伦理影响至深。

　　梁漱溟说过，纵观整个中华文化史，孔子之前的文化，都收于孔子手里；孔子之后的文化，都由孔子所放出。这表明，孔子之于整个中华文化的意义无疑是奠基性的。中国古人之德性自觉，始于孔子；中国古代之人文教化，亦立于孔子。有一种观点认为，倘若古希腊的思想文化是视觉的，那么中国的思想文化便是味觉的。对此，笔者原本持质疑的态度，但经过这次的曲阜之行，笔者的看法改变了不少。"味觉"活动下的人与对象，往往是融为一体的，古代的士大夫与儒家大约也是这样一种关系。现代汉语讲"味道"，往往指美味之食物给予我们的口舌体验，但它还

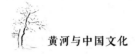

有更深一层的意思，那就是主体之"我"对客体之某人、某事、某物、某意象的品味、体味和玩味，换言之，"味"中亦有人生之"道"可言。孔子之道也是需要体味的，然体味的方式不是坐而论道，而是在外在之践履中不断扩充内在之德性。正如《孔子家语》所言："知而弗为，莫如勿知。"用王阳明的话说，便是"知行合一"。

习近平总书记在中央全面深化改革委员会第七次会议上提出的"想为敢为、勤为善为"①，亦与孔子的知行观以及王阳明的"知行合一"思想相契合。从哲学的角度讲，"想为"主要指向动机与目的，"敢为"主要强调动力与信念，"勤为"主要指向过程和姿态，"善为"主要强调方法和手段。从学习、工作与生活的角度讲，"想为"是要有"念念不忘，必有回响"的愿景和念力，"敢为"是要有"咬定青山不放松"的斗志和精神，"勤为"是要有"慎终如始，则无败事"的努力与行动，"善为"是要有"志功合一、知行合一"的观念与技巧。这对我们的学习而言，亦有重要的方法论意义：一方面，要不断积累感性材料，多读书、多读原典、多读文献，夯实基础；另一方面，要对感性材料加以理性之升华，要拓宽视野、择取视角，将学术问题向纵深处、前沿处推进。而推进学术研究之最好办法就是学术交流、学术争鸣。也就是说，除了要

---

① 《习近平主持召开中央全面深化改革委员会第七次会议》，中央人民政府门户网站，2019 年 3 月 19 日，https://www.gov.cn/xinwen/2019 – 03/19/content_5375140.htm。

"坐冷凳"，还要"走出去"，多吸收、多听批评意见，多掌握学术研究之方法。此外，多练笔、多请教，不断提升写作能力与思维水平亦至关重要。

第三节　黄河文化的活化机制

黄河源远流长、生生不息，从古代中国穿行到了现代中国。作为黄河流域的精神载体，黄河文化也应从传统文明的圈层走出，活化当代中国的价值体系。黄河流域是具象的，黄河文化是抽象的，抽象的部分与具象的部分不可分割。以"人"为例，人的精神与身体不可分割，意识与行动不可分割，"我想举起手来"这一想法与"我举起手来"这一动作对主体之"人"而言可以同时发生。这也就意味着黄河文化的"活化"仍旧取决于黄河流域的自然属性、社会功能以及人与黄河的依存关系。正如《黄河文化论纲》所言："黄河文化的复苏和再生，已不可能再是原来的以旱地农业经济为基础的一种典型农业文化的再生，而是与黄河流域的地貌特征相联系的，并有别于沿海工业文化的一种新的现代文化面貌。这种再生的黄河文化，一方面以现代工业、现代农业和现代科学技术的发展作为它坚实的基础，另一方面，又保持着古老的黄河文化传统的精髓和其中一切有益的成分。"①

---

① 李振宏、周雁：《黄河文化论纲》，《史学月刊》1997 年第 6 期。

　　黄河以及黄河文化的"活化"关乎现代中国的农业文明与生态文明建设,因而探究黄河文化"活化"机制的前提条件在于全面认识黄河流域的发展优势与生态困境。黄河发源于青藏高原的巴颜喀拉山,自西向东流经青海、四川、甘肃、宁夏、内蒙古、山西、陕西、河南、山东,最终注入渤海。黄河上游多是山地,中游乃是黄土高原,中下游则多为平原,形成了自西向东、由高到低的三级地势。黄河流域总体属于大陆性气候区,温暖湿润的气候有利于人类的农业生产与社会生活,也间接促进了黄河文化的形成与发展。尤其是黄河中下游地区,因其地势平坦,又有黄河水的灌溉,故而能够成为中华农耕文明的摇篮。黄河不仅为流域内的百姓提供水源,还赐予他们肥沃的土地。黄河是世界上含沙量最高的长河,这一方面使黄河陷入黄沙淤积、河床逐年升高的治理困境,另一方面黄河上游大量的泥沙在流经中下游平原时因流速放缓而大量沉积,由此形成广阔的冲积平原,这对于中原地区农耕文明的发展可谓贡献极大。总体而言,黄河流域气候适宜、土地肥沃、资源丰富、水脉绵长,因而能在不同地理环境下呈现出不同的水文特征、打造出不同的自然景观、催生出不同的地域文明。从生存、生产、生活的角度讲,黄河之于当代中国社会的发展亦有重要贡献。据统计,黄河以占全国2%的河川径流量灌溉了全国15%的耕地,创造了约14%的国内生产总值,养育了全国12%的人口。河流的作用不仅体现在为人类提供食物与水源,还体现在交通运输层面。在古代，河运往往是比陆地运输更加快捷方便的交通方式。李白《早发白帝城》有云："朝辞白帝彩云间，千里江陵一日还。"河流的交通功能极大地促进了不同地域之间的物质往来与精神互动。就黄河而言，其优势在于水量大、流速快、地势自西向东呈阶梯形递减，这便满足了黄河中下游地区民众的粮食运输需求。黄河的交通运输功能不仅助力经济的增长，而且推进文化的发展。河水在流动，河上就有了人流和物流，人口和货物随着河水不断迁移和运输，精神层面的交往得以展开，兼收并蓄的黄河文化也在东西交互、南北沟通的河运网络中日渐形成。除了农业生产、河运交通等方面之贡献，黄河之于国人、国家乃至人类文明的价值亦在于生态环保层面。然而今天看来，黄河流域的生态治理已然成为不容忽视之现实问题，需要我们从观念上、技术上、方法上、全局上予以回应和解决。黄河水利委员会先后在 2010 年、2020 年发布了两版《黄河流域水土保持公报》，旨在反映黄河流域的水土流失状况，促进黄河流域的生态保护和合理发展。2020 年《黄河流域水土保持公报》显示，黄河流域水土流失面积高达 26.27 万平方千米，其中黄土高原水土流失面积占到黄河流域的 90% 左右。黄河之水素有"一碗水，半碗沙"的说法，黄河的径流量约为长江的 1/17，但黄河的输沙量却是长江的 3 倍，俗语说"跳进黄河洗不清"，指的就是黄河含沙量惊人，虽然经过多年治理有所好转，但水少沙多、水沙不平衡仍旧是黄河流域生态保护的首要问题。我们作为认知主体、行

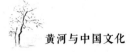

动主体，应当意识到维持黄河流域乃至整个自然世界的生态平衡是何等重要。这也就意味着黄河文化及其"活化"机制需要在观念上、方法上对黄河的生态治理有所支撑、有所贡献，毕竟黄河安澜、人河共生乃是中华民族的千年期盼。

黄河文化与农耕文化的互通、共在，养成了华夏先民重土地、重乡村、重家庭的人格特点，这是我们探究黄河文化"活化"机制的观念基础。沿河而居、以农为生的生存方式决定了华夏先民不会像以航海、贸易或游牧、狩猎为主业的民族那样频繁出行、频繁迁移，久而久之，安土重迁的观念从生存、地理层面扩展到了生活、伦理层面，成了与"背井离乡"截然相对的人伦观念，成了儒家伦理思想的组成部分。对土地、乡村、家庭的重视，使得中国古人对意义与责任的认同感、接受度更高，对自由这一观念也有着与西方社会较为不同的理解。重视家庭、较少迁居，意味着黄河流域的先民们所面对的人群是非常固定的，整个人际交往的圈子也是相对稳定的，于是在处理人与人的关系时，儒家伦理的"仁义礼智信""温良恭俭让"就变得极为有效、极其实用。由此可见，中国人温和、温良的性格既是多方面原因促成的，亦是多种文化因素相互作用的结果。由于农耕文化与儒家文化的加持，黄河文化、黄河流域、黄河人也越发地表现出深沉、宽厚、兼容、谦和的精神气象。正如徐光春所言，"黄河文化是一个流域文化，但又不仅仅是一个流域文化。因为黄河是中华民族的

母亲河，中华民族形成于此、成长于此、壮大于此、强盛
于此，从这个意义上说，黄河文化也是中华民族的代表文
化，是中国的国家文化。我们探究黄河文化的核心价值，
其实就是探究从远古时期黄河文化生成以后几千年时间里
中华民族的价值追求，就是探究这一个漫长的历史时期主
导中国社会发展进步的精神文化力量在哪里。总的说，黄
河文化的核心价值主要包括这样五个方面的精神、思想和
意识：创造、民本、人文、仁义、和合"①。

　　从黄河精神、黄河气象的维度出发观察中国社会、审
视中国历史，乃为我们探究黄河文化的"活化"机制提供
了重要的理论契机。滚滚向前、奔腾不息的黄河水，既见
证了一个历史的中国，也见证了一个文化的中国。虽然黄
河流经的每一处地域，都有不同的文化特色，但从普遍的
角度看，它们的底色是唯一的，它们的源头是同一的，它
们的去向也是合一的。在这个意义上，我们可说北方流域、
北方文化的"母体"即是黄河文化，但凡黄河流经的地方、
喝黄河水长大的人，皆不同程度地受到黄河文化的影响，
这种影响可谓与生俱来而又切割不断。流经中国九省区的
黄河水，与黄土地、黄皮肤、黄种人共同构成一个血脉相
连的整体，因此从概念上讲，"黄"便是中国的底色。黄河
水奔腾不息，象征着华夏民族永续不绝的血脉，代表着中
华文明绵延不断的传统。这既意味着身为黄种人的我们，

---

① 徐光春：《黄帝文化与黄河文化》，《中华文化论坛》2016 年第 7 期。

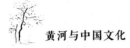

与作为"母亲河"的黄河之间的血脉联系是天然的、不可改变的，也意味着保护和弘扬黄河文化，就是保护和弘扬中华优秀传统文化。就思想内容而言，黄河文化既是中华优秀传统文化的重要组成部分，又是黄河流域与黄河儿女共同建构的民族历史、共同打造的文化产物、共同练就的精神气质。

　　探究黄河文化"活化"机制的关键在于观念上的承接与方法上的创新。黄河文化虽然主要指向人类文明的精神层面，但这并不意味着黄河文化就无实体化、具象化之可能。中国古人凭借自己的灵性与智慧，发明了自己的语言文字，如此一来，人文化成的思想性内容就可穿越时空而为自己"说话"。无论是《尚书》《诗经》还是《庄子》《山海经》，先圣们将自己对于黄河以及黄河文化的理解置于历史、文学、哲学与地理的整体叙事中，这使我们可以理所当然地将黄河文化看作中华文化的重要组成部分。如今，人文社会科学的学科划分越发精细、学术建制越发完善，我们认识世界、探索自然世界与生命世界的工具与方法也越发强大。一方面，诸多考古发现、文化遗迹、出土文献能够帮助我们探佚若干历史真相的侧面；另一方面，声音、图片、影像等多种记录方式的出现可以帮助我们更好地储存人类社会与自然世界发展、演变的生动细节。如果说以前人们了解文物需要通过历史学家、考古学家的研究与"转述"才能实现，则可说未来人们所能够看到的文物是可以凭借文字、声音、图片、影像等多种形式自己呈现自己的。这也就意味着黄河文化既代表过去与现在，也指向遥远的未来。保护黄河文化遗产、让黄河文化遗产"开口说话"进而发挥黄河文化遗产的历史价值、科学价值、艺术价值、社会价值，既是为当下的社会发展、文化发展而服务，也是为更为长远的社会发展、文化发展而奠基。

研究黄河文化与黄河美学，探索黄河文化与黄河流域的"活化"机制，既是自我发展、自我突破的必由之路，也是获得文化归属、提升文化自信的题中应有之义。有时候，黄河文化就像我们的童年，承载着那些纯真与迷失并存的过往；有时候，黄河文化又像一位老者，指引我们向未知的未来缓缓走去。从诠释学的角度来看，还原黄河文化之实质是极其困难的，但这样的工作仍需有人去做，且需不断做下去。如同柏拉图的理念，虽有乌托邦色彩，但每一次探索都值得肯定、每一次分析都令人欣喜。只要思考和实践的步伐不停，希望与智慧的火光就将永久闪耀。

第四节　黄河文化与乡土文学

在现代中国文学史上，很多作家都以自己的故乡为坐标展开自己的精神书写与心灵创作。无论是陈忠实的《白鹿原》、贾平凹的《废都》、路遥的《平凡的世界》，还是莫言的《蛙》《丰乳肥臀》、余华的《活着》《兄弟》，都有较为浓郁的地域性表达、地方化书写的特点。这些作家

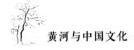

之所以将自己的家乡作为创作源地，主要是因为他们对家园、故土的深沉的爱。这份爱意中又蕴含着强烈的文化接受与价值认同，而且这样的情感常常与家乡的方言、风俗以及颇有特色的自然风光关联在一起。

对乡土的反复回顾与多维书写，既可说是现代作家"返乡"意识与家园情结的体现，又可说是他们对自我、对童年、对命运的再度审视。拉康说："镜像凝视造成了自恋式的认同。"① 自恋固然蕴藏着自我封闭与自我毁灭的危险，但自恋更多时候给人带来自信，给人传达自我接受、自我认同、自我美化等积极的内容。常言道"爱屋及乌"，自恋所导向的自爱，也会带来一种正向的力量与正面的情感，这就由"爱自己"的价值基点延伸至爱自己的亲人、爱自己的事业、爱自己的家乡，以及进一步延伸至爱自己家乡的那条河、爱河边停泊的小船、爱船上唱歌的少女。从哲学的角度讲，那河、那河边的小船、那船上的少女之所以成为"我"爱的对象，乃是因为"爱"这一行为本身为它们或她加上了一层滤镜，于是呈现在"我"眼中的河、船、少女便成为无比美好的存在。它们或她唤起了"我"的爱意，也使"我"心甘情愿将"我"的爱投向它们或她，而这一切的基础乃是"我"自爱、"我"拥有爱、"我"了解爱的感觉以及"我"有爱他人、他物的能力。在这个意义上，可以说每个人的心中都有一条童年的小河、都有一条

---

① 〔法〕拉康：《拉康选集》，褚孝泉译，上海三联书店，2001，第424页。

命运的大河，在河流的观照下，我们在审视自我的同时，也审视这周遭的生活世界。

　　故乡是孕育我们生命的摇篮。每个人在心灵的最深处，往往都蕴含着对故乡深沉的爱。只不过很多时候，我们像一只断了线的风筝，一心向着天空，却不知身体已离地面越来越远。飞得越高，人便越容易陷入悲苦，于是回头寻觅那曾经熟悉的乡土时，才知它也在痴痴地寻觅我们。鲁迅的《故乡》《阿长与〈山海经〉》、沈从文的《边城》、赵树理的《小二黑结婚》，无一不彰显着一种"天人相望"的乡土情缘。鲁迅笔下的闰土，那憨厚纯真的表情以及他充满乐趣的小故事，将长久地留在我们眷恋故乡的美梦里。沈从文笔下的翠翠，那个深爱着傩送的边城女子，也使我们不禁想起某位远方的故人。故土并不都是好的，但故土至少是真切的，因为在那深山的悬崖边上，不仅有见证他们爱情的虎儿草，还有夜夜如水般温柔的山歌。正如小二黑一样，每个人都在用前沿的自由观捍卫自己的幸福和尊严，有力回击落后的传统观念，这其实不是对乡土的颠覆，而恰恰是对乡土的重塑，正是他们保留了乡土文化中最纯真、可贵的真善美。现代中国的乡土作家们仿佛置身其中，却又远远守望。他们敏锐地审视着那些曾经发生或正在发生的一切变故，或满含热泪，或悲喜交加。对于爱与自由，他们热情颂扬；对于一切腐朽、没落与不平，他们则激烈抨击。或真刀真枪，或含沙射影，他们的作品代表了黄河儿女的心声，反映了他们不同时期、不同境况的社会生活。

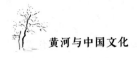

在现代中国的文学演变与文化发展中，他们成为黄河儿女的情感传递者，成为乡土世界的意义转述者。

北方作家常以"黄河"寄托情思，黄河因此成为他们心中故土的精神符号与文化象征。黄河不仅作为显性的风景展现在文学叙事之中，而且作为广阔的意象存在于文本结构之内。笔者是西北人，对西北作家的创作背景更为熟悉，对他们作品中的乡土情怀、地域情结亦更有共鸣。路遥《人生》所塑造的主人公高加林，就是黄河儿女的经典形象。在高加林的身上，我们感受到了西北人、黄河人的命运起伏、情感波折，然而这就是那个年代的西北，每个人、每个家庭都经受过生活的贫穷，都经历过饥饿、寒冷与生存的窘境。但苦难不会压倒我们，生活在黄土地上、黄河边上，似乎每个人都天生具备经受自然界之残酷考验的能力，虽然日子过得贫苦，但意念上从不悲观、意志上从不气馁。包括笔者在内，很多西北的青年都像路遥笔下的人物那样，从未放弃生活的希望，我们发奋读书、求知若渴，从闭塞但淳朴的乡镇、县城走出，来到充满生机的都市。当然，以奋斗者的姿态走出来并不意味着就要与过去的苦日子进行切割，只要我们还怀有一颗赤子之心，也许等我们看清楚、想明白并且真正强大起来的时候，就是我们再回去的时候。《人生》的主人公高加林即是如此，离开黄土地，又再次回到黄土地，一开始他心里尚有几分不平与不甘，但慢慢地，他意识到这也是自己命运的一部分，因为这是自己的根，自己的爱情和事业大约也在这里。虽然生活仍旧艰苦，但对于幸福生活与美好未来的憧憬成为他直面一切的动力，指引且激励着他向更为光明的坦途迈进。那是一个新旧观念、城乡观念、中西观念极为冲突的年代，每个人都面临各种各样的选择，每个人的生活世界里都或多或少带有悲剧性的成分。然而就像介于现实与理想之间的高加林一样，我们每个人最终都会迎来自己与生活的和解时刻。我们身后更大更强的文化氛围在规定我们每个人的同时，也会适时地保护我们每个人，这就是"乡土"之所以让我们感到安心的主要原因。我们眷恋黄河，也眷恋黄河流过的黄土大地，毕竟这黄河、这黄土滋养了我们的现世生命、造就了我们的内在性格，使我们成了闪烁着人性光辉的自在个体。路遥《人生》的文学创作与人物刻画无疑是具有先锋性、前沿性的，在高加林的身上，我们既看到了父辈的身影，又感受到了青年一代的姿态，既有纯真、善良、坚毅的品格，又有远大的人生理想和崇高的精神追求。同样是面对黄河、面朝黄土，高加林所汲取的文化滋养似乎更为鲜活，这也使他更能适应那个时代的变化。高加林规避了父亲的忍气吞声、安分守己，充分地展露出对生活的热情，如打篮球、锻炼身体，又如广泛阅读、完善自己的知识体系，在他身上，我们既看到勤劳、朴实的传统美德，又看到挑战命运、直面生活的积极因素。

对于乡土文学而言，黄河不仅提供深沉的情感和磅礴的力量，而且提供无尽的想象与充沛的激情。如果说前者更多导向小说创作，则可说后者更多导向诗歌创作。面对黄河，诗人郭小川于 1940 年在陕北动情地写下《我们歌唱黄河》一诗："我们在河边上住了几百代，我们对黄河有着最深的乡土爱，我们知道河边上有多少村庄，多少山崖；我们知道什么时候浪头高，什么时候山水来；我们歌唱黄河，也歌唱我们的乡土爱。"① 郭小川在诗歌创作的过程中借鉴了许多地方民歌的艺术特点，如西北的"信天游""花儿"等，这使他的作品语言鲜活、节奏明快且十分亲民。郭小川以诗歌为自由的语言，尽情地表达对生活的热爱、对现实的关切。在诗中，郭小川这样表达道："扬起你的歌喉，兄弟，泛起你的酒窝呀，朋友！我们唱出黄河的愤怒，唱出黄河的悲哀，让我们集体的歌声和黄河融合起来！""我们不停息地唱，我们不停息地歌，直到这北方的巨流——属于工人的河，属于农民的河，属于学生旅行的河，属于青年人唱情歌的河，属于将士胜利归来饮马的河……那时候，我们站在河岸上静静地听黄河给我们唱最动人最快乐最幸福的歌。"② 郭小川诗歌创作的基调是现实主义的、是为大众而书写的，但现实主义的底色之上又常常开出浪漫的、奔放的意象之花。黄河成为郭小川笔下最为壮美的意象，它激发了诗人的真挚情感与雄心壮志。与黄河气象、黄河精神、黄河文化相连的是西北人民质朴的性格、率真的表达、坚定的信念。歌颂黄河气象、黄河精

---

① 郭小川：《我们歌唱黄河》，《诗刊》2005 年第 13 期。
② 郭小川：《我们歌唱黄河》，《诗刊》2005 年第 13 期。

神、黄河文化，即是在歌颂一种积极、明朗的社会生活、文化生活。郭小川的这首诗是有激情的、有力量的，这样的激情、力量既是孕育了华夏文明的黄河流域带给他的，也是足下的这片黄土大地带给他的，因而诗中的情感如喷泉一般急速涌出，承载着公义而超越私人情绪，诗中的每一句、每一字都像战鼓一样催人奋进、令人激动。郭小川的这首诗，展现出了黄河的崇高之美，这是十分难得的。崇高是审美层面尤为重要的观念，它不仅指向事物本身的形象之美、自然之美，而且指向事物所关联的他者之美、情境之美与历史之美，在这个意义上，事物也就获得了某种普遍的历史性与超越性，黄河之水、黄河流域即是如此。

第五节 《黄河大合唱》的美学分析

黄河之于现代中国，其文化之内涵其实是在不断丰富、不断深化的，一方面古典时期的精神传统得以接续，另一方面中国人民在面对时代困境、解决时代问题时所生发的现代精神、现代气象也得以汇入黄河文化的主干之中。例如，艺术作品《黄河大合唱》所反映的精神内容，即是黄河文化的现代性延伸。

论及《黄河大合唱》的创作，乃有几段鲜为人知的故事。这些故事连同创作者及其背后的黄河精神与时代精神，构成理解《黄河大合唱》这部艺术作品的经典注脚。首先，词作者光未然当时主要负责抗敌演剧队的工作，并无参与

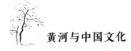

乐曲创作的计划，然而队伍行进的过程中不慎坠马骨折，致使他不得不与手头的演出任务暂时作别。返回延安治疗的路上，队友们一直用担架抬着光未然，沿途的战火弥漫、民生疾苦加上身体的痛感，使得光未然想要进行艺术表达与艺术创作的念头一下子变得无比强烈。在面对气势恢宏、波涛汹涌的黄河之水时，光未然的情感窗口一瞬间被打开了，原本是要写首长诗的，结果遇到了音乐家冼星海，于是在众人的建议下，长诗变成了《黄河大合唱》的歌词。冼星海到达延安的时间比光未然要晚一些，也是不辞辛劳、几经辗转。当冼星海看到光未然的手稿时，整个人兴奋不已，当场表态要尽快完成谱曲的工作。冼星海有一个独特的创作习惯，需要吃糖保持创作状态，刺激创作灵感。那时生活物资紧缺，人们四处张罗，费了一番功夫才借来两斤白糖。大家满心期待的同时，冼星海也在专心致志地进行着他的创作。六天之后，《黄河大合唱》的谱曲工作得以完成，冼星海长长地舒了口气。由于《黄河大合唱》的曲式是突击完成的，所以冼星海后来希望对音乐部分做一些改进，于是就有了"两个版本"的传闻，即除了"延安版"之外，还有冼星海在国外养病期间完成的"莫斯科版"，较之前者，后者更为繁复、精致，似乎音乐性更强，但我们知道，无论是彼时还是今日，真正流传并且成为经典的还是"延安版"的《黄河大合唱》。冼星海作为音乐家，固然有追求艺术极致的美好愿望，但六天的突击完成恰恰成就了《黄河大合唱》最质朴、最本然的形态，所以想必冼星海也不会觉得遗憾，毕竟他本人与《黄河大合唱》这部作品及其背后的黄河、背后的中国是不可分割的、融为一体的。特殊的时代、特殊的命运造就了《黄河大合唱》，《黄河大合唱》也以其艺术的样态、艺术的表达彰显了黄河精神、国人性情与时代气象，人与河更借由《黄河大合唱》这部伟大的艺术作品达到了情感的会通、实现了审美的共振。

1939 年 4 月 13 日，《黄河大合唱》创作完成并问世。《黄河大合唱》的词作者是光未然，曲作者是冼星海，他们的珠联璧合成就了这部伟大的艺术作品。《黄河大合唱》全曲由"黄河船夫曲"（混声合唱）、"黄河颂"（男声独唱）、"黄河之水天上来"（配乐诗朗诵）、"黄水谣"（女声合唱）、"河边对口曲"（对唱、轮唱）、"黄河怨"（女声独唱）、"保卫黄河"（齐唱、轮唱）和"怒吼吧！黄河"（混声合唱）8 个乐章组成。各个乐章既相对独立，又协调配合，段落之间有起伏，首尾之间有呼应，在音乐性、思想性两个维度上都达到了极高的水准。恢宏的音乐结构、悲壮的艺术气概，使得《黄河大合唱》当之无愧地成为 20 世纪上半叶中华民族的时代之声。在乐曲的编排上，《黄河大合唱》多处采用三连音，这其实是一种分解、顿挫的处理，其优点在于短促有力、简洁明快。在《黄河大合唱》整部作品中，"黄河船夫曲"（混声合唱）的部分尤其强调民众与劳动者的力量，侧重表现中国人民百折不挠的精神品格，用三连音的方式来呈现可谓再好不过。

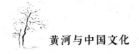

黄河气象、黄河文化、黄河精神在《黄河大合唱》的歌词、朗诵词中得到了淋漓尽致的体现。如"黄河颂"（男声独唱）（第二乐章）："我站在高山之巅，望黄河滚滚奔向东南。惊涛澎湃，掀起万丈狂澜。浊流宛转，结成九曲连环。从昆仑山下，奔向黄海之边，把中原大地劈成南北两面。"又如"黄河之水天上来"（配乐诗朗诵）（第三乐章）："红日高照，水上金光迸裂。月出东山，河面银光似雪。它震动着，跳跃着，像一条飞龙，日行千里，注入浩浩的东海。""黄水谣"（女声合唱）（第四乐章）："黄水奔流向东方，河流万里长。水又急，浪又高，奔腾叫啸如虎狼。开河渠，筑堤防，河东千里成平壤。""保卫黄河"（齐唱、轮唱）（第七乐章）："风在吼，马在叫，黄河在咆哮，黄河在咆哮。"创作者对黄河这一意象的理解是十分深刻的，对黄河的情感也是十分深沉的。在不同的乐章中，我们既可以看到黄河形象的不同侧面，也可以看到人与黄河的多重关系，如将黄河看作一位"长者""老者"甚至时代的"见证者"，或将黄河看作一位"倾诉者""对话者""超越时间的存在者"。另一情况下，黄河不变，人亦不变，但时间性、空间性发生了一些变化，人与黄河所面对的时代境况也发生了一些变化，于是就会有"敬畏黄河""赞美黄河""治理黄河""保卫黄河"等一系列动态关系的产生。由此可见，《黄河大合唱》这一史诗作品的问世，一方面归功于创作者过人的音乐天分、艺术想象以及对时代的敏锐观察与艺术表现，另一方面则得益于创作者在艺术审美、结构运思上的苦心孤诣。

冼星海、光未然创作《黄河大合唱》的灵感主要来源于黄土、黄河以及与之相关的文化符号、艺术形态。每一个来过西北的人，都会被这片土地空寂、苍凉的气质以及西北人粗犷、淳朴的性情所吸引，身为音乐家的冼星海、光未然也是如此。西北的民歌以"信天游"和"花儿"为主，演唱的方式接近于"吼"，风格直接、明快，唢呐的器乐演奏亦有这样的特点，皮影戏、秦腔更是如此。它们本质上是一种生命力、生命情感的表达，这样的表达往往流露出一种原初性、本真性、质朴性，反映了西北人的真性情以及他们对身旁的黄河之水的敬畏、对足下的黄土大地的眷恋、对广阔的天地自然的体贴。冼星海、光未然在延安所感受到的情绪、情感、情态即是如此，他们与西北人民生活在一起、与他们的心连在一起，很快就领会了他们的生存方式、生产方式与生活方式及其背后的地域特质、文化属性、情感生命。从"黄河颂"（男声独唱）、"黄河之水天上来"（配乐诗朗诵）到"黄河怨"（女声独唱），我们感受到的不单单是"河"的动态，更是一种"生命"的动态，它将个人、黄河、民族、国家结成了一个命运共同体，放置于同一个情感与文化的时空里。人们在《黄河大合唱》所营造的艺术氛围与精神时空里同呼吸、共命运，一起经历悲喜、一起感受时代，尤其当西北的唢呐响起时，仿佛天地、自然、宇宙也被纳入进来。"风在吼，马在叫，黄河在咆哮"，激扬的旋律、振奋的歌词与黄河之水一起翻滚，从心内涌到心外，从生命与生命之间涌向天地自然之间。8 个乐章演奏完毕，听众的心绪久久难以平复，脑海中仍旧浮现出壮阔的历史场景，血液里流淌着黄河儿女的英雄气概，情绪、情感、情思还与《黄河大合唱》所释放的艺术生命、精神生命、文化生命交织在一起。

在《黄河大合唱》这部作品中，我们可以感受到黄河精神与现代中国的民族精神的内在统一。"《黄河大合唱》吸纳、提升了历代中华儿女追求独立、民主、自由、富强的心声与意志，因而展现出千古未见之刚健风骨与阔大气象。这样的歌声，让我们感受到的不再是哀怨、空旷，不再是悠远、悲凉，而是奋发振作和斗争崛起。"① 所以每次闭眼倾听时，都能感受到黄河水的奔腾不息以及黄河文化所传达出的自强不息、自力更生、自在发展的精神气质。《黄河大合唱》充满想象力且气势恢宏的曲调，使得演奏者在演绎作品时以及听众在欣赏作品时，就像亲身观赏黄河壶口瀑布一般被其内在的冲击力所震撼。《黄河大合唱》这部作品之所以伟大，除了对时代性的深刻理解、对国民性的生动表达以外，还在于创作者在艺术上对黄河文化、黄河精神的充分彰显。《黄河大合唱》时而悠扬、时而激荡的旋律，其实是曲作者冼星海对于黄河动态的艺术加工、抽象模仿。"风在吼，马在叫，黄河在咆哮"的动人表达则是

---

① 任慧、李静、肖怀德等：《黄河文化论纲》，《艺术学研究》2021 年第 1 期。

词作者光未然对于黄河命运的情感共鸣、诗意表达。别林斯基说，诗是大自然创造力的反射。生命的激情，很多时候不能靠文字、符号及其背后的理性来唤醒，而是需要艺术精神以及艺术作品来唤醒。可以说，对黄河精神与黄河文化的理解和彰显，是《黄河大合唱》能够获得巨大成功、产生时代共振的重要原因之一。

《黄河大合唱》的创作与表达，体现了音乐美学与艺术审美的超越性，它反映了那个时代的人与社会现实，却又超越了那个时代的人与社会现实，所以它可以长久地保持鲜活的艺术生命力，激励一代又一代的中华儿女奋发图强、砥砺前行。在这个意义上，又可说《黄河大合唱》是一部中华民族的史诗创作，它表达了中华儿女对和平、自由的呼吁以及对战争、迫害的抗议。《黄河大合唱》的"保卫黄河"（齐唱、轮唱）部分几乎成为抗战时期最为流行的乐章之一，即便是现在，这一乐章的传唱度依然很高。在老年合唱团里、在单位团建活动中、在少儿歌咏比赛现场，总能听到不同版本的"保卫黄河"（齐唱、轮唱）。正如伽达默尔诠释学所论，作品的意义是在与一代又一代的读者的对话中不断开显的。当我们聆听《黄河大合唱》时，其实是通过作品的艺术表达与它背后的创作者冼星海、光未然进行了一次跨时空的"对话"，其实是通过作品的艺术内容与它所关联的那个时代达成思想上、精神上的视域融合。《黄河大合唱》之所以传唱度高、传播度广，主要是因为作曲、作词呈现出强烈的民族性格、浓厚的家国情感，也就

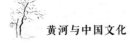

是说，作者的音乐创作、作品的艺术表达与它背后的时代精神、文化气质遥相契合。透过《黄河大合唱》的音乐表演，人们潜意识中的民族认同感、时代参与感被唤醒，人与人之间结成命运共同体、文化共同体的公共意愿与自由意志被释放。

第六节 《山河故人》视角下的黄河意象

将"黄河"作为乡土的表征与符号，成为现代诸多文学艺术作品的常用表现手法。在贾樟柯的现实主义电影《山河故人》中，"黄河"不仅代表真实的自然环境，还代表"我"的成长环境；"黄河"象征着"我"的过去，指向了"我"的少年时代，也不断指引"我"这个漂泊在外的游子踏上返回故土的道路。

故人不在而山河犹在，意味着"山河"成为我们的集体回忆，成为我们怀念他者、怀念过往、怀念故土的文化载体、情感寄托、精神共识。"山河"的气象里既有"山"的坚守，又有"河"的流变，这仿佛在告诉我们时代在变、人心在变，唯有存于我们头脑中的记忆不变。电影《山河故人》从沈涛、梁子、张晋生三人的友情说起，然后延伸到爱情、亲情，从他们自幼生活的山西古城说起，然后延伸到经济发达的南方、市场繁荣的美国，从他们那代人钟爱的迪斯科舞曲"Go West"与叶倩文的经典歌曲《珍重》说起，然后延伸到青年一代的网络音乐、二次元以及不知所云的 ABC 歌曲。可以说，时代的更替、生活方式的改变以及个人的情感觉醒、文化反思，成为《山河故人》自始至终都在探索的现实命题，也是萦绕在贾樟柯心头久久挥之不去的人生母题。

语言学上所讲的"所指"与"能指"，成为我们理解贾樟柯《山河故人》电影语言的两把钥匙。索绪尔的语言学理论认为，"所指"是语言文字本身所指向的意义，"能指"则是语言文字所传达出的言外之意、话外之音，即本义的延伸义、拓展义、转向义。在《山河故人》这部电影中，"黄河"作为一个宏大的意象符号，它所指向的不仅是地理层面的"黄河"之义，还是人文层面的"黄河"之义，电影里的黄河既是本然的、纯然的客观之物，也是"我"感官下、梦境中、记忆里的主观对象。也就是说，黄河既是"我"现实家园的真切存在，又是"我"精神家园的唤起之物。电影《山河故人》多次出现黄河：无人在场时，黄河之水依旧自在翻滚；有人在场时，黄河的自然景象也换了一番模样，显得格外充满生机，仿佛它可以听懂人类的语言、体察人类的情感。每个在黄河边长大的孩子，总是在某一个动人的生命时刻感受到与黄河之水的同呼吸、共命运，贾樟柯即是其中之一，流经山西全境的黄河成为他镜头下最鲜活的乡土符号。

电影《山河故人》生动呈现了"黄河炸冰"的场景。当河面上的冰被炸开时，站在黄河岸边默默观赏的人群也仿佛受到了某种鼓舞，感受着这自然之物与人类机器发生

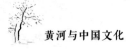

"对撞"之后所产生的震撼效果，沉寂已久的内心好像一下子涌起了一股热流，它既可能是希望、冲动，也可能是某种情绪的宣泄。在贾樟柯的眼中，"冰"是原生态的，而炸冰的机器是现代性的，前者关联着质朴的乡土生活与少年牧歌，后者则关联着技术、知识与现代社会的快速变化。电影《山河故人》借由"黄河炸冰"这一个性化事件，似乎是要告诉我们一个生活的道理，那就是新的事物接踵而至乃是时代发展的趋势，并且这种向前的趋势是不可逆的。这也就意味着我们需要在向前的过程中做好自我否定、自我革新的准备，因为总有一些残酷的因素会掺杂在我们对未来生活的美好期许中，我们必须直面它并且努力跨过它。

电影《山河故人》展示了一幅画，画中有山河，但无人。如果说黄河是故土的符号化，那么画中的山河便是故土的再符号化。对于远在美国的张晋生而言，画中的山河是自己触碰不到的幻象空间，可能是离开故乡太久的缘故，连具象化的黄河在他的脑海中也变得遥远、缥缈。通过画中的黄河，我们还能感受到长期旅居异乡的漂泊者张晋生的故土情结，但对于从小出生在美国的儿子张到乐而言，黄河则完全成了书本上的地理知识，而不再是根源于心灵深处的文化意象。张到乐对黄河以及黄河文化的接受空白，反衬出他作为中国人却身处异国的"身份"缺失以及与之相关的意义缺失。

当然，在电影《山河故人》中，黄河不仅是乡土的符号，而且是一个"不老"的朋友、一个"不语"的对话者。那个曾经"扛刀"的少年终将老去，那个出门讨生活的年轻人终有一天会从钢筋混凝土的城市森林里走出从而重返故乡。再次面对黄河时，有人会点上一根烟，沉默不语，有人会唱起《黄河谣》，泪流满面。时代在发生着剧烈的变化，个人的命运也在数十年的生活里起伏不定，唯有黄河之水时而静静流淌、时而自在翻腾，只道是山河犹在而故人不在，这就是《山河故人》的镜头语言所要传达的思想内容。现实既有残酷的一面也有美好的一面，既是令人沮丧的又是充满诗意的，既需要理性的反思也需要感性的体验。

电影里多次出现的"黄河第九道湾"，既象征着现实人生的曲折与个人命运的多舛，也象征着大时代的发展变迁、人世间的爱恨悲欢。伫立在黄河边的，除了迷茫的青年、跳舞的女子，还有颓垣断壁的城墙。汾阳既是山西的缩影，也是北方的缩影，无数的年轻人在这里出生、成长，因为憧憬外面的花花世界而离开这里，又因无法在大城市找到归宿、获得认同而回到这里。在贾樟柯的电影镜头下，汾阳这座古城是那般的亲民、淳朴，古城连并静静流淌的黄河一起，慢悠悠地展现着生活的本然面目，"饺子"与"烟火"代表了家的温暖，"秧歌"与"曲艺"代表了乡土的热闹。但古城也在适应新的变化，黄河也有奔腾、翻滚的傲人时刻，"迈步走向新世纪"的集体发声意味着时代的变迁、经济的转型，"汽车"与"迪斯科"意味着社会节奏以及现代化进程的加快。借由一系列的符号，贾樟柯展

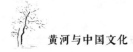

开了他对于现代性、历史性的深沉思考。在"古城""黄河"所代表的"山河"意象中，贾樟柯似乎找到了一种解释框架、一种表达结构，它隐含在电影叙事之中，尝试化解存在于我们每个人身上的文化感性与价值理性之间的内在张力。

贾樟柯曾在澎湃新闻的采访中说道："从我个人角度，我一直觉得我受结构主义影响非常严重。我觉得我也可以算是一个后现代主义者，这确实是我非常重要的精神来源。我非常依赖结构，非常热衷于从结构本身产生的含义、传达的精神。"① 这里提到的结构主义以及基于结构本身而产生的含义、传达的精神，透过贾樟柯的《山河故人》即可获得一定程度的理解。《山河故人》这一片名本身就很耐人寻味，很多人看完电影，会以为它表达的主题有两个，即"山河"与"故人"，但其实贾樟柯想要讨论的是"山河"之中的"故人"与"山河"之外的"故人"这两种现代性的处境。当然也可以说"山河"与"故人"构成了电影的核心关系，在贾樟柯那里，这个关系问题的解决是没有终极答案的，是充满开放性的，也是关乎每一个平凡的个人的，电影只是引导我们去思索、去回眸、去展望。电影中的"山河"搭建起了"我"的叙事空间，"我"在这空间里成长、恋爱，离开这里、思念这里、终究回到这里，

---

① 《专访丨贾樟柯：每拍一部电影就是了却一桩心事》，澎湃新闻，2018年2月24日，https://www.thepaper.cn/newsDetail_forward_2006396。

"我"在这空间里形成了个人的社会关系、个人的话语体系以及个人的生命形态。"我"在"山河"之中时,"我"是安心的;"我"在"山河"之外时,"我"是漂泊的。他人是"我",他人也终究不是"我",这就是《山河故人》带给每一个观者的奇妙感觉,电影里的人物对于我们而言既"近"又"远"、既熟悉又陌生。作为文化背景的"山河"也是如此,它既属于山西也属于北方,它既存在于自然世界也存在于每个山河故人的心间。

结　语

　　从历史尤其是思想史的角度讲，黄河文化与中华文化的发展轨迹乃是同步的，大致经历了从他觉到自觉、从广纳到凝练、从多元到一体的转型过程。从春秋战国时期的诸侯混战到秦灭六国建立统一的中央集权帝国，中国历史在这一时期经历了一个由分到合、由异到同的转变。秦的统一即体现了黄河文化的这一侧面，亦可说黄河文化的因素对秦的统一起到一定的推动作用。黄河文化发端于黄河流域，因而要想挖掘黄河文化较为原初的特性，还得回到黄河流域所关联的物质生活中进而找到一些根源性的解释。黄河流域的人们习惯于农耕生活，农耕文明的生产方式决定了黄河流域的先民必须组建家庭、结成社群从而提升劳动效率、提高生产力。以家族、部落的组织形式聚居、共存，还可以对抗自然世界的一切不可控因素、不可知事物，在一定程度上起到保全自我的功效。生产力与生产关系的相互作用，推动着人类社会的向前发展，技术的探索与应用即是较为突出的一种体现。在探索如何与黄河达成和解、

建立共识这一历史问题的漫长过程中，先民逐渐有了修建
水利工程的技术思路。大禹治水之所以取得成功，一方面
是因为突破了以往的观念，另一方面则是因为技术上、方
法上的改进。水利工程的修建需要大量人力、物力、财力
的支持，仅凭一人一家之力绝无可能完成，所以墨家的
"尚同"观念即行政上的统一管理在这时候就显现出了它的
理论价值。既有正确的决策，又有果决的执行，"集中力量
办大事"也就成为可能。虽说在黄河文化的强大力量下文
人士大夫的思想归宿往往偏于儒、道，但在实际的政治、
经济以及个人的事功层面，真正产生效力的其实是儒、法。
浓墨重彩的王权政治，既成为秦汉时期中原文化、黄河文
化的底色，也成为一个默认的前提。从周到秦，再到两汉，
王权的影响力在逐步提高，意识形态也在逐步统一。高度
统一的政治局面，对彼时思想文化的发展形势产生了直接
的影响。对于汉武帝、董仲舒而言，"罢黜百家，独尊儒
术"乃是旗帜鲜明的观念与口号，这背后的理论建构工作
其实是比较复杂的。为使儒家在思想文化领域从此占据中
流砥柱的地位，儒家士大夫一方面排斥、打击诸子百家其
他学派，将曾经显赫一时的墨子后学、庄子后学纷纷驱至
历史的墙角；另一方面又主动汲取法家、墨家、阴阳家、
道家思想学说中的精华之处，从而对孔孟的原始儒学加以
改造。此后，"大一统""君权神授""天人感应"等学说
一跃成为主流的意识形态，"阳儒阴法"的政治模式悄然形
成，墨家、名家、阴阳家的思想渐渐消散，先秦道家的老

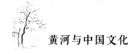
庄之学完全流向民间。黄老道家思想虽然在汉初发挥了一定的历史作用，但终究是昙花一现。从"法"到"儒"、从秦到汉，这样一种思想上、政治上的变化与发展，也使后人在理解黄河文化、中华文化时，总会产生"求同"的观念联想。儿时的我们为何那么崇拜秦皇汉武？可能正是因为秦、汉两代开启了中国文化、黄河文化的"求同"传统。在法家、儒家之政治伦理学说的推动下，"求同"传统的正当性逐渐确立，从而在思维方式、生活方式上对先民产生影响。

秦汉以后，远离了相对高压的"大一统"时代，文化的多元性再次呈现。不同于先秦时期，唐宋时期的黄河文化、中华文化更多呈现为"多元一体"的形态特征。当历史的时钟以一圈一年的方式缓慢地穿过明清社会，又快速地穿过近现代社会，便知它离我们每个人所生活的当代世界已然不远。相较漫长的中国古代，中国的近现代所经历的时间相对较短，从 1840 年鸦片战争的爆发到 1919 年五四运动的出现，再到 1949 年新中国的成立，不过 109 年的时间。百年对于历史而言很短，但对于个体生命而言，却是一个很难冲破的数字。秦从统一到灭亡，只花了 14 年时间，所以那一时期的先民可以见证周、秦、汉三个重大的历史时期，但这仍然不能说明什么，历史终究是历史，个体的生命在历史的长河中总是微不足道的。人的生命是短暂的，人的一生所能面对的事物、所能见证的历史、所能理解的道理终究十分有限，所以面对大山大河，无数文人墨客留下了感叹年华易逝、人生短促的诗句。历史是流动的、滚滚向前的、充分敞开的，就像黄河一样，它其实是没有尽头的，至少在人这里，人的视觉、人的观察工具是难以穷尽的，因此王之涣才发出"白日依山尽，黄河入海流。欲穷千里目，更上一层楼"的千古情思，殊不知即便入了海也仍然无尽处，即便上了楼也难以观览其恢宏之全貌。从古代到近代再到现代，历史的形态与格局发生了剧烈的变化，在这样的变化之下，个人心中那一主体意识与自由意志的"睡狮"也逐渐苏醒了，它渴望在新时代展现自己，却又常常迷失于钢筋混凝土的城市森林。现代性在提供给人们新的生活方式、新的个性观念的同时，也将人们带入了现代性的生存困境与信息茧房。我们每个人看起来都是那么不同，但"我是谁""我何以成为我""我终究要追求什么"，没有人能够回答这些问题。文学、美学、哲学在失落，经济、技术、娱乐在兴起，整个时代的大船朝着实用主义与功利主义的方向挺进，这一切听起来并不那么美妙。这既是包含黄河文化在内的一切传统文化形态所要直面和回应的问题，也是源远流长、生生不息的中华文化所要直面和回应的问题。

从美学或者艺术哲学的角度讲，黄河流域、黄河之水乃是令人动容的，它在不同的生命时刻，与不同的个体生命交会，会形成不同的磁场、产生不同的气场。然而，古时的文人、诗人、豪杰、辩者，在面对黄河时更多感受到的是黄河的雄浑、壮阔。身处黄河所营造的美学场域下，

我们的情志也会变得雄浑、壮阔。这也就意味着，场域之哀与乐，场域之粗犷与雅致，并不都是个人情绪、个人气质的注入与传递，某些时候恰恰相反，即整个场域之雄浑气势、壮阔气息，感染、影响了处于这一场域的每一个人、每一个事物。当"我"持续接收着这些感染与影响时，"我"会完全地进入这样的美学氛围中，"我"的内心也会逐渐升腾起一种向前、向上的情势，激发出一种向前、扩充的能量。对于善思之人而言，这种情势还会转化为一种情理，在这个意义上，我们或许可以认为情绪、情感、情势、情理也构成了某种抽象的"共相"，它在我们每个人的心中产生了共振、引发了共鸣。这些情绪、情感、情势与情理指引我们的生活行为，提振我们的生命状态，通过文化构成和精神属性将我们联结在一起，将我们笼罩在一个激扬而蓬勃、充满活力与动力的整体氛围中，使我们既可以团结彼此、凝聚气力，又可以自在运思、身心洋溢。这就是场域的功能效应，而黄河流域、黄河之水这类具有生命力与感染力的自然之物，便能将人带入非凡的、伴有交互性与超越性的场域。黄河之所以在美学意义上有如此巨大的吸引力与感召力，乃是因为黄河背后的文化意义之重大以及黄河所蕴含的历史感与历史性之厚重。"黄河流域孕育了中国人追求天地人和谐共处的和合思想。黄河流域的先民在最早的星象观测、农耕生产中敬天法地、敬畏天命，经三代之治、三朝更迭、春秋诸子争鸣以及后来的儒释道交流融合，形成了中国人基于人与自然、人与人、人与内心的逻辑关系的和合思想。"①

　　如果说在西方美学或现代美学的意义上我们更多谈论
黄河以及黄河文化的在场性，则可说在中国古典美学的意
义上我们更多谈论黄河的"象"与意象性。中国古典美学
非常注重"言""象""意"的关系，魏晋名士即特别强调
"言""意"之辩，因为它在一定程度上触及语言和思想的
关系问题。但就美学层面而言，"象"与"意"的关系其
实更为重要，"意象"一词得以成为现代美学研究的核心概
念之一，亦归结于此。就"言""象""意"三者之概念本
身而言，"言""意"似乎更接近哲学上所指向的求知、明
理与问道，而在美学乃至文化层面，我们便会发现"象"
的功能与价值更大一些，因为它是具体的、感性的、现实
的，无论我们所面对的"象"是无生命的还是有生命的，
它都代表着一种真实的存在，都是对现实世界的还原或反
映、表现或再现。所以，从美学的角度讲，我们会认为
"象"离我们的感性生命更近。正如作为无生命之"象"
而存的黄河，在经过历史的反复沉淀与文明的不断书写
之后，它与人类社会尤其是中国古人的关系变得十分紧密，
它所承载的文化基因、精神属性亦与中国古人的思想气质
形成了强烈的共振，所以在这个意义上，可说作为中华文
明主要源流的"黄河"、作为中华文化重要组成部分的黄河

---

　　① 　任慧、李静、肖怀德等：《黄河文化论纲》，《艺术学研究》2021 年第
1 期。

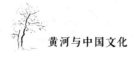

文化，亦是有生命之"象"，它既是源源不断、奔流不息的物质性、物象性存在，又是不断拓展、不断转化的思想性、精神性存在。从美学的角度讲，通过观赏黄河之"象"，我们可以暂时地打破时间与空间的限制。古人观黄河，我们今人也观黄河，虽然所处的时间背景、生存境遇不同，但面对的审美意象是一致的，获得的审美感受是相似的，整个审美活动的过程也是相通的。从哲学的角度讲，中国古人其实一直以来都有一种"象"的思维，如《周易》的卦象，又如《老子》《庄子》的各种类比、隐喻。古人以"象"言"道"，通过观察"象"进而把握"道"。"'道'怎么可观？因为'道'在'象'中。"① 源源不断、奔流不息的黄河作为"意象"，可以为我们呈现一种雄浑、壮阔之美，即便没有所谓黄河美学的知识从中牵引，我们也能真切地感受到黄河之美。如果作为审美主体的"我"在观赏黄河时无比投入以至沉浸其中，那么作为审美主体的"我"便与作为审美对象的黄河在情感上、情绪上乃至思想上、精神上有融为一体的可能，这时"意象"便转向"意境"之更高层面。"意境"的形成，往往会带来精神境界的提升，这时"我"的思想便短暂地升华或超越，而对现实的超越、对自我的超越即可谓由"俗"入"道"，进驻"道"的玄妙世界。在这个意义上，可说中国古典美学与中国古代哲学是内在统一的，除了明理的方式之外，审美的方式

---

① 陈望衡：《中国美学史》，人民出版社，2005，第4页。

亦可带领我们抵达"道"的彼岸，所以中国古人不仅讲
"知道""明道""悟道"，而且讲"体道""味道""观道"。

　　从美学与艺术哲学那里，我们发现了黄河的场域之美
与意象之美。通过黄河的在场性、意象性，我们仿佛也能
反观自我以及与"我"紧密相连的生活世界。席勒说，生
活是严酷的，艺术是柔美的。在叶秀山看来，这也许是一
种理想主义的说法。① 在某种意义上，我们也可以说，生活
是复杂的，艺术是冷峻的。亚里士多德曾说，艺术具有疏
导的功能，那么它疏导的是什么呢？毫无疑问，主要是人
的内在情感与心灵世界。现代化的进程带来了现代文明，
带来了现代性的思维方式与行为方式，也带来了现代性的
人、现代性的生活。现代化与现代性追求整体的进步与快
速的发展，这也就意味着个体只有顺应这一趋势、适应这
一节奏才能获得更大的成功。然而问题在于，事业的成功
并不一定能够带来生活的幸福与快乐，换言之，个人生活
的幸福与快乐更多来自感受与体验，而人在生活世界的感
受与体验既可说是简单的、纯粹的，又可说是综合的、丰
富的。事业的成功固然重要，但却不是唯一，除了事业，
人还有家庭、爱情、友谊。当然，感受与体验也不完全是
积极的、正向的，正如事业的发展也不一定总是成功的、
上升的，我们总是要面对各种各样的事件，有快乐的亦有
悲伤的，有幸福的亦有不幸的，因此"苦""乐"可谓人

---

① 参见叶秀山《美的哲学》，北京联合出版公司，2016，第60页。

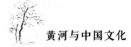

在生活世界中最为基本的两种感受。与之相关的便是生、老、病、死以及爱、欲、食、性等生活经验与生命体验，其中绝大部分是需要自己去经受的，无论是快乐的还是痛苦的。还有少部分的知识与觉解是我们自身无法经验而由别人传达给我们的，因为它是自然性的而非生活性的，比如"生"，即使竭尽全力、绞尽脑汁，"我"也无法记起它、无法向他人描述它，虽然"我"由它而来，但遗憾的是，它并不由"我"决定。再如"死"，"我"永远没有机会回味或描述它，一旦死了，就不会再有任何感受，也不会再从嘴里说出任何一个字来。所以"死"是无法经验的事，也许正因为它不可名状，才如此吸引我们的注意，它才能够成为人类的永恒话题，哲学上讨论它，文学上书写它，艺术上刻画它，但可悲的是，从古至今，人们对于它的了解无非来自书本、影像的记录抑或他人的描述，这些无一例外都是"他者"的观照与假想，而非"自我"的感受与体验。揭示"生""死"之奥秘，既不是宣扬人生之苦，也不是要导向宿命论，而是希望人能够平静地接受自己、接受人性、接受人类的历史，接受这一与"我"共在的生命世界。

如果非要选择一种方式，让它刺激我们、帮助我们、引导我们回归自我的本真、重返生活的原初，那大概就是美学及其所关联的审美活动。如果我们此时此刻的生活状态是飘飘然的、是浮在空中的、是捉摸不定的，那么就需要艺术以它冷峻或温情的姿态将我们拽回生活的现实中来。

如果我们此刻正承受着痛苦、忧愁与不幸，那么艺术也会提供释放、疏通抑或净化、升华的通道，使人重回充满诗意的生活怀抱。我们需要透过艺术作品、审美对象打开自己的精神世界、丰盈自己的思想领域。比如，当我们站在《自由引导人民》这幅作品前，如果我们的内心感受到了某种强烈的震颤，那便是我们进入艺术场域的绝佳时刻。《自由引导人民》看似是要通过经典的历史事件来揭示某种深刻的历史性，但就艺术审美层面而言，可说它的真正魅力其实在于对鲜活的个体生命的刻画。多个渴望自由的人走到一起，结成一个追求自由的群体，那种热情与勇气是自发的，那种力量与意愿也是本真的。与其说《自由引导人民》是在表达人民对自由的向往，不如说是在显示若干个被唤醒的自由意志，这既是群体的行动，也是个体的闪光。又如《红楼梦》这部伟大的古典文学名著，如果我们带着美学与哲学的观点进入文本，一定会被其中某一个或某几个活泼的、真挚的情感生命所吸引。曹雪芹在《红楼梦》里对林黛玉的描写，与"金陵十二钗"中的其他女子十分不同。曹雪芹对林黛玉是那么偏爱，但在描述其外貌时却像创作写意画一般简约而又抽象，说她是"似蹙非蹙笼烟眉"，这如轻烟一般的眉毛究竟是个怎样的弧线？我们已然无从知晓。文本中类似"薄面含嗔"之类朦朦胧胧的描写还有很多，较之一对金镯子套在肌肤丰泽的雪白手臂上的宝钗，黛玉的面容在《红楼梦》世界里总是不那么真切，整个人更像是一个烟雨中的影子、一种人世间的情态。曹

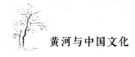

雪芹运用这样的描写手法，无非为了凸显林黛玉不落世俗的人物特质，其既多愁善感，又清新脱俗。这就是《红楼梦》的魅力，它是多维的、多面的、充分敞开的、情理兼备的。如果我们觉得社会、政治、历史层面的理性探讨过于严肃，那么可借由直观把握的审美方式从自身的角度出发去触摸最为炽热、感性、柔美的园中世界。

人在世上，必然思虑人与世界的关系。然而人与世界的关系是个抽象的哲学问题，总是很难直入其中，因此需要"物"与"环境"作为"中介"参与人对世界的"观照"活动。在"观照"世界的过程中，人的感性直观首先发挥作用，紧接着才是人的理性思维，于是哲学问题总是在生活世界中被转化为生动而具体的美学问题，"观世"之宏观也就逐渐变成了"观物"之微观。"观世"时，世界极大而自我极小；"观物"时，自我方才真情流露、与物共在。在生活世界的意义上，人与物的关系更近，人与世界的关系反而极远。人与物构成了"生活"与"故事"，人与世界则构成了某种"事理"与"历史"。"事理"与"历史"总要通过"生活"与"故事"来展现，这是问题的一个方面，与之相连的另一方面在于，人类的审美活动不仅体现为个体的感觉、感受与感知，而且体现为人与人之间可共通的情趣、情致与情理。那么审美活动中所涌现的关乎个人却又超出个人的美的感知与情理究竟如何形成？它与人类的观念共识、公共性以及人类社会生活背后的文明状态、文化联想究竟有何关联？这便不仅只是古典美学、古典哲学的问题，还是现代美学、现代哲学的问题，本书亦在尝试从黄河美学、黄河哲学的视角出发对该问题予以回应。

最后，不妨回到问题之原初，谈谈创作本书的心路历程。研究黄河文化、黄河美学甚至黄河哲学确是我的初衷，当然也跟兰州大学、兰州大学哲学社会学院以及社会科学文献出版社的支持密不可分。我原本希望写出一本人人爱读、人人可读的通俗作品、普及读本，然而因为哲学的思维训练与文学的笔法训练，使得这本书在创作风格上仍然具有较强的学术性与理论性，至于逻辑性、创新性如何，那就需要读者朋友们去评判了。严格来说，这并不是我的第一部著作。在此之前，我还创作完成了一本中国哲学方面的小书，名曰《阴阳家》，它是我与我硕士、博士阶段的导师白奚教授合著的。说到这里，必须感谢白奚老师在过去这些年里对我的关心与帮助，一方面是在学术上，另一方面则是在生活上。我博士毕业时是 2020 年，当时北京疫情防控形势十分严峻，我虽然回了北京，但并没有见到白奚老师，我们只是线上交流、语音通话。如果我在北京，一定会陪他唱唱歌、打打球。然而两年过去了，我们仍然未能相见。因为疫情，我回不了北京，他来不了兰州。因为疫情，那年的我们既没有毕业典礼，也没有授予学位的仪式。我当时从学院借了学位服，在校园里请了两个不认识的本科生学妹帮我拍了张毕业照。第二天一大早，我就收拾行李准备离开。当时，我的内心既是失落的，也是感

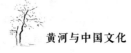

慨的，多么美好的 8 年，多么包容的北京，多么仁厚的导师！

2012 年的春天，我从"兰州西"出发，抵达"北京西"。那年我 22 岁，大学刚毕业，年少气盛。做编辑、做记者，从报社、杂志社到出版社、图书公司，从劲松、永安里到双桥、十里堡，换了好几份工作。考研改变了我，对我而言是个重要的转折。2014 年秋天，我进入首都师范大学，从硕士到博士，一读就是 6 年。在这里，我收获了思想，也沉淀了心性，在老师、同学的帮助下，我寻到了新的出口，也看到了新的愿景。与经典为伴，吾之幸也。回到兰州，入职兰州大学，这是我的幸运，也可以说是我多年努力的结果。一转眼，在兰州大学工作已经两年，这本书的初稿完成时，刚好是 7 月 1 日，是我入职两周年的日子，也是香港回归 25 周年的日子。在电视上，我看到儿时的偶像刘德华又唱起了那首激动人心的《中国人》。时间过得真快，要知道我第一次听到这首歌是在小学的时候，那可是 20 多年以前。从中国人到黄种人，从大西北到黄河水，一个个的生命符号与文化符号，照亮了我的现实世界，也塑造了我的价值观念。我本科是在西北师范大学读的，2012 年我从兰州这座城市走了出去，那时候我的眼中没有黄河景观，只有城市的高楼大厦、灯火辉煌。在北京闯荡多年，而今又回到了梦开始的地方，可以说是我与兰州这座城市、我与故土西北以及黄河之水的奇妙缘分铸就了这一切，而我亦欣然地接受了这命运的安排、这美好的际遇。

此时此刻，看着窗外的高楼和月亮，想着庆阳老家的父母和亲人，我觉得我很幸福。我此刻的幸福感，多半来自大学老师这份工作。年轻的头脑都渴望自由，但问题在于，自由总是相对的，这也就意味着个人无法脱离家庭、集体、社会而存在。事实上，只有当我们在家庭、集体、社会中找到自己的位置、坚守自己的信念时，我们才会感到心安。我想，兰州大学之于我的意义即在于此。我希望我可以在这里扎根、奋斗，不断向生命更高处进发。

在我过去三年的研究工作中，兰州大学哲学系的已故前辈刘文英先生对我的影响亦是直接而深刻的。作为哲学家、哲学史家、文化学家的刘文英先生，在哲学、哲学史、文化这三方面都有较为重要的贡献与成就。从学术发展史的角度讲，在刘文英先生之前，梦、原始思维等领域总体属于冷门绝学。刘文英先生以一己之力弥补了这些领域的研究空白，并使之为学界所关注，近年来，国家专门设立项目基金对该冷门绝学的研究予以支持。经过多年努力，九卷本《刘文英文集》也终于在 2021 年正式推出，全书约550 万字，全面收集和整理了刘文英先生的著作和论文，我亦参与了第七卷的校对、整理工作。刘文英先生主张对哲学观念发生发展史进行研究，认为只有"由流溯源，再由源及流"，才是一个完整的研究过程，这种方法的引入不仅给本书的撰写带来启示，而且对当代的中国哲学研究亦有意义。凭借深厚的学术积累、敏锐的创新眼光、勤奋的治学精神，刘文英先生连续两次荣获教育部社科优秀成果一

黄河与中国文化

等奖，截至目前，这一成就在当代中国哲学领域无人企及。如今，该如何客观、全面地评价和看待刘文英先生留下来的学术成果和思想遗产？当代学者该如何正确而有效地把握刘文英先生学术研究的原创性、创新性、独特性与综合性？希望我可以继承刘文英先生的学术衣钵在西北的学术大地上继续深耕。

在这本书的撰写过程中，还有诸多领导、前辈或给予了具体的指导意见，或给予了工作上、生活上的支持，如中国人民大学孙中原教授，吉林大学杨洪兴教授，兰州大学马克思主义学院的范鹏教授，兰州大学哲学社会学院的陈声柏院长、孙立国书记、李晓春教授、张美宏教授、彭战果教授、郭吉军教授、张言亮教授等，西北师范大学的徐兆寿教授、杨光祖教授、姜宗强教授等，亦有很多兰州大学的研究生、本科生参与了本书的资料整理与内容校对工作，如刘锦荣、胡辰欣、刘彦汐、王羽甜、卞崇宇等，在此一并对各位老师、同学的帮助与支持致以衷心的感谢。叶秀山说，自我与他者的那种生活性的、基础性的交往关系，乃是诗意的、审美的关系，亦即历史的、文化的关系。这种关系放在我与我的老师、亲友、学生之间是适用的，置于我与黄河流域、黄河之水、黄河文化之间也是恰当的。张祥龙说，中国人所探究的"道"总是存在于潜流和江河之中，它使人类的历史以及人类的文明成为可能。也许这本关于黄河文化的作品，只是在哲学、美学等层面解开了"道"之真理、真相、真知的十分之一甚至百分之一，但我想这也是我作为当代中国人文学者的一点努力、一点贡献。于私，我当然希望我的这本研究黄河文化的书能够得到更多人的关注、获得更多人的认可，然而于公，我其实希望黄河文化、黄河美学、黄河精神、黄河气象能够为更多研究者、更多传统文化爱好者所重视，能够在现代中国思想文化体系的构建中产生一定之效力、创造应有之价值，希望我们的中华文化、中国哲学也如这黄河之水一般奔腾不息、源远流长、容纳百川。古话说得好："博观而约取，厚积而薄发。""博观"与"厚积"始终是"约取"与"薄发"的先决条件，学习如此，做事如此，面对漫漫人生更是如此。王阳明说："人须在事上磨，做功夫，乃有益。"在事上磨，磨的既是心智也是心志，有耐心、有韧劲，事事磨砺、事事周到，即是光明一生。

田宝祥

二〇二二年七月二十日凌晨一点

记于兰州大学二分部

参考文献

（汉）司马迁：《史记》（点校修订本），中华书局，2013。

（汉）班固：《汉书》，中华书局，1962。

缪文远、罗永莲、缪伟译注《战国策》，中华书局，2006。

（汉）桓宽：《盐铁论》，中华书局，2015。

（汉）董仲舒：《春秋繁露》，上海书店出版社，2012。

（汉）东方朔：《神异经》，上海古籍出版社，1999。

（清）阮元：《十三经注疏》，中华书局，2009。

（魏）王弼注，楼宇烈校释《老子道德经注校释》，中华书局，2008。

（晋）陈寿、（南朝·宋）裴松之：《三国志》，中华书局，1982。

（南朝·宋）范晔：《后汉书》，中华书局，1965。

（晋）张华：《博物志》，中华书局，1985。

（东晋）干宝：《搜神记》，上海古籍出版社，1995。

（晋）杜预、（唐）孔颖达：《春秋左传正义》，中华书局，1957。

（北魏）郦道元：《水经注》，浙江古籍出版社，2001。

（唐）司空图：《二十四诗品》，中华书局，2019。

（唐）房玄龄等：《晋书》，中华书局，1974。

（宋）周敦颐：《周敦颐集》，中华书局，1990。

（宋）程颢、程颐：《二程遗书》，上海古籍出版社，2000。

（宋）程颢、程颐：《二程集》，中华书局，2004。

（宋）张载：《张载集》，中华书局，1978。

（宋）邵雍：《邵雍集》，中华书局，2010。

（宋）朱熹：《周易本义》，中华书局，2009。

（宋）朱熹：《四书章句集注》，中华书局，1983。

（宋）黎靖德：《朱子语类》，中华书局，1986。

（宋）陆九渊：《陆九渊集》，中华书局，1980。

（宋）李昉等：《太平御览》，中华书局，1995。

（清）黄宗羲：《明儒学案》，中华书局，2008。

（明）王夫之：《礼记章句》，岳麓书社，2011。

（清）孙诒让：《墨子间诂》，中华书局，2001。

（清）郭庆藩：《庄子集释》，中华书局，1961。

（清）孙希旦：《礼记集解》，中华书局，1989。

（清）王先谦：《荀子集解》，中华书局，1988。

（清）胡文英：《庄子独见》，华东师范大学出版社，2011。

彭铎校正《潜夫论笺校正》，中华书局，1985。

黎翔凤：《管子校注》，中华书局，2004。

（宋）洪兴祖：《楚辞补注》，中华书局，1983。

（晋）王嘉：《拾遗记》，中华书局，1981。

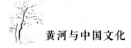

徐元浩：《国语集解》，中华书局，2002。

许维遹：《吕氏春秋集释》，中华书局，2009。

顾颉刚、刘起釪：《尚书校释译论》，中华书局，2005。

程翔：《说苑译注》，北京大学出版社，2009。

方韬译注《山海经》，中华书局，2022。

李娟译注《诗经》，光明日报出版社，2014。

于民雄、顾久：《王阳明全译》，贵州人民出版社，2008。

钱穆：《中国文化史导论》（修订本），商务印书馆，1994。

鲁迅：《中国小说史略》，商务印书馆，2011。

鲁迅：《汉文学史纲要》，人民文学出版社，2006。

顾颉刚：《古史辨》，上海古籍出版社，1982。

郭沫若主编《中国史稿》，人民出版社，1976。

刘鹗：《老残游记》，人民文学出版社，1957。

《余光中集》第三卷，百花文艺出版社，2004。

余英时：《朱熹的历史世界：宋代士大夫政治文化的研究》，
　　生活·读书·新知三联书店，2004。

陈望衡：《中国美学史》，人民出版社，2005。

陈来：《有无之境——王阳明哲学的精神》，人民出版社，
　　1991。

叶秀山：《美的哲学》，北京联合出版公司，2016。

袁珂：《中国神话传说：从盘古到秦始皇》，北京联合出版
　　公司，2016。

张祥龙：《海德格尔思想与中国天道——终极视域的开启与
　　交融》（修订第三版），中国人民大学出版社，2011。

陈嘉映：《哲学 科学 常识》，东方出版社，2007。

陈嘉映：《何为良好生活——行之于途而应于心》，上海文艺出版社，2015。

白奚：《稷下学研究：中国古代的思想自由与百家争鸣》，生活·读书·新知三联书店，1998。

刘笑敢：《老子古今》，中国社会科学出版社，2006。

艾零编著《人间词话全解》，北京联合出版公司，2015。

赵汀阳：《历史·山水·渔樵》，生活·读书·新知三联书店，2019。

侯仁之等：《黄河文化》，华艺出版社，1994。

李学勤、徐吉军主编《黄河文化史》，江西教育出版社，2003。

岑仲勉：《黄河变迁史》，中华书局，2004。

张纯成：《生态环境与黄河文明》，人民出版社，2010。

辛德勇：《黄河史话》，社会科学文献出版社，2011。

葛剑雄：《黄河与中华文明》，中华书局，2020。

牛建强：《黄河文化概说》，黄河水利出版社，2021。

刘炳天主编《黄河文化》，河南大学出版社，2021。

张得水、武玮：《国宝中的黄河文明》，大象出版社，2022。

〔古希腊〕亚里士多德：《诗学》，陈中梅译，商务印书馆，1996。

〔德〕康德：《判断力批判》上卷，宗白华译，商务印书馆，1964。

〔德〕叔本华：《作为意志和表象的世界》，石冲白译，杨

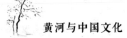

一之校，商务印书馆，1982。

〔法〕拉康：《拉康选集》，褚孝泉译，上海三联书店，2001。

〔英〕爱德华·泰勒：《原始文化：神话、哲学、宗教、语言、艺术和习俗发展之研究》，连树声译，谢继胜、尹虎彬、姜德顺校，广西师范大学出版社，2005。

〔英〕阿诺德·汤因比：《历史研究》，郭小凌、王皖强、杜庭广等译，上海世纪出版集团，2010。

〔美〕马斯洛：《马斯洛人本哲学》，唐译编译，吉林出版集团有限责任公司，2013。

〔美〕阿拉斯戴尔·麦金太尔：《追寻美德：道德理论研究》，宋继杰译，译林出版社，2003。

〔美〕克利福德·格尔兹：《文化的解释》，纳日碧力等译，王铭铭校，上海人民出版社，1999。

郭小川：《我们歌唱黄河》，《诗刊》2005年第13期。

冯骥才：《城市为什么需要记忆?》，《人民日报》2006年10月18日。

王化云：《大家来研究"黄学"》，《人民黄河》1985年第6期。

钱宁：《"黄学"研究前景广阔》，《人民黄河》1985年第6期。

于希贤、陈梧桐：《黄河文化：一个自强不息的伟大生命》，《北京大学学报》（哲学社会科学版）1994年第6期。

李振宏、周雁：《黄河文化论纲》，《史学月刊》1997年第6期。

徐吉军：《论黄河文化的概念与黄河文化区的划分》，《浙江学刊》1999 年第 6 期。

鲁枢元：《略论黄河史研究——关于黄河文化生态的思考》，《黄河科技大学学报》2000 年第 1 期。

管华、张大丽：《"黄河学"论纲》，《人民黄河》2005 年第 11 期。

许尔忠、刘治立：《陇东文化研究归述》，《人民论坛》2014 年第 29 期。

宋洪兵：《王符〈潜夫论〉与"韩学"》，《国学学刊》2016 年第 4 期。

徐光春：《黄帝文化与黄河文化》，《中华文化论坛》2016 年第 7 期。

王乃岳：《深入挖掘黄河文化的时代价值》，《中国水利》2020 年第 5 期。

李景文：《黄河文献的保护与利用》，《河南图书馆学刊》2020 年第 8 期。

任慧、李静、肖怀德、鲁太光：《黄河文化论纲》，《艺术学研究》2021 年第 1 期。

杨海中、杨曦：《黄河文化的标识与家国情怀》，《地域文化研究》2021 年第 2 期。

图书在版编目（CIP）数据

黄河与中国文化 / 田宝祥著. -- 北京：社会科学
文献出版社，2024.5（2025.7 重印）. -- ISBN 978 - 7 - 5228 - 3758 - 1

Ⅰ. K292

中国国家版本馆 CIP 数据核字第 20244TX722 号

黄河与中国文化

著　　者 / 田宝祥

出 版 人 / 冀祥德
责任编辑 / 胡百涛
文稿编辑 / 胡金鑫
责任印制 / 岳　阳

出　　版 / 社会科学文献出版社·人文分社（010）59367215
　　　　　　地址：北京市北三环中路甲 29 号院华龙大厦　邮编：100029
　　　　　　网址：www. ssap. com. cn
发　　行 / 社会科学文献出版社（010）59367028
印　　装 / 唐山玺诚印务有限公司

规　　格 / 开　本：889mm × 1194mm　1/32
　　　　　　印　张：11.5　字　数：230 千字
版　　次 / 2024 年 5 月第 1 版　2025 年 7 月第 2 次印刷
书　　号 / ISBN 978 - 7 - 5228 - 3758 - 1
定　　价 / 89.00 元

读者服务电话：4008918866